Carl Amery (Hrsg.)
Briefe an den Reichtum

Carl Amery (Hrsg.)

Briefe an den Reichtum

Luchterhand

1. Auflage

© 2005 Luchterhand Literaturverlag, München
in der Verlagsgruppe Random House GmbH
Satz: Filmsatz Schröter GmbH, München
Druck und Bindung: GGP Media GmbH, Pößneck
Alle Rechte vorbehalten. Printed in Germany
ISBN 3-630-87186-0

Inhaltsverzeichnis

9 *Carl Amery*
Von deutlicher Rede
Statt eines Vorworts

Grundkurs

21 *Andreas Eschbach*
An Max Mustermann
*Zeugt Geld? Arbeitet Geld? Rat für einen
ziemlich ratlosen neuen Bankkunden*

36 *Basilius der Große*
Rede an die Reichen

Herz der Finsternis

39 *Harald Schumann*
An Mr. Gent
Eine Analyse des Vodafone-Skandals

60 *Oskar Negt*
An Heinrich von Pierer
Von der Wirtschaft gegen den Menschen

85 *Freda Meissner-Blau*
An den Prinzen Pahlevi
Das Kriminalregister einer jungen Dynastie

Historisches und Kollaterales

111 *Karl Gaier*
An die Großgrundbesitzer
Der Todeskuss des Kapitalismus für den Wald

129 *Harald Grill*
An Silvio Berlusconi
Ratschläge aus dem Bayerischen Wald
an einen Lebenskünstler

145 *Hermann Scheer*
An Prof. Dr. Axel Börsch-Supan
Der Platz der »gefälligen Wissenschaft«
in der Welt des Reichtums

160 *Gottfried Fischborn*
An Alberto Vilar
Fallstricke des Mäzenatentums

171 *Rupert Neudeck*
An Oliver Kahn
Wie ein Millionärs-Entertainer wirklich
wichtig werden könnte

181 *Ogden Nash*
Geht auf meine Rechnung

Therapien

185 *Hans Olbrich*
An einen jungen Freund
Ermunterung zum Abstand

196 *Margrit Kennedy*
An eine Erbin
Empfehlung einer höchst praktischen Alternative

216 *Ulrich Duchrow*
Ein Briefwechsel zwischen Arm
und Reich und seine Folgen
Wie kommt ein Kamel durchs Nadelöhr?

258 *Christian Morgenstern*
Die Probe

259 *Carl Amery*
An den Bundespräsidenten
Statt eines Nachworts

267 Die Absender
Zu den Autoren

Carl Amery
Von deutlicher Rede

Die Absicht dieses Buches ist schlicht Aufklärung; Aufklärung über Tatbestände des Reichtums, die für das Weiterleben der Menschheit so wichtig, so krisenhaft wichtig sind wie nie zuvor.

Dabei ist allen, auch den Autorinnen und Autoren der folgenden Texte, hinlänglich klar, dass solche Aufklärung nur in sehr begrenztem Maße möglich ist. Zwar ist es dem Reichtum gelungen, sich und seine Wachstumsmethoden seit der Implosion des Sowjetsystems für schlechthin naturwüchsig zu erklären; dennoch haftet ihm, ob er dies bewusst will oder nicht, der zwanghafte Drang zur Verschleierung an. Statistische Reichtums-Erhebungen werden, wenn sie ehrlich sind, immer von verschämten Fußnoten begleitet, die solche Verschleierung wenigstens teilweise zugeben; vor allem die Schleppe von Privilegien, die der Reichtum mitschleift, lässt sich gar nicht in Einzelstränge aufdröseln. Ein Ahnherr der deutschen Soziologie, Georg Simmel, weist auf die hübsche Doppelbedeutung des Wortes »Vermögen« hin: Allein das Bewusstsein, etwas über das Übliche hinaus zu »vermögen«, nennt er ein *superadditum,* also ein Obendrein-Geschenktes, das eben nur dem Reichen vergönnt ist und seinen Lebens-Spielraum erweitert. Und das entzieht sich (zusammen mit kostenlosem Dienstwagen, Opern-Abonnement, Golfclubgebühren, Hotelrechnungen et cetera) jeder exakten Erfassung.

Wenn man alte Geschichten liest, etwa die des Ersten Testaments, sah der Reichtum zunächst gar nicht so übel aus; spiegelte, wenn man will, den Reichtum der nicht-menschlichen Schöpfung wider, deren Buntheit und Fülle (nach Thomas von

9

Aquin) das Gutsein des Schöpfers bekundet. Die lebendige Welt war zunächst Allmende, Allgemeingut, Commons; und der Reichtum der Patriarchen nahm ja wenig oder nichts von diesen allgemein geschenkten Ressourcen der Erde weg. Die Weinberge, die Äcker, die Herden von Schafen, Rindern und Kamelen, der kostbare Hausrat versperrten den Anderen, die noch keine Armen waren, nicht den Zugang zum würdigen Leben. Zudem war vom Reichen das gefordert, was im deutschen Mittelalter *Milte,* im französischen *largesse* hieß: Großmut. Durchaus überlegte, aber nicht kalkulierende Freigebigkeit. Und so konnte sich der Reiche ohne Risiko mitten auf den Marktplatz begeben, ein geachteter Mann, ein Streitschlichter, Nothelfer und Friedenstifter: »Gerechtigkeit war das Kleid, das ich anzog, und mein Recht war mir Mantel und Kopfbund. Ich war des Blinden Auge und des Lahmen Fuß. Ich war der Vater der Armen, und der Sache des Unbekannten nahm ich mich an« (Hiob 29, 14-16).

(Hier spricht natürlich ein Reicher über sich selber, es wäre zu fragen, ob die Armen auf den Plätzen seine Selbsteinschätzung teilten.)

Aber schon in biblischen Zeiten setzt die Kritik der Propheten an den Praktiken der Reichen ein; eine Kritik, die ihnen heute bestimmt das Etikett des Sozialneidhammels eintragen würde: Einer neuen Wirtschaftsweise geht es nicht mehr um das Lebens-Mittel, sondern um die schlechte Unendlichkeit der Akkumulation. Erst damit, mit der Aufreihung von Häusern und Äckern und Weinbergen, mit der Zurückdrängung des Gemeineigentums, der Privatisierung des Zugangs zu gottgegebenen Ressourcen, wird der Reichtum zum Dämon, der Anbetung fordert und erhält – zu Mammon.

Den Tatbestand, den die Propheten (und in ihrer Tradition Jesus von Nazaret, die Apostel und Kirchenväter) mit Donnerworten attackieren, definiert der Grieche, der große Aristoteles, kühl und klar. Er unterscheidet zwei Arten des Wirtschaftens: zunächst und vor allem die Beschaffung des Lebens-Mittels für den Oikos, den Großhaushalt oder die geschlossene Gemeinde – aber als Zweites, als etwas ganz anderes, das Wirtschaften um des Gewinnes, der Anhäufung von Schätzen willen. Und nur die erste Art, die Sorge um den Oikos, verdient bei ihm den Namen der *Oikonomiké*. Die andere nennt er *Kapeliké,* »Handelschaft«.

Ganz wesentlich für den siegreichen Vormarsch dieser Handelschaft war natürlich die wohl zwiespältigste Erfindung der Menschheit: das Geld. Und hier erst, in der immer gewaltigeren Enthüllung der Macht des Geldes, beginnt die Problematik, der wir hier und heute unterworfen sind.

Doch als Zwischenschritt aus der Naturalwirtschaft hin zur Welt der Zentralbanken und des Internationalen Währungsfonds gab es ein Objekt der Begierde, ein Objekt, dem die schweißtreibende Gewinnhäufung diente: den Schatz.

Es ist ziemlich klar, dass die ersten Schatzbildungen religiös bedingt waren – sie entstanden in Tempeln und um sie herum. Und das Mythische ist in der Erinnerung der Völker noch immer mit ihm verbunden. Was ein richtiger Schatz ist, der ist geheim, verborgen, verschlüsselt – und damit immer auch gefahrenträchtig. Er ist, im Gegensatz zu unseren fortschrittlichen Reichtums-Abstraktionen, sinnlich, konkret, voll Glanz und Schimmer. Die Binnenwährung der Schatzwelt und ihrer Begierden ist natürlich das Gold. In dem Maße, in dem sich der Reichtum (und die Begierde nach Reichtum) vom erlebbaren Schauder des Goldes löst, begibt sich der Begriff des Schatzes in die Trostlosigkeit der Bilanzen – und wird zur knochentrockenen Rennstrecke der Dezimalstellen.

Die Geschichte zeigt uns ziemlich genau die Zeit des Übergangs vom Schatz- zum Rendite-Denken an: Es war die Zeit der Entdeckung und der Eroberung des (später lateinischen) Amerika durch Spanier und Portugiesen. Die Phantasie der Eroberer war zunächst komplett vom Schatz-Gold gefangengenommen – El Dorado, der goldbedeckte König und/oder Götze in den Tiefen des Urwalds oder den Felsen des Altiplano, formte sich zur magischen Verheißung, der die unglaublichen Vollstrecker in ihren Sturmhauben und Harnischen durch tausend Höllen und Schlächtereien zustrebten. Dass sie mit der Erfüllung ihrer Träume das Königreich Spanien in eine ruinöse Inflation stürzen würden, war ihnen völlig unzugänglich, eine Sache des sorgenden Kalküls – und mit Kalkül hatte ihr Traum nichts zu tun.

Schatzdenken und Schatzgier hielten sich lang, bis in unsere Zeit. Es entstand der Charakter des Geizhalses, des tragikomischen Opfers seiner gerafften Habe. Und in »Faust II« fußt der mephistophelische Plan des Papiergelds, mit dem der Teufel dem Kaiser aus der Pleite hilft, auf dem Konstrukt, dass dieses Papier lediglich ein Wechsel auf die verborgenen Schätze des Reiches sei. (Beleihung von Bodenschätzen als Kreditdeckung war im 18. Jahrhundert die fiktive Grundlage der französischen Finanzblase, die der Schotte John Law auslöste. Die Monarchie sollte sich nicht mehr von diesem Schock erholen. Von ihr war Goethe offensichtlich inspiriert.)

Aber zurück in die Neue Welt diesseits und jenseits des Atlantik – die ja nicht nur eine Welt der Entdecker, sondern auch der Erfinder war. Beide, die Erfinder wie die Entdecker, fanden rasch genug heraus, dass gegenwärtiger wie künftiger Reichtum immer noch auf Ressourcen beruht, die sich durch die neuen Kontinente ins scheinbar Unendliche vermehrten; und der Zugriff auf diese Ressourcen setzte nun so machtvoll ein wie nie zuvor in der Geschichte.

Vorbereitet war er finanztechnisch. Das Geld, diese angenehme Erfindung des Altertums, wurde immer eleganter gehandhabt; im Italien des Spätmittelalters und der Renaissance entfaltete es erst seine ganze Raffinesse, führte hinein in die Sprache und die Usancen des modernen Bankwesens (einschließlich des Zinseszinssystems, das nun als tiefschwarze Wetterwand am Horizont der Lebenswelt steht).

Mit diesem Aufstieg vollzog sich eine paradoxe Wandlung: Der Reichtum zieht sich einerseits immer mehr von sinnlichen Bezügen zurück, verzichtet auf die Pracht der alten Münzprägungen, landet schließlich als reiner Zahlenwust in den elektronischen Speichern der Hochfinanz. Aber gerade auf der Reise in die Abstraktion legt er sich neue Funktionen, neue Verwendungszwecke und logischerweise auch neue Masken zu. Der Wiener Denker Alfred Racek, der eine höchst anregende »Befreiungsphilosophie des Geldes« geschrieben hat, unterscheidet auf Anhieb fünf verschiedene Funktionen, von A bis E, vom einfachen Tauschmittel bis zum Statusmesser – wahrscheinlich gibt es mehr.

Hat man erst einmal diese Vielheit der Funktionen begriffen, öffnen sich so manche Absurditäten der wirtschaftlichen Praxis dem Verständnis, wenn auch nicht der Sympathie. So kann man zum Beispiel die Entrüstung nachfühlen (oder wenigstens nachkombinieren), die hundertfach überbezahlte Topmanager angesichts der öffentlichen Kritik empfinden oder doch zu empfinden vorgeben. Das Geld, sechs- bis achtstellig, das sie sich gegenseitig im Zuge irgendwelcher Konzern-Neugruppierungen zuschieben, ist eben Geld E (vielleicht schon Geld F); Statusgeld, Indikator auf der Skala der innerelitären Fremd- und Selbsteinschätzung, zu tragen und zu zeigen statt der leider abgeschafften feudalen Titel und Orden. (Allerdings muss man zugeben, dass auch dort, wo es solche Eh-

rungen noch gibt, wie etwa in Großbritannien mit seinen all-
jährlichen Adelslisten, der Hunger nach Statusgeld nicht geringer zu sein scheint.) Dass in der gleichen Währung be-
scheidenere Zeitgenossen ihre Semmeln und Unterhosen
kaufen müssen, ist den Geld-E-Bewegern zwar theoretisch
bekannt, spielt aber für ihre Selbstdefinition keine Rolle.

Mit der zunehmenden Monetarisierung des Reichtums treten sofort kollaterale Krisen auf. Die vielleicht wichtigste ist
die Krise des Bodens: der Wälder und der Landwirtschaft.
Durch Jahrtausende hatte sich der Reichtum aus den Schätzen der Erde, vor allem der Bodenrente, vollgesogen, hatte
die Urproduktion des Land- und Waldbaus als seine selbst-
verständliche Nährmutter betrachtet. Heute gibt es, außerhalb des wachsenden Elends der rückständigen Subsistenz-
kulturen, keine Volks- oder Großraumwirtschaft mehr, in
welcher der verbleibende Anteil an bäuerlicher Existenz nicht
zum ernsten und sehr teuren Problemfall geworden ist. Der
EU-Agrarmarkt ist nur ein Beispiel; die Subventionen für
die US-amerikanischen Farmer sind nicht weniger massiv.
Und für den Waldbau gilt dies genauso. In dem Augenblick,
wo Rentabilität das entscheidende Kriterium für wirtschaftliche Entschlüsse wird, ist das Handicap des einzig natürlichen Wachstums klar: Seine Rendite beträgt einfach nicht
mehr als plusminus ein Prozent. Das genügt nicht für die Finanzierung der Produktion. Bekanntlich hilft sich die kapitalistische Landwirtschaft nicht nur durch Subventionen, sondern
auch durch den zusätzlichen Verbrauch gewaltiger Mengen
von Erdöl und anderen Chemikalien, der den Ruin der Sub-
sistenzbauern und der Bodenfruchtbarkeit unweigerlich nach
sich zieht.

Rentabler erscheint da bei weitem die Industrieproduktion;
deren Rohstoffe sind billiger zu haben, werden in der Regel

nach dem Safeknackerprinzip eingeholt und kosten dann nur das Einbruchswerkzeug und das Schmiergeld für den jeweiligen politischen Hausmeister. Wird das Safeknacken zu lohnintensiv, wie etwa das Bergen der Kohle aus tiefen Minen, umgeht man das Problem brutal durch das Wegsprengen ganzer Berggipfel, wie zur Zeit in den Appalachen. Das rechnet sich; die eingesparten Bergleute fallen ins Elend, die Landschaft ist futsch, aber die Firma bleibt gesund und wird noch gesünder, die Aktien steigen. Die sozialen wie die biosphärischen und kulturellen Verluste tauchen in den Bilanzen des Reichtums nicht auf; und sein wichtigstes Ziel in der Politik ist es, dass es dabei bleibt und dass es nicht zu ungebührlichen ertragsmindernden Auflagen kommt.

Dies kann immer erfolgreicher betrieben werden, weil die globale Konzentration erlaubt, nationale und regionale politische Mächte gegeneinander auszuspielen. Patriotische oder heimatliche Bande werden immer unwesentlicher, es regiert eine Internationale des korporativen Reichtums. Und die Welt wird ärmer.

Selbst die Reichen in dieser Welt werden ärmer, auch wenn sie es noch nicht merken sollten. Der Midas-Effekt, die Konversion alles Lebendigen zu Schatzgold, operiert zunächst psychologisch: Man hält sich Aufregungen vom Leibe, vor allem soziale und kulturelle. In der Welt, beileibe nicht nur in Amerika, vermehren sich ständig die Ghettos der Wohlhabenden; je nach Sozialklima mehr oder weniger wirksam abgeschottet. In Kalifornien, in Palermo, in São Paulo, auf den Philippinen und an der Côte d'Azur wachsen Mauern und Stacheldrahtkränze, patrouillieren Privatpolizisten, halten nicht nur die Erbitterung der Armen fern, sondern erzeugen unfehlbar in den Eingeschlossenen ein Gefangenen-Syndrom. Die privilegierten Schulkinder aus den Ghettos werden in bewachten

Omnibussen herumgefahren, erleben ihre Heimatstadt oder ihre Landschaft als flüchtige Touristen. Und dieser Zustand des Daseins hinterm Zaun ist natürlich nur die kollektive Version einer individuellen Befindlichkeit.

Sollen wir deshalb, wie das ja des Öfteren vorgeschlagen wird, die armen Reichen bemitleiden? Sollen wir ihnen Einzel- und Gruppentherapie verschreiben? Nun, die Weisheit der Jahrhunderte enthält genug Material für kritische Selbstprüfung, und es gilt vor allem der Satz, dass die Tore der Hölle, auch der elegantesten Ghetto-Hölle, von innen versperrt sind. Wer wirklich raus möchte, kommt raus. Das fällt (oder fiele) oft recht schwer, Mammon ist ein strenger Gott. Schwerreiche neigen dazu, schon zwei Prozent Steuererhöhung als Bobbahn ins Armenhaus zu empfinden. Dennoch: Es ist ihr Bier, nicht das unsere, das dank der Operationen des Reichtums zirka dreißig Prozent Zinsen im Preis enthält.

Wie das kommt? Es ist einfach genug: Leute, die mehr Geld haben, als sie brauchen, geben es weg an Leute, die es dringend brauchen, aber sie verlangen Miete dafür. Diese Miete wird aufgrund der Zinseszinsformel berechnet, was darauf hinausläuft, dass die Summe der Rückzahlung, vor allem im Ratenfall, wesentlich höher ist als die ursprünglich ausgezahlte. Auf diese Weise stottern zum Beispiel arme Länder Kredite ab, die sie rein rechnerisch längst bezahlt haben, die aber noch in voller (oder mehrfacher) Höhe auf ihren Schuldscheinen stehen. (Der Mechanismus wird anschließend von Andreas Eschbach eingehend erklärt.)

Wesentlich ist auch, dass von einer bestimmten Vermögensgröße ab der Reichtum, der immer so jämmerlich über hohe Steuern stöhnt, längst keine mehr zahlt, sondern aus den Etats der Polis zusätzlich vermehrt wird. Jeder Staats- und Gemeindehaushalt enthält heute riesige Schuldenmengen, die, wie man so schön sagt, bedient werden müssen. Mit anderen Worten: Sie müssen abgezinst werden. Das Geld für diesen Schuldendienst wird jedoch durch Steuern aufgebracht – durch Einkommen-, Lohn- und Verbrauchsteuern. Der Prozentanteil der Lohn- und Verbrauchsteuern am gesamten Aufkommen steigt ständig, während der Anteil vor allem der höheren Einkommensteuern ständig sinkt. Mit anderen Worten: Leute, die von ihrer Hände oder ihrer Köpfe Arbeit leben, zahlen den Reichen, so sie nur schlau genug waren, Bundesschätze oder Gemeinde-Anleihen zu erwerben, Jahr für Jahr die entsprechenden Zinsen.

Bei einem solchen System ist es nicht nur möglich, dass sich die Schere zwischen Armut und Reichtum immer weiter öffnet – es ist unvermeidlich. Aus den zweihundertzwanzig Leuten, die heute reicher sind als die gesamte ärmere Hälfte der Menschheit, werden also eventuell hundert, oder fünfzig, oder auch nur fünfzehn werden. Dies und die laufende Plünderung des Planeten kritiklos hinzunehmen und Leuten, welche solche Entwicklungen verbrecherisch nennen, Sozialneid vorzuwerfen zeugt von einer kollektiven Begriffsstutzigkeit, die wir uns nicht leisten können. Es muss also etwas deutlicher geredet werden. Darum haben wir uns in diesem Band bemüht.

Im Übrigen meint der Herausgeber, dass keiner der Beiträge mit sozialneidischer Feder geschrieben wurde – keine Autorin, kein Autor vermittelt etwa den Eindruck, unbedingt auf die Schätze des jeweiligen Untersuchungsgegenstandes scharf zu sein. Wein schmeckt auch aus Acht-Euro-Flaschen, und die Konversation dürfte fast überall anregender sein als an den Tischen der Reichen. Was gelegentlich zu spüren ist, ist Wut, aber die ist dem Thema immer höchst angemessen. Schon Balzac hat bemerkt, dass den wahrhaft großen Vermögen ein großes Verbrechen zugrunde liegt; da genügt Kammerton nicht zur passenden Darstellung. Insgesamt aber, so scheint es, herrscht der Ton der Gelassenheit vor.

Die wütendste Rede ist wohl die des Kirchenvaters Basilius; dafür markieren die Gedichte von Christian Morgenstern und Ogden Nash den Übergang von der Gelassenheit in die Heiterkeit.

Grundkurs

Andreas Eschbach
An Max Mustermann

Sehr geehrter Herr Max Mustermann!

Vielleicht wundern Sie sich, dass ich Ihnen einfach so schreibe; schließlich kennen Sie mich gar nicht. Doch ich kann nicht anders, seit ich gestern in der Bank zufällig Ohrenzeuge des Beratungsgesprächs wurde, das man Ihnen hat angedeihen lassen. Diese Trennwände trennen nicht so richtig, wissen Sie? Sie haben mich nicht gesehen, ich habe Sie nicht gesehen, aber ich habe Sie gehört. Das, was Sie gesagt haben, und vor allem das, was man *Ihnen* gesagt hat. Was Sie unwidersprochen haben stehen lassen. Dinge, die Sie nicht unwidersprochen hätten stehen lassen dürfen. Deswegen schreibe ich Ihnen. Ihre Adresse, ehe Sie sich wundern, woher ich die habe: Sie haben Sie dem freundlichen Bankberater diktiert, und ich habe mitgeschrieben.

Vielleicht sollte ich lieber »Beratungsgespräch« schreiben, das Wort bewusst in Anführungszeichen setzen. Denn eigentlich war es zuerst die klebrige, scheinbar launige Stimme Ihres Gegenübers, die mir die Nackenhaare aufgestellt hat. So redet jemand, der die Lektionen der entsprechenden Kurse, wie man Dinge an den Mann oder die Frau bringt, schlecht gelernt hat. Und die Inhalte … na ja. Dazu komme ich jetzt. Sie haben nicht widersprochen, als er Ihnen sagte, Ihr Vermögen müsse sich vermehren. Sie fanden es einleuchtend, ja geradezu selbstverständlich, dass Geld sich vermehrt. Aber haben Sie sich schon einmal überlegt, wie das eigentlich vor sich gehen soll? Wenn man einen Zwanzig-Euro-Schein und einen Zehn-Euro-Schein gemeinsam in einen dunklen Schrank legt, kann es dann vorkommen, dass irgendwann kleine Euromünzen zur Welt kommen? Kleine, braune Cent-Münzen, die im Lauf der Zeit zu messing glänzenden Zehnern und schließlich zu silbrig glänzenden Euros heranwachsen?

Aber falls das so ist, warum geschieht das dann nur in den Panzerschränken einer Bank und nicht auch bei mir zuhause? Nein, mögen Sie in Erinnerung an das gestrige Gespräch einwenden, so ist das natürlich nicht zu verstehen. Geld vermehrt sich, indem es *arbeitet*. Das hat Ihr Bankberater auch gesagt. Ihr Geld müsse arbeiten. Auf dem jetzigen Konto läge es nur faul herum, aber es müsse arbeiten, und das fanden Sie auch höchst einleuchtend.

Entschuldigung, aber ich finde es nicht einleuchtend. Wie, bitte schön, soll Geld arbeiten? Und wann? Und wo? Es scheinen doch heute schon Arbeitsplätze für Menschen rar zu sein, wo also soll man das Geld hinschicken zum Arbeiten? Eigentlich, nicht wahr, weiß man überhaupt wenig darüber, wie das so ist mit dem arbeitenden Geld. Welche Arbeitszeiten gelten da eigentlich? Rund um die Uhr womöglich? Gibt es keine Geldgewerkschaft, die den armen Münzen und Scheinen auch mal eine Atempause verschafft?

Und weiter – *was* arbeitet Geld eigentlich? Bäckt es Brot? Schwer vorstellbar. Die Münzen würden doch im Teig kleben bleiben und die Scheine am Ofen Feuer fangen. Wäscht es Bettlägerige? Wie, da es doch nicht naß werden soll? Baut es Straßen? Ich für meinen Teil habe noch keine Euromünze gesehen, die Asphalt schaufelt, Sie etwa?

Eine gewisse Ratlosigkeit mag Sie jetzt befallen. Sie waren noch nie dabei, stimmt's? Sie wissen nicht, was die mit Ihrem Geld hinter Ihrem Rücken machen, wenn sie es angeblich »arbeiten lassen«. Deshalb muss ich Ihnen erklären, wie das in Wirklichkeit funktioniert.

Was Sie getan haben, als Sie ein Konto bei Ihrer Bank eröffneten: Sie haben der Bank Ihr Geld *geliehen*. Die Bank wiederum leiht es an andere Leute aus; darauf beruht ihr Geschäft. Denn immer, wenn Geld verliehen wird, hat derjenige, der es leiht, nicht nur die Pflicht, es wieder zurückzuzahlen, vielmehr muss er auch einen bestimmten zusätzlichen Betrag entrichten, sozusagen als Miete für das geliehene Geld. Diese Miete nennt man *Zinsen*.

Zinsen, das klingt in unseren Ohren immer nach wenig, nach Bagatellbeträgen, weil wir als erstes in unserem Leben Sparbücher kennenlernen und die Enttäuschung, wenn der Mensch hinter dem Schalter die Zinsen gutschreibt, die über das Jahr aufgelaufen sind, und es jedesmal so lächerlich wenig ist, dass man sich fragt, wozu man sich eigentlich die Mühe macht.

Aber Zinsen vom anderen Ende her – also wenn man derjenige ist, der Geld geliehen hat – sind etwas anderes. Zinsen für geliehenes Geld sind richtig heftig. Wenn Sie das noch nicht am eigenen Leib erfahren haben, sollten Sie bei Gelegenheit einmal Ihr Wissen vertiefen und sich den Verlauf eines sogenannten Annuitäten-Darlehens vorrechnen lassen. Mit solchen Darlehen finanziert man beispielsweise den Bau seines Eigenheims. Sie werden feststellen, dass Sie, wenn Sie ein solches Darlehen abzahlen, über die Jahre hinweg manchmal insgesamt mehr als das Doppelte des gesamten geliehenen Betrages zurückzahlen müssen.

Mit anderen Worten: Ihr Geld wächst nicht, und es arbeitet auch nicht. Wenn Sie nach einer gewissen Zeit mehr Geld auf Ihrem Konto vorfinden als am Anfang, stammt dieses »mehr« von anderen Leuten. Die sind es, die dafür gearbeitet haben. Man könnte sagen, diese Leute arbeiten für Sie. Sie zahlen Ihnen Tribut. Ihr Geld ist das Lehen, der Zins der Tribut.

(Das ist alles übrigens keine moderne Erfindung, im Gegenteil. Schon in der Bibel werden diese Verhältnisse erwähnt, und schon damals war es nichts Neues. Was nicht heißen muss, dass es nicht auch anders ginge. Auch die Sklaverei war einmal eine altehrwürdige Institution. Altehrwürdigkeit allein besagt noch gar nichts.)

Wohlgemerkt, diese anderen Leute geben Ihnen dieses Geld nicht, weil sie es übrig hätten, und erst recht nicht aus Sympathie. Sie kennen Sie ja überhaupt nicht, genau wie Sie umgekehrt diese Leute, Ihre Tributpflichtigen, nicht kennen. Bis jetzt haben Sie womöglich noch nicht einmal darüber nachgedacht, dass da im Hintergrund Menschen arbeiten müssen, wenn von »arbeitendem Geld« die Rede ist. Nein, diese Menschen geben Ihnen Geld, weil sie *müssen*. Weil sie keine andere Wahl haben. Sie, Herr Mustermann, haben Geld, das Sie nicht brauchen, und diese anderen Menschen, Ihre Tributpflichtigen, brauchen Geld, das sie nicht haben. Also leihen sie es. Von Ihnen, unter anderem. Und hoffen, dass sie mit den Schulden zurechtkommen und sie irgendwann auch wieder loswerden.

Ihre Bank organisiert das Ganze, was sinnvoll ist, denn es geht ja nicht nur um Ihr Geld, sondern auch um das vieler anderer. Das kommt alles in einen Topf, und am Ende lässt sich nicht mehr feststellen, wessen Geld wohin gelangt ist und wer wessen Kontozinsen bezahlt. Dadurch, dass es durch die Bank läuft – meist läuft es sogar durch mehrere Banken, durch ein abstraktes System, das man »Finanzmarkt« nennt –, wird alles erfreulich anonym, und man kann sich auf der Straße begegnen, ohne sich scheel ansehen zu müssen. Denn Schuldner und Gläubiger kennen einander ja nicht.

Natürlich verdient Ihre Bank auch an dieser Vermittlung. Eigentlich sogar mehr als Sie, aber das wird sie Ihnen nicht auf die Nase binden. In einer ruhigen Minute können Sie sich ja mal überlegen, wie es kommt, dass große Banken auch dann noch Gewinne in Milliardenhöhe ausweisen können, wenn ringsum die Wirtschaft ächzt und jammert. Eigenartig, nicht wahr? Aber das ist ein anderes Thema, und um das geht es mir hier überhaupt nicht. Hier geht es um Sie, Herr Mustermann.

Vielleicht sind Sie bei dem, was ich Ihnen gerade erklärt habe, ein wenig erschrocken. Sicher fragen Sie sich, worauf ich eigentlich hinaus will. Wahrscheinlich vermuten Sie, dass ich Ihnen als nächstes Vorwürfe machen werde, etwa, dass das, woran Sie sich da beteiligen, unmoralisch sei: andere Leute mit Hilfe des eigenen Geldes »in die Zinsknechtschaft zu zwingen«.

Nichts liegt mir ferner. So einfach ist das nämlich nicht. Außerdem haben Schlagworte uns noch nie weitergebracht. Wenn Sie weiterkommen wollen, müssen Sie immer genau hinsehen, müssen mehr verstehen als nur ein Wort.

Sehen wir uns die Sache einmal von der anderen Seite aus an und betrachten wir etwa einen Handwerker, einen jungen Schreiner beispielsweise, der gerade ausgelernt und alle nötigen Zeugnisse in der Tasche hat und nun anfangen könnte zu arbeiten. Bloß, um das zu können, braucht er eine ganze Menge Dinge. Werkzeug zunächst, und zwar das gute, professionelle, das teuer ist. Dazu diverse Maschinen. Holz natürlich. Eine Werkstatt muss er mieten, ein Telefon anschließen und Briefpapier drucken lassen und was der Dinge mehr sind. Unterm Strich kommt man auf Summen, die ein junger Mensch am Beginn seines Arbeitslebens einfach nicht hat.

Was also soll er tun? Geld verdienen kann er ohne diese Dinge nicht, jedenfalls nicht mit dem, was er gelernt hat, und da beißt sich die Katze in den Schwanz. Ohne eine eigene Werkstatt nützt ihm seine Ausbildung nichts, und die Idee, sich mit allerhand Jobs durchzuschlagen und nebenher das

Geld dafür zusammenzusparen, kann er bei genauerem Durchrechnen auch vergessen. Selbst wenn nicht alles Geld, das er so verdient, für den bloßen Lebensunterhalt draufginge, wäre er wahrscheinlich siebzig, bis er die benötigte Summe zusammenhätte. Wenn überhaupt jemals, schließlich werden die meisten Dinge im Lauf der Zeit eher teurer.

Wäre es nicht viel sinnvoller, jemand würde ihm das benötigte Geld einfach leihen? Dann könnte er anfangen zu arbeiten, könnte richtig gut verdienen und das Geld bequem nach und nach zurückzahlen, bis er irgendwann auf eigenen Beinen steht.

Das ist nicht nur sinnvoll, es geht überhaupt nicht anders.

Doch wer leiht ihm das Geld? Angenommen, er hat keine reiche Verwandtschaft und keinen wohlhabenden Freund. Auch solche Leute sollen schließlich leben dürfen. Würde ihm ein Fremder das Geld – und wir reden von viel Geld – leihen?

Immerhin, derjenige, der ihm das Geld überlässt, geht ein Risiko ein, und kein geringes. Der junge Betrieb kann auch, anstatt Grundlage einer Existenz zu werden, Pleite gehen. Ob sich der vielversprechende junge Schreiner im Suff die Hand absägt, ob er nicht so zuverlässig ist, wie er sein sollte, oder ob ihm ein Konkurrent das Leben schwer macht, jedenfalls besteht die realistische Möglichkeit, dass die Sache schief geht, und dann ist das Geld weg. Auch der Verkauf der gebrauchten Maschinen und so weiter brächte nur einen Teil der investierten Summe wieder herein, den Rest kann der Kreditgeber (denn um einen solchen handelt es sich) in den Schornstein schreiben.

Um einen Fremden dazu zu bringen, ein solches Risiko einzugehen, wird dem jungen Mann nichts anderes übrig bleiben, als dem Geber eine zusätzliche Prämie zu versprechen. Dafür, dass er das Geld zeitweise aus der Hand gibt – was ja mit sich bringt, dass er es nicht für sich selber ausgeben kann, nicht einmal, wenn er plötzlich selber in eine Notlage geraten sollte –, bekommt er mehr Geld zurück, als er hergegeben hat. Dann heißt es für den Geber, Risiko und möglichen Gewinn gegeneinander abzuwägen und einzuschlagen oder auch nicht. Es gibt heutzutage auch andere Investitionsmöglichkeiten, als in einen wildfremden jungen Schreinermeister zu investieren. Sie können Ihr Geld beispielsweise dem Staat leihen. Der zahlt seine Schulden zuverlässig und pünktlich zurück, samt Zinsen. Das tut er zwar zunehmend von Geld, das er sich erst wieder anderswo leihen muss, was Sie nicht für seriös halten mögen, aber solange es funktioniert, ist es eine sichere Sache. Sagt Ihr Bankberater. Ich werde Ihnen dazu ein paar Absätze weiter unten noch etwas anderes erzählen.

Wozu schreibe ich Ihnen das alles? Nicht, um Sie zu einer bestimmten Handlung zu bewegen oder Sie von einer anderen abzuhalten. Sie können tun, was Sie für richtig erachten. Es ist Ihr Geld. Alles, was ich gerne hätte, ist, dass Sie wissen, was Sie tun, wenn Sie es tun. Dass Sie aufhören, in Märchen und Fabeln zu denken und stattdessen einfach zu den Fakten stehen. Märchen bringen nichts. Wer Ihnen Märchen erzählt, will Ihnen die Wirklichkeit vorenthalten. Die Wirklichkeit bei Investitionen ist, dass Sie jemand anderem Ihr Geld zeitweise zur Verfügung stellen, zum Guten oder zum Schlechten. Akzeptieren Sie es, oder lassen Sie es. Aber ziehen Sie dem Ding kein rosarotes Mäntelchen über.

Was Ihnen beim »Beratungsgespräch« nämlich nicht aufgefallen zu sein scheint, war das eigentümliche Ungleichgewicht in der Kommunikation. Für mich als unbeteiligtem Lauscher an der Sichtschutzwand, der ich den nötigen Abstand zum Geschehen hatte, war es dagegen unüberhörbar. Anfangs war die große Stunde der Allgemeinplätze. Abgesehen von Persönlichem, bei dem ich weggehört habe, herrschte das übliche Blabla, dieses »Nun schauen wir mal, wie wir Ihrem Geld Beine machen«, dieses »Da steckt doch mehr drin« und so weiter. Sie waren begeistert, und Ihr Berater muss es auch gewesen sein, als Sie so unternehmungslustig mitgingen. Dann kam er zum Speziellen, zum konkreten Angebot, zu diesem Fonds, zu jener Festanlage, zu dieser Aktie. Und auf einmal … Ist Ihnen das wirklich nicht aufgefallen? Aber Sie erinnern sich daran? Ich hatte den Eindruck, dass Sie in dem Moment plötzlich ein ungutes Gefühl beschlich. Urplötzlich war Fachchinesisch angesagt. Wissen Sie wirklich, was der Unterschied zwischen Agio und Disagio ist? Was eine Wandeloption ist? Ein thesaurierender Fonds? Nein. Und da Ihr Berater Sie kennt – das hat man gemerkt –, heißt das, er muss auch ganz genau gewusst haben, dass Sie es nicht wissen. Trotzdem hat er Sie mit all diesen Ausdrücken förmlich zugeballert. Fragen Sie sich doch mal, warum. Sie sind auf einmal ganz einsilbig geworden, sind wahrscheinlich in Ihrem Sessel zusammengesunken und haben gedacht: »Hoffentlich merkt er nicht, dass ich da gar nicht mitreden kann, wie stehe ich denn sonst da?« Ihr Berater kennt Sie, stimmt's? Er kennt sie gut genug, um zu wissen, dass Sie nicht nach den Details fragen würden. Dass Sie nicht bei ihm Nachhilfe in Banksprech nehmen würden. Der älteste Trick der Welt, wenn Sie mich fragen.

Was also ist passiert? Mit Worten, deren Bedeutung Sie nicht wirklich kennen, hat er Ihnen irgendwas erzählt, das gut klang, beeindruckend, womöglich Vertrauen erweckend. In mir hat es, anbei bemerkt, kein Vertrauen erweckt; grundsätzlich schwindet mein Vertrauen, wenn man mir gegenüber Tricks benutzt. Aber ich würde was darauf wetten, dass Sie es in Wirklichkeit nicht verstehen. Allenfalls haben Sie eine schwammige Vorstellung davon. Wenn ich Sie jetzt fragen würde, wann Sie wieviel Geld erhalten werden – wüßten Sie es? Wüßten Sie, woher es kommt? Unter welchen Bedingungen Sie mit welchen Verlusten aussteigen können? Und so weiter und so weiter? Nein. Mit anderen Worten, Sie vertrauen Ihr sauer verdientes Geld einer Geschichte an, die Sie nicht verstanden haben. Ist das vernünftig? Ist es vernünftig, dass Sie dem Kauf einer Dose Erbsen mehr Überlegung widmen als dem Investment von Geld, das Sie über Jahre hinweg zusammengespart haben?

Das könnte jetzt alles so klingen, als wolle ich Ihnen sagen, dass Sie beim falschen Finanzberater sind. Aber darum geht es nicht. Die sind alle so. Machen ihren Job und verstehen in Wirklichkeit auch nicht, was vor sich geht.

Offen gesagt frage ich mich, ob es überhaupt jemand versteht. Ich behaupte nicht, dass ich es tue. Ich bin in der Welt des Geldes nur ein staunender Tourist. Ich sehe allerhand bunte Fassaden und frage mich, wie es dahinter aussehen mag. Das ist es, was ich tue: Ich frage. Ich wundere mich. Ich stoße auf Sachverhalte und mache mir Gedanken.

Einen solchen Sachverhalt will ich Ihnen erzählen. Es ist eine simple, aber merkwürdige Sache, und Banken spielen dabei eine wichtige Rolle.

Es geht um folgendes: Die Wirtschaft unseres Landes wächst jedes Jahr. Mehr oder weniger, meistens weniger und immer zu wenig, wenn es nach der Regierung geht. Aber egal, ob es nun ein Prozent ist oder nur ein halbes oder irgendeine andere Zahl, sie wächst. Das Gleiche gilt für Europa, für andere Länder, für die Weltwirtschaft insgesamt. Im Großen und Ganzen wächst sie, was auch sein muss, weil ja auch die Weltbevölkerung wächst.

Da die Wirtschaft wächst, muss auch die Geldmenge wachsen. Logisch? Logisch. Ist auch so. Wobei man darüber schon nichts mehr in den Fernsehnachrichten erfährt. Wirtschaftswachstum ist eine Schlagzeile, die Zunahme der Geldmenge nur eine Zahl im Kleingedruckten der Zeitung.

Wenn wir uns soweit einig sind, dann bitte ich Sie, sich einmal zu fragen, woher dieses zusätzliche Geld eigentlich kommt und wie es unter die Leute gelangt. Nicht wahr, das haben Sie sich noch nie überlegt? Und Sie wissen es auch nicht. Vielleicht, könnte man vermuten, wird einfach die benötigte Menge an Geldscheinen gedruckt? Könnte man ja machen; so ein Geldschein kostet schließlich nicht viel. Ein gutes Geschäft also, weshalb es auch verboten ist, das auf eigene Faust und Rechnung zu machen. Aber haben Sie je in Ihrem Leben einen Brief von, sagen wir, der Europäischen Zentralbank bekommen, in dem ein paar Geldscheine lagen und ein Begleitschreiben mit der Bitte, sie schnellstmöglich auszugeben, damit das angesichts des Umfangs der Wirtschaft benötigte Geld in Umlauf gelangt? Ich nicht. Ich kenne auch niemanden, der je so einen Brief bekommen hätte. Und ich wette, Sie auch nicht.

Aber irgendwie muss es geschehen. Irgendwie muss mehr Geld in Umlauf kommen. Auf irgendeine geheimnisvolle Weise muss es bewerkstelligt werden, und sagen Sie selbst, finden Sie es nicht auch *extrem* merkwürdig, dass wir nichts darüber wissen? Dass man uns das in der Schule nicht beibringt? So viel unnützes Zeug bleut man uns dort ein, aber darüber, wie Geld funktioniert, erfahren wir überhaupt nichts. Und das, obwohl wir den Großteil unseres Lebens damit beschäftigt sind, dahinterher zu sein. Und ein großer Teil unseres Glücks in diesem Leben davon abhängen wird, wie wir damit zurechtkommen, mit diesem geheimnisvollen Phänomen, dem Geld.

Sie müssen lange suchen, bis Sie jemanden finden, der Ihnen

etwas darüber erzählen kann. Selbst im Viktorianischen England gab es mehr Leute, die wussten, woher die Babys kamen, als es heutzutage Leute gibt, die wissen, woher das neue Geld im Wirtschaftskreislauf kommt. Peinlich, wenn Sie mich fragen. Vor allem, wenn man bedenkt, dass im Gegensatz zu Dingen wie Zeugung und Schwangerschaft und dergleichen alles, was mit Geld zu tun hat, eine rein menschliche Erfindung ist, von A bis Z, jeder noch so kleine Aspekt davon. Nichts davon ist von selber entstanden. Kein Gott hat seine Finger im Spiel, keine Natur hat damit zu tun, kein physikalisches Gesetz wirkt, nichts dergleichen. Geld ist Menschenwerk, Punkt. Es wäre wirklich nur recht und billig, wenn wir alle restlos darüber Bescheid wüßten.

Also, machen wir einen Anfang. Die Vermehrung des Geldes passiert – und das dürfen Sie ruhig jedem weitersagen, den Sie kennen – folgendermaßen: Wann immer jemand einen Kredit aufnimmt, vermehrt er dadurch nebenbei die Geldmenge um genau den Betrag seines Kredites. Das Geld zählt in den Büchern der Bank auf einmal sozusagen doppelt: Einerseits bleibt das Guthaben von dem, der es eingezahlt hat, bestehen, andererseits spaziert jemand mit dem Geld zur Tür hinaus. Wundersame Vermehrung? Nein, reine buchhalterische Logik. Es klingt wie eine kitzlige Situation – denn schließlich, was wird die Bank machen, wenn der Inhaber des Guthabens kommt und sein Geld zurückhaben will? Doch es funktioniert, weil es nicht nur einen, sondern viele, viele Guthaben gibt und deren viele, viele Inhaber im wirklichen Leben nicht alle am selben Tag am Schalter auftauchen und ihr Geld zurückverlangen. (Täten sie es doch – was manchmal vorkommt –, würde die Bank zusammenbrechen. Oder sie schließt einfach vorher ihre Tore und sagt den Leuten, sie sollen ein andermal wiederkommen.)

Hinzu kommt: In der Praxis tragen die wenigsten Kreditnehmer das Geld tatsächlich zur Tür hinaus, und selbst wenn, dann stecken sie es jedenfalls nicht unter ihre Matratze. In der Regel wird das Geld wieder auf eine Bank gebracht, oder es wird ausgegeben, und dann bringt es der, der es eingenommen hat, zu einer Bank. Dort wird es wieder zu Guthaben, was bedeutet, dass sich das Spiel wiederholen kann.

Weil das so wichtig ist, will ich es noch einmal an einer ganz einfachen Situation verdeutlichen: Stellen Sie sich vor, es gäbe nur einen einzigen Hundert-Euro-Schein, und den hat jemand auf einer Bank eingezahlt. Nun kommen Sie und nehmen einen Kredit in dieser Höhe auf. Man händigt Ihnen besagten Geldschein aus, und in dem Vertrag, den Sie unterschreiben, verpflichten Sie sich, den Kredit über einen bestimmten Zeitraum in monatlichen Raten zu tilgen, ein Annuitätendarlehen also, das unterm Strich darauf hinausläuft, dass Sie sich verpflichten, insgesamt etwa zweihundert Euro zurückzuzahlen. Nun fragen Sie sich vielleicht, wie das überhaupt gehen soll, wenn doch überhaupt nur hundert Euro existieren, oder? Doch ab dem Moment, in dem Sie Ihren Kredit aufgenommen haben, existieren rechnerisch tatsächlich zweihundert Euro. Denn Sie halten einen Hundert-Euro-Schein in der Hand, und jemand anders hat ein Sparbuch, das ihm ein Guthaben von ebenfalls hundert Euro bescheinigt. Macht zusammen zweihundert.

Um herauszufinden, wie es im Einzelnen weitergeht, reicht dieses vereinfachte Modell nicht mehr aus. Da müssten jetzt mehr Konten, mehr Teilnehmer, mehr Geldflüsse ins Spiel kommen, und dieser Brief würde zum Buch. Klar ist aber auf jeden Fall: Sie stehen jetzt unter Druck. Sobald Sie in das Spiel der Geldvermehrung einsteigen, müssen Sie sich mächtig ins Zeug legen und irgendetwas bieten, damit Sie an das übrige Geld herankommen, sonst landen Sie im Schuldturm. Und hier schließt sich der Kreis zu dem, was ich Ihnen eingangs versucht habe zu erklären. Sobald Sie nämlich Schulden haben, stehen Sie auf der anderen Seite des Vorgangs, den Ihr Bankberater so blumig als »arbeitendes Geld« umschreibt. Jetzt sind Sie der Tributpflichtige. Jetzt müssen Sie Geld hergeben, damit jemand anders glauben kann, sein Geld vermehre sich.

Und es gibt kein Entkommen. Solange Sie nur von Ihren Bedürfnissen bestimmt wurden, stand Ihnen immer auch noch die Möglichkeit offen, diese zu überdenken, asketischer zu leben oder ihnen sonstwie zu entsagen. Mit Schulden geht das alles nicht mehr. An Schulden ändert sich nicht das Geringste, wenn Sie sich ändern, und sei es, dass Sie vom Sünder zum Heiligen würden. Schulden wird man nur los, indem man sie tilgt.

Verstehen Sie, was das bedeutet? Es bedeutet, dass im Herzen unserer Wirtschaft ein Puls schlägt, der von Schulden getrieben wird. In der Summe handeln die Akteure der Wirtschaft nicht, um Bedürfnisse zu befriedigen, sondern sie handeln, weil sie Schulden tilgen müssen. Das ist ein erbarmungsloser Druck, und im Extremfall sind wir bereit, die Umwelt zu zerstören oder gar andere Menschen, nur um unsere Schulden wieder loszuwerden. Ist es nicht eigenartig, dass dies ein Druck ist, den wir selber geschaffen haben? Weil Geld und alles, was damit zusammenhängt, Menschenwerk ist? Jedenfalls, so vermehrt sich das Geld im Kreislauf: rechnerisch. Buchhalterisch. Bargeld macht nur einen winzigen, fast vernachlässigbaren Teil der gesamten Geldmenge aus. Zum überwiegenden Teil existiert Geld nur in Form von Buchungen auf Konten, in Form von Zahlen, ist, mit anderen Worten, virtuell. (Allerdings ist auch der Wert eines Geldscheins virtuell, wenn Sie es sich genau überlegen.) Da das Wort »virtuell« jünger als unser Geldwesen ist, ist hierfür der Begriff »girales Geld« gebräuchlich.

Der Prozess der »Geldschöpfung« – wie das, was ich gerade beschrieben habe, heißt – ist in der Praxis noch ein wenig komplizierter. Da spielen Leitzinsen eine Rolle und Kredite, die Banken ihrerseits bei der Zentralbank aufnehmen, da gibt es Regeln, wonach nur ein bestimmter Teil der Einlagen in eine Bank wieder verliehen werden darf und so weiter.

Trotzdem enthüllt uns schon dieser erste, flüchtige Einblick ein Grundprinzip giralen Geldes, das Sie sich wahrscheinlich auch noch nie klar gemacht haben. Aus dem eben Geschilderten folgt nämlich, dass jedem Euro auf der Plusseite zwingend ein Euro auf der Minusseite gegenüberstehen muss, ohne Ausnahme, bis zum letzten Cent. Unweigerlich stehen jedem Vermögen Schulden gegenüber, und zwar in exakt der gleichen Größe. Ohne das eine kann das andere nicht existieren. Das schreiben die Gesetze der Buchhaltung vor, und die sind als mathematische Gesetze weder verhandelbar noch änderbar. Wollte man alle Schulden tilgen, müssten sich auch alle Guthaben auflösen.

Das muss man auf sich wirken lassen. Nach einer Weile sieht man viele Dinge in einem ganz anderen Licht. Beispielsweise, wenn der Finanzminister, dieser arme Wicht, dasteht und erklärt, der Staat müsse seine Verschuldung reduzieren, weil der Schuldendienst langsam, aber sicher den Staatshaushalt erdrossele. Er hat ja recht. Bloß – wie will er das machen? Er kann schließlich nicht die Schulden selbst beseitigen, weil sonst Guthaben in gleicher Höhe aus dem Finanzsystem verschwänden und die Wirtschaft in die Knie ginge. Das Äußerste, was er hoffen kann, ist, dass jemand anders die Schulden macht. Doch wer soll das sein? Die meisten Firmen haben schon so viel Schulden, wie sie verkraften können, viele auch mehr. Private Haushalte werden sich hüten, in diesen unsicheren Zeiten mehr Schulden zu machen als unbedingt nötig. Außerdem heißt Schulden machen Kredite aufnehmen, und Kredite erhält man nur gegen Sicherheiten. Der Staat ist als Einziger in dem Spiel seine eigene Sicherheit und kann so viel borgen, wie er will. Einstweilen. Kein Wunder also, dass sich nach und nach alle für die Existenz von Vermögen notwendigen Schulden bei ihm versammeln.

Ist das alles höchst seltsam? Ja. Liegt hier womöglich ein grundlegender Konstruktionsfehler des Systems verborgen? Vielleicht. Es gibt viele Menschen, die sich auf übergeordneter Ebene mit diesen Fragen beschäftigen und genau das behaupten. Und diejenigen, die das bestehende System verteidigen müssten, die uns erklären müssten, warum das alles so ist und so sein muss, die etablierten, akademischen Wirtschaftswissenschaftler – sie schweigen dazu, und wenn man sie befragt, tun sie, als verstünden sie die Frage nicht. Was unsereinem bleibt, ist, sich zu wundern.

Ich will zum Ende kommen. Sie fragen sich sicher immer noch, was ich eigentlich mit meinem Brief bezwecken wollte. Nun, einfach dies: Sie das Geld mit anderen Augen sehen zu lassen. Sie dazu zu bringen, die alten, immer gleichen Sprüche nicht mehr zu akzeptieren. An den Weihnachtsmann glauben Sie doch auch nicht mehr; warum also sollten Sie an das arbeitende, sich vermehrende Geld glauben? Lachen Sie die Plakate Ihrer Bank aus. Beginnen Sie, sich ebenfalls zu wundern und Fragen zu stellen. Und von da aus werden wir sehen, wie es weitergeht.

Mit freundlichen Grüßen
Ihr Andreas Eschbach

Rede an die Reichen

»Diese Güter gehören mir,
habe ich nicht das Recht, sie zu behalten?«

Gehören Sie wirklich dir?
Woher hast du sie genommen?
Hast du sie von anderswo her
in die Welt mitgebracht?

Du verhältst dich wie einer,
der bei jedem Schauspielbesuch das Theaterhaus verriegelt.
Du willst anderen den Eintritt versperren,
damit du dein Vergnügen für dich allein hast.

Es ist so, als würdest du dir
das alleinige Anrecht auf ein Theaterstück nehmen,
das für die Allgemeinheit gespielt wird.

Genau so sind die Reichen:
Sie betrachten die Güter, die allen gehören,
als ihr privates Eigentum,
weil sie sich diese als erste angeeignet haben.

Den Hungernden gehört das Brot,
das du für dich behältst;

den Nackten der Mantel,
den du in der Truhe versteckst;

den Armen das Geld,
das du vergräbst.

Basilius der Große, 370 Erzbischof von Caesarea

Herz der Finsternis

Harald Schumann
An Mr. Gent

Sehr geehrter Herr Gent,

Sie kennen mich nicht, aber ich kenne Sie – da geht es mir wie
vielen Millionen anderen Bürgern in Deutschland. Sie sind,
das ist Ihnen vermutlich gar nicht bewusst, einer der bekanntesten Top-Manager hierzulande. Und das nicht etwa, weil sie
sieben Jahre lang das weltweit tätige Mobilfunk-Unterneh-
men Vodafone führten, das in Deutschland über zwanzig Millionen Kunden bedient. Ginge es nur danach, wären Sie den
Deutschen so unbekannt wie der Chef des Handy-Konzerns
Nokia oder des Auto-Herstellers General Motors, die nicht
weniger deutsche Kunden haben als der Konzern, den Sie mit
aufgebaut haben.
Nein, Sie sind eine Berühmtheit, weil Sie sich große Verdienste um diese Republik erworben haben, Herr Gent. Denn Sie
haben mehr zur Aufklärung über die Akteure und Methoden
des globalisierten Shareholder-Value-Kapitalismus beigetragen als das ganze Heer der Wirtschaftsexperten, das täglich
die Zeitungsspalten und Sendeminuten füllt.
Seit Jahren predigen diese Leute ihrem Publikum die immer
gleiche Mär vom effizienten Kapitalmarkt. Weil dieser angeblich das verfügbare Geld der Sparer stets dahin lenkt, wo es
den höchsten Ertrag bringt, sollen dort die Gewinner immer
Recht haben. Diese Lenker der Kapitalströme üben grenzen-
lose Macht über Millionen von Menschen aus und müssen sich
trotzdem nicht durch Wählerstimmen legitimieren, sondern
nur durch Kapitalanteile. Dabei ist ihre Botschaft immer
gleich: Irgendwann soll es allen besser gehen, wenn man nur

die »Chief Executive Officers«, diese Generäle des Kapitals, möglichst frei agieren lässt.

Natürlich gibt es noch einige Marktgläubige, die das immer wieder mal behaupten. Allein, kaum jemand mag ihnen noch folgen. Und das ist zu erheblichen Teilen Ihr Verdienst, Herr Gent. Denn Ihre geniale Mischung aus unternehmerischem Kalkül und kalter Ignoranz im Umgang mit dem Publikum hat den Deutschen ein Lehrstück in Sachen Macht-Wirtschaft beschert, das auch Bertolt Brecht zur Ehre gereicht hätte: die seit nunmehr fünf Jahren anhaltende Vodafone-Affäre.

Gewiss, diese Publicity war nicht Ihre Absicht, als Sie die Übernahme und anschließende Zerschlagung des Mannesmann-Konzerns im Frühjahr 2000 in Szene setzten. Aber am Ende, Sie kennen das, zählt nicht die Intention, sondern das Ergebnis. Und das ist furios. Der Übernahme-Coup war nicht nur »der größte Triumph« Ihres Lebens, wie der *Spiegel* seinerzeit befand. Er hat zugleich den wirtschaftspolitischen Diskurs in diesem Land befruchtet wie kein anderes Ereignis. Dank Ihnen und Ihrer Firma haben auch Normalbürger Zugang zu den Dunkelzonen der globalisierten Ökonomie bekommen, über die es sonst stets an Anschauungsmaterial mangelt. Dabei war unter anderem zu lernen,

– dass es in den Führungsetagen der Großkonzerne nicht viel anders zugeht als bei anderen Machtspielen großer Jungs, die ihre Territorial- und Statuskämpfe ausfechten – das vor dem Düsseldorfer Landgericht entfaltete Sittengemälde war großartig;
– dass die Bezahlung und Prämierung von Top-Managern nicht von ihrer Arbeitsleistung, Kreativität oder Führungsfähigkeit abhängt, sondern davon, wer mit wem bekannt ist oder wer wem welche Gewinne verschafft; seitdem werden

die Debatten über Manager-Gehälter viel informierter geführt;

– dass das deutsche Steuerrecht international tätigen Konzernen zig Milliarden Euro auf Kosten weniger mobiler Steuerzahler zuschanzt – endlich steht die rot-grüne Steuerreform im richtigen Licht;

– und dass die Sache mit dem Shareholder Value gar nicht ernst gemeint war. Unter Ihrer Führung haben die Aktien Ihres Unternehmens binnen zwei Jahren 70 Prozent an Wert verloren, und Sie sind trotzdem als Held gefeiert worden, das beeindruckt selbst Ihre Kritiker.

Für Sie ist das sicher alles schon Geschichte, jetzt, wo Sie bei Glaxo SmithKline im englischen Uxbridge Senior-Chef des zweitgrößten Pharmakonzerns der Welt geworden sind. Aber bei uns ist das alles noch sehr lebendig. »Der Name Vodafone steht für maßlose Gier, eitle Arroganz, Verachtung des Rechtsstaats, Verhöhnung der Gesellschaft«, schrieb kürzlich der sonst eher zurückhaltende *Berliner Tagesspiegel*.[1] Das war vielleicht ein wenig hart, demonstriert aber den nachhaltigen Eindruck, den Ihre Aktionen hier hinterlassen haben.

Mit Spielgeld zahlen und Cash einnehmen

Die erfrischende Belehrung des Publikums begann schon, da war von den erhellenden Details des freizügigen Umgangs der beteiligten Manager mit dem Geld anderer Leute noch gar nicht die Rede. Plötzlich geschahen mitten in Deutschland Dinge, die bis dahin nur aus Amerika bekannt waren. Man stelle sich vor: Da übernimmt das gerade mal 15 Jahre alte Unternehmen Vodafone den über 100 Jahre alten deutschen Traditionskonzern Mannesmann zum Börsenwert von 178 Milliarden Euro. Doch das belastet die Kasse des Käufers mit keinem Cent. Stattdessen verfügt Vodafone schon drei Monate nach der Transaktion über 57 Milliarden Euro Barvermögen mehr als vor der Übernahme. Der Trick war die Sache mit dem Aktientausch: Sie haben den Aktionären von Mannesmann ihre Anteile nicht mit Geld, sondern einfach mit Vodafone-Aktien abgekauft und dabei »Aktien wie Konfetti verteilt«, wie sich später einer der geleimten Aktionäre mokierte. Eigentlich war es eine Kapitalerhöhung um fast 100 Prozent, also die Ausgabe vieler neuer Aktien, mit der sie den Kauf von Mannesmann finanziert haben. Und bezahlt haben dafür die Eigentümer des deutschen Konzerns mit ihren Anteilen. Letztlich verwässerte das den Wert der Vodafone-Aktien erheblich, aber von diesem Risiko haben Sie vorsichtshalber nie gesprochen. Stattdessen haben Sie auf allen Kanälen den gutmütigen Briten mit Hornbrille und Hosenträgern gespielt und so die Leute aufs Glatteis geführt, das war gekonnt.

So gelang es Ihnen, den Anlegern und sogar den Profis der großen Investmentfonds weiszumachen, die neu ausgegebenen Vodafone-Anteile wären künftig und auf Dauer mehr wert als die alten Mannesmann-Aktien. Sie setzten einfach den durch die Übernahmespekulation hochgetriebenen aktuellen Börsenkurs der beiden Papiere an und boten rein rechnerisch 350 Euro in Vodafone-Aktien für jede Mannesmann-Aktie. Damit waren die Mannesmann-Papiere zwar mehr als doppelt so hoch bewertet wie drei Monate zuvor. Doch ebenso verhielt es sich mit dem Wert der Vodafone-Aktie. Unterm Strich war damit der riesige Mischkonzern mit 138 000 Beschäftigten und sieben Sparten immer noch niedriger bewertet als das reine Mobilfunkunternehmen Vodafone mit nicht mal halb so vielen Angestellten – ein dolles Ding, das nur durchzuziehen war, weil damals viele Leute meinten, die Telekommunikation könnte über Jahrzehnte zweistellig wachsen – eine verrückte Illusion, wie bald darauf klar wurde, aber dazu später.

Der eigentliche Clou war, wie Sie dann gleich nach dieser Transaktion Kasse gemacht haben. Die britische Mannesmann-Tochter Orange ging für 40 Milliarden Euro an die France Telekom, die Maschinenbau- und Autozuliefer-Gruppe Atecs für neun Milliarden an Siemens und Bosch, das Handelshaus an Thyssen, der Maschinenbau an Siemag, und der Röhrenbau, die Basis des alten Konzerns, landete beim Stahlkonzern Salzgitter. Für die meisten der mehr als 130 000 Mannesmänner und -frauen, die ihrem Unternehmen häufig über Jahrzehnte verbunden waren, war das natürlich nicht so schön. Erst war mit den von ihnen erwirtschafteten Gewinnen die Mobilfunksparte aufgebaut worden, und nun wurden sie einfach abgeschoben. Die Kranbauer von Mannesmann Dematic in Wetter an der Ruhr zum Beispiel, die haben jetzt schon den vierten Eigentümer in drei Jahren. Sie, Herr Gent, wissen wahrscheinlich nicht einmal von der Existenz dieses Unternehmens, aber diese Leute waren stolz auf ihre Produkte, die dort 163 Jahre lang erfolgreich hergestellt wurden. Als es ans Ausschlachten ging, gab es aber kein Interesse mehr an langfristigen Investitionen. Nun wird »nur noch abgerissen, entkernt, abgebaut«, wie einer der Betriebsräte in der *Zeit* klagte. »Kunden, Qualität, Produkte, das spielt alles keine Rolle mehr, jeder denkt nur noch an sich«, so fasst er die Lage seiner Firma zusammen, die es vermutlich bald nicht mehr geben wird.[2]

Sie werden einwenden, das habe ja nicht an Ihnen gelegen.

Das stimmt, Sie haben nur an Siemens verkauft. Kann ja keiner wissen, dass die sich auch nicht für die ihnen anvertrauten Menschen verantwortlich fühlen. Vodafone jedenfalls hat auf diesem Weg stolze 57 Milliarden Euro eingenommen, die Sie für weitere Käufe nutzen konnten. Praktisch haben Sie so mit Spielgeld bezahlt und anschließend echtes Geld eingenommen. Der eine oder andere mag sich dabei betrogen fühlen, aber am internationalen Kapitalmarkt ist das legal. Sie mussten einfach nur behaupten, es sei »besser, diese zwei Unternehmen zusammenzuführen«, dann gelte »eins plus eins gleich drei«, wie Sie dem *Spiegel* erklärten.[3] Und prompt sind die Aktionäre drauf reingefallen. Das Ergebnis Ihres eins plus eins liegt heute bei gerade mal 0,3. Statt 360 Milliarden ist der Konzern an der Börse nur noch 120 Milliarden Euro wert – ein Umstand, den Sie einfach dem allgemeinen Kursverfall zuschreiben konnten und darum nicht dafür haftbar gemacht wurden. Aber mal im Ernst, Herr Gent: Sie haben's bestimmt vorher gewusst, dass das alles Schmu ist, oder? Ich meine, wenn die Leute eine Firma mit dem 100fachen eines Jahresgewinns bewerten, wie damals bei Mannesmann, dann sind sie doch ohnehin ein bisschen verrückt. Normalerweise werden Unternehmen schließlich nur mit dem zehn bis zwanzigfachen ihres jährlichen Ertrags gehandelt.

Nein, das soll kein Vorwurf sein. Die Verlierer waren ja vor allem Kleinanleger, die dumm genug waren, ihre Ersparnisse den Investmentfonds der Banken und den Anlagemanagern der Versicherungskonzerne anzuvertrauen, die darüber die Aktienmehrheit hielten. Für die Blauäugigkeit dieser unaufgeklärten Sparer können Sie ja nichts. Dafür ist nun vielen klar geworden, dass die angeblichen Investment-Profis bei den so genannten institutionellen Anlegern aus strukturellen Gründen unfähig sind, das Geld ihrer Kunden sicher zu ver-

walten. Sie konnten ihre vielen Aktien gar nicht so schnell abstoßen, wie die Kurse fielen. Das hat ihnen zwar nicht wirklich geschadet. Denn ihre Gebühren und Provisionen kriegen
sie ja eh. Nur der Ruf der Finanzbranche ist jetzt ziemlich ruiniert. Und nur noch 16 Prozent der Deutschen beteiligen sich
am Börsenspiel. Aber das kann ihnen niemand verdenken.

Denn nicht zuletzt dank Ihrer Mannesmann-Aktion ist jetzt
klar, dass es volkswirtschaftlich unsinnig ist, den Strukturwan-
del der Wirtschaft von Börsenkursen abhängig zu machen.
Das Konzept führte zu weniger Wettbewerb, weniger Inno-
vation, weniger Jobs und vor allem massenhafter Kapitalver-
nichtung. Gewiss, ein großer Teil der Verluste entsteht nur fiktiv in Bits und Bytes, so wie die Kursgewinne zuvor auch nur
fiktiv durch hohe Nachfrage bei kleinem Angebot entstanden
waren. Gleichwohl sind auf diesem Weg über lange Jahre zig
Milliarden Euro und Dollar in die unproduktive Finanzsphäre
abgeflossen. Nicht für Investitionen in neue Produkte oder
Dienstleistungen wurde das Geld der Sparer genutzt. Stattdessen inflationierten ihre vermeintlichen Sachwalter bei Banken und Versicherungen Wertpapiere aller Art, mal an den
Börsen, mal auf den Anleihemärkten der Schwellenländer,
dann wieder bei Immobilien – immer so lange, bis die Blasen
platzten.

Eigentlich blöd, dass jede Generation diese Erfahrung wieder neu machen muss. Wenn man bedenkt, dass die ganze Geschichte in den 30er Jahren des vergangenen Jahrhunderts
schon mal über die Bühne ging. John Maynard Keynes, einer
der klügsten Ökonomen des vergangenen Jahrhunderts, warnte im Jahr 1936: »Spekulanten mögen unschädlich sein als Sei-
fenblasen auf einem steten Strom der Unternehmungslust.
Aber die Lage wird ernsthaft, wenn die Unternehmungslust
zur Seifenblase auf einem Strudel der Spekulation wird.« Das

beschreibt doch Ihre Art der Unternehmensführung ziemlich gut, Herr Gent, was meinen Sie? Keynes monierte damals, »wenn die Kapitalentwicklung eines Landes das Nebenerzeugnis der Tätigkeiten eines Spielsaales wird, wird die Arbeit voraussichtlich schlecht getan« und empfahl so wie heute die Protestler von attac »die Einführung einer beträchtlichen Umsatzsteuer auf alle Abschlüsse« als »die zweckmäßigste Reform«.[4]

Bestechung oder Selbstbedienung? Oder beides?

Aber diese Forderung hat sich ja zum Glück nicht durchgesetzt, sonst hätte das Land auf die ganze Vodafone-Affäre und damit auf diese Live-Show in Sachen Geld und Globalisierung verzichten müssen. Denn dann wäre der größte Gewinner des ganzen Spiels gar nicht erst zum Zuge gekommen, dieser Milliardär aus Hongkong mit Namen Li Kasching. Sie erinnern sich, der hielt damals zehn Prozent der Mannesmann-Aktien, die er für den Verkauf seiner britischen Mobilfunkgesellschaft Orange an den Düsseldorfer Konzern bekommen hatte. Als Sie dann diesen »Angriff« von Mannesmann-Chef Klaus Esser auf Ihren Heimatmarkt mit dem Übernahmeangebot für die deutsche Firma konterten, da stieg doch der Wert des Pakets von Li in sechs Monaten um volle acht Milliarden Euro. 8 000 000 000 €, das war schon ein Pfund. Allerdings hatten Kasching und sein Direktor Canning Fok eine Verpflichtung unterschrieben, ihr Paket nur mit Zustimmung des Mannesmann-Vorstands zu verkaufen. Kein Wunder also, dass Fok in den aufregenden Tagen Anfang Februar 2000 vor dem Ende Ihrer Angebotsfrist an die Mannesmann-Aktionäre in Düsseldorf weilte, anstatt in Hongkong seinen Geschäften nachzugehen. Von Essers Zustimmung hing schließlich einer der größten Aktiengewinne der Wirtschaftsgeschichte ab. Ganz klar, Sie und die Chinesen hatten das gleiche Interesse: Esser sollte verdammt noch mal endlich zustimmen. Sie wollten den Konkurrenten schlucken, und Fok wollte für seinen Chef die Milliarden einstreichen.

Lag es da nicht nahe, Esser und seine Kollegen einfach am Gewinn zu beteiligen? Also, ich fand die These der Düsseldorfer Staatsanwälte ziemlich plausibel, dass Fok Herrn Esser die 30 Millionen Euro für seine Zustimmung zur Fusion angeboten hat. Was sind schon 30 Millionen im Verhältnis zu acht Milliarden? Nicht einmal 0,5 Prozent, eine miserable Provision, jeder Immobilienmakler nimmt mehr. Kasching und Fok haben im Gegensatz zu den meisten anderen Aktionären ja auch gleich nach der Fusion unauffällig Kasse gemacht und schnell große Teile ihres nun auf den Namen Vodafone lautenden Aktienpakets verkauft, denen musste es auf die paar Millionen wirklich nicht ankommen. Auch die übrigen Indizien waren ziemlich stark. Da sagt der chinesische Großaktionär zu Essers Berater »Let's do it the Chinese way« und geht ungeladen im 20. Stock des Mannesmann-Hauses in den Konferenzraum, wo Sie mit Esser verhandeln. Prompt steht fünf Stunden später der Vertrag, und in der Vorstandsetage knallen die Champagnerkorken.

Ja, ich weiß, Herr Gent: Sie, Fok und Esser bestreiten rundheraus, dass es so herum gelaufen ist. Bestechung gilt ja auch in Ihren Kreisen als unschick. Foks Einlassung zur Verteidigung Essers war denn auch herzzerreißend. Dieser »sehr ehrenhafte Mann und wundervolle Mensch« habe »so hart gearbeitet, soviel für seine Aktionäre erreicht und dabei völlig vergessen, für sich selbst zu sorgen«, sagte der chinesische Ehrenmann. Nur darum habe er sein großzügiges 30 Millionen-

Euro-Angebot gemacht. Auch Sie haben ja versichert, Fok habe Ihnen die Zahlung erst vorgeschlagen, »nachdem der wichtigste Punkt geklärt war«, also die Zustimmung zur Fusion bei einer Mehrheit für Vodafone. Und gewiss hat Esser nicht *nur* wegen des Geldes seinen Widerstand gegen das Ende von Mannesmann aufgegeben, schließlich hatte er auch schon die Mehrheit der Aktionäre verloren. Insofern waren seine Tage als Mannesmann-Chef ohnehin gezählt. Aber ob das Geld die Verhandlungen nicht doch ein ganz kleines bisschen beschleunigt hat? Wenn es nicht so war, warum hat Esser dann vorsichtshalber dem »lieben Canning« schriftlich »meine Auflistung der Daten und Fakten« übermittelt, noch bevor es überhaupt zum Prozess über die umstrittene Prämie kam?

»Das geht so überhaupt nicht«

Wie das genau war, wird wohl für immer im Dunkeln bleiben. Trotzdem, die Sache mit den »appreciation awards«, diesen Anerkennungs-Prämien für Esser und seine Kollegen, war in jedem Fall genial. Dafür bin ich Ihnen und Fok bis heute dankbar. Denn sie lösten diesen glücklichen Unfall in der deutschen Rechtspflege aus: den Prozess gegen Esser und seine Kumpels aus dem Aufsichtsrat wegen angeblicher Veruntreuung von Firmengeldern. Und wissen Sie eigentlich, warum? Die Ursache war, dass das deutsche Recht in Sachen Selbstbedienung für Top-Manager noch immer nicht globalisiert wurde.

Das war nämlich so: Esser konnte von Fok direkt kein Geld annehmen, dann wäre es offenkundig Bestechung durch den Hauptbegünstigten gewesen. Das Geld musste also von seinem Arbeitgeber kommen, der Mannesmann AG. Darum beschlossen Essers Freunde im Aufsichtsratspräsidium gleich am nächsten Tag, also am 3. Februar 2000, die Auszahlung von 30 Millionen Euro an den vermeintlichen Verlierer der Transaktion und noch mal 26,7 Millionen an seine Vorstandskollegen und einige frühere Vorstände. Blöd war nur, dass solche Abschiedsprämien im deutschen Aktienrecht bisher nicht vorgesehen sind. Hierzulande müssen Zahlungen an Führungskräfte nicht nur »in angemessenem Umfang zu den Aufgaben« stehen, sie müssen auch »im Interesse« des Unternehmens liegen und nicht nur in dem der Akteure und Empfänger. Natürlich, das ist altmodisch, und Sie als Global Player ohne Erfahrungen mit deutschem Kleingeist konnten das nicht wissen. In den USA und auch in Großbritannien sind solche Zugaben für verdiente Führungskräfte gang und gäbe. Sie selbst haben für die Mannesmann-Aktion schließlich auch mal eben so 15 Millionen Euro Siegprämie aus der Vodafone-Kasse bekommen. Sie konnten den Staatsanwälten auch berichten, dass Sie bei der Übernahme des US-Konkurrenten Airtouch Ihren dortigen Widersacher sogar mit über 400 Millionen Euro abgefunden haben. Insofern waren die Prämien für Esser und Kollegen nur Peanuts. Das haben die deutschen Ankläger auch eingesehen und stellten die Ermittlungen gegen Sie ein.

Die anderen Akteure konnten sich zum Glück so nicht rausreden. Als Aufsichtsräte einer deutschen Aktiengesellschaft hätten sie das deutsche Recht eigentlich kennen müssen, oder? Der Joachim Funk war sogar Vorsitzender des Gremiums und zuvor selbst Vorstandschef, da erwartet man schon solide Kenntnisse. Und Josef Ackermann ist immerhin Chef der Deutschen Bank und mit elf Millionen Euro im Jahr der bestbezahlte deutsche Manager überhaupt. Ich verstehe, dass

Sie den beiden vertraut haben. Dass die beiden Gewerkschafter im Gremium, der IG-Metall-Boss Klaus Zwickel und der Betriebsrat Jürgen Ladberg, das Spiel mitgespielt haben, war vermutlich einfach nur feige, die wollten sich raushalten. Das ist ihnen aber am Ende nicht gelungen. Denn die Staatsanwälte fanden nicht nur die Höhe der Prämien für Esser und seine Kollegen unangemessen, sondern sie hielten die ganze Belohnungsaktion mangels Rechtsanspruch der Angeklagten für illegal. Darum stellten sie alle vier unter Anklage wegen Untreue; und Ihr Partner Esser war wegen Beihilfe dran. Sie haben als Zeuge vor Gericht gesagt, dass Sie das »ungerecht« fanden, und den anschließenden Prozess vor der Düsseldorfer Wirtschaftsstrafkammer »eine Schande«. Aber da geht es mir wie den Staatsanwälten: Zu diesem Schluss kann nur einer kommen, der mit den hiesigen Verhältnissen nicht vertraut ist. Bedenken Sie doch, welche Realsatire uns entgangen wäre! Und welche Einsichten!

Zu lernen war da etwa, dass die Kriegsmetaphorik rund um die »feindliche Übernahme«, dieses Gerede von »Angriff« und »Gegenoffensive«, von Schlacht, Helden, Sieg und Niederlage, gar nicht so weit hergeholt war, wie es immer klingt. Denn ganz offensichtlich gibt es eine zentrale Gemeinsamkeit zwischen echten Kriegen und den Schlachten der neuen Globalisierungskrieger: Anstand und Moral der Kämpfer bleiben auf der Strecke.

Zum Beispiel Ackermann. Der Chef der Deutschen Bank lieferte einen überzeugenden Einblick in das gedankliche Kontinuum der globalen Klasse. Ich meine damit diese Leute, die an kein Land mehr gebunden sind und mittels ihrer Konzerne mehr Macht ausüben als jeder Regierungschef in Europa. Was immer unser mächtigster Banker da am ersten Prozesstag mit den zum Victory-Zeichen erhobenen Fingern sagen wollte – es stimmte jedenfalls ästhetisch, hatte echte Klasse. Von da an war klar, was so einer vom Rechtsstaat hält. Deutschland sei »das einzige Land, wo diejenigen, die erfolgreich sind und Werte schaffen, vor Gericht stehen«, hat der Mann dann erklärt. Ackermann meinte nicht etwa die vielen tausend Mitarbeiter, die Mannesmann aufgebaut haben. Nein, der meinte wirklich den Esser, der gerade mal acht Monate Vorstandschef war. Und das zu einem Zeitpunkt, wo von der vermeintlichen Wertsteigerung schon gar nichts mehr übrig war. Ob der wirklich nicht gewusst hat, dass die heiße Luft der Spekulation aus dem Börsenkurs längst entwichen war?

Über den Prozess haben wir auch erfahren, wie die Globalisierungsschlacht bei Joachim Funk, dem Aufsichtsratschef und Ex-Vorstandsvorsitzenden, alle Hemmungen beseitigte. Der Mann war eigentlich eine grundsolide Figur, hat sein ganzes Berufsleben bei Mannesmann verbracht, promovierter Ökonom, Ehrendoktor, zahlreiche Ehrenämter. Aber als er dann mitbekam, dass sein Zögling und Nachfolger Esser nach nur acht Monaten im Job mit 30 Millionen Euro nach Hause gehen sollte und er nur mit seiner Betriebsrente von ein paar Hunderttausend im Jahr, da hat er alle Seriosität fahren lassen. Da muss es ihm gegangen sein wie einem Jungen, der im Trotzalter »Ich will auch!« schreit, und hat sich tatsächlich (mit Zustimmung Ackermanns) einfach mal neun Millionen Mark selbst genehmigt. Selbst die kreuzbrave Sachbearbeiterin des Vorstands wollte da nicht mehr mitspielen und hat den Wirtschaftsprüfer alarmiert. Der stellte prompt fest, »so geht das überhaupt nicht!«. Und später schrieben er und seine Kollegen sogar, sie hätten »schwere Bedenken, ob die Zahlungen mit Recht und Gesetz vereinbar sind«. Es gebe sogar »gewichtige Gründe«, warum »die Gesamtbezüge der Vorstände nicht in einem angemessenen Verhältnis zu den Aufgaben des einzelnen Vorstandsmitglieds« stünden und damit »eine Pflichtverletzung des Aufsichtsrates vorliegt«.

Erstaunlicherweise hat dieses Votum die Auszahlung der Millionen nicht gestoppt, sondern nur ein wenig verzögert. Zwanzig Änderungen am Protokoll waren nötig, neun Treffen mit den Wirtschaftsprüfern und noch ein Umlaufbeschluss, dann floss das Geld. Das war wohl auch Ihr Verdienst. Als Sie den Aufsichtsrat übernommen haben, haben Sie alle Prämien noch einmal abgesegnet. Nur mit dem Funk, diesem Hallodri, da sind Sie hart umgesprungen. Der hatte Sie angerauzt, Sie würden »ein großes deutsches Unternehmen ruinieren«. Darum haben Sie ihm statt der geforderten neun Millionen Mark einfach nur sechs genehmigt. Bravo, das war echt mal eine solide Retourkutsche. Die drei Millionen werden ihm richtig fehlen. Ob der Mann jetzt wohl seinen Lebensstandard noch halten kann?

Die schärfste Form der Ahnungslosigkeit

Der Prozess selbst, das wird Sie gefreut haben, ging ja schließlich aus wie das Hornberger Schießen. Alle Angeklagten wurden Juli diesen Jahres freigesprochen. Dafür konstruierte die Richterin Brigitte Koppenhöfer eine Art juristischen Doppel-Looping. Demnach waren die Zahlungen an Esser und seine Mannschaft zwar aktienrechtlich nicht in Ordnung, weil nicht im Interesse des Unternehmens. Doch diese Pflichtverletzung war nicht »gravierend«, darum nicht strafbar. Und die Prämie für Funk war zwar, trotz Ihrer mutigen Kürzung, eine »gravierende Pflichtverletzung«, weil ohne jede Rechtsgrundlage. Dafür gestand die Richterin in diesem besonderen Fall

Ackermann, Zwickel und Co. einen »unvermeidbaren Verbotsirrtum« zu, »sozusagen die schärfste Form der Ahnungslosigkeit«, wie der *Stern* so schön befand. Schließlich hätten sie es als hoch bezahlte Aufseher wissen müssen, und Unwissen schützt vor Strafe nicht, lernen wir doch schon in der Schule. Der Münchner Strafrechtsprofessor Bernd Schünemann hält das Urteil sogar für einen »Markstein der Klassenjustiz«. Bei »kleinen Leuten« müsse »die Pflichtverletzung auch nicht gravierend sein, damit sie unnachsichtig verfolgt« würden.[5]

Ich dagegen finde das Urteil völlig ok. Denn die juristische Konstruktion ist so wackelig, dass die Chancen auf eine Fortsetzung des Verfahrens in der nächsten Instanz sehr gut sind. Die Staatsanwaltschaft hat schon Revision beantragt, sodass diese erfolgreiche Volksaufklärung mit den Mitteln des Strafprozessrechts nicht unnötig früh zu Ende geht. Und auf das Urteil selbst kommt es ja auch gar nicht an. Das wichtigste an dem Verfahren ist, dass es stattfindet. Denn es hat eine wertvolle Debatte über die Moral, die Verantwortung und die verbreitete Geldgier in den Vorstandsetagen der großen Konzerne angestoßen, die jetzt nicht abreißen darf.

Sie verstehen nicht, warum die Deutschen so auf den sauer verdienten Top-Gagen für Top-Manager rumreiten? Na ja, so ganz fremd kann Ihnen das auch im Vereinigten Königreich nicht sein. Schließlich haben viele Aktionäre auch bei Ihnen den Aufstand geprobt, als Sie Ihre Siegprämie von 15 Millionen Euro eingestrichen haben. Und als Sie sich zum Abschied von Vodafone vergangenes Jahr noch mal fast 20 Millionen Euro genehmigen ließen, hat das noch mal für viel böses Blut gesorgt.

Außerdem müssen Sie wissen, die Sache mit den Gehältern ist hier völlig aus dem Ruder gelaufen. Die Löhne der normalen Angestellten und Arbeiter sind nach Inflation sowie

Steuern und Abgaben seit 1980 nicht mehr gestiegen. Gleichzeitig explodierten die Managergehälter bei den Großkonzernen. Die Chefs streichen inzwischen das 240fache eines Durchschnittsverdieners ein, hat Peer Steinbrück, Regierungschef in Nordrhein-Westfalen, ermitteln lassen. Vor 30 Jahren begnügten sich die Bosse noch mit dem 30fachen. Also nähern sich die Löhne denen in Polen und die Top-Gehälter denen in Amerika, das kann nicht gut gehen, zumal die gleichen Leute ja fortwährend weitere Lohnsenkungen fordern und die Sozialsysteme radikal abbauen wollen.

Dieses Missverhältnis macht viele Leute unruhig. So warnte unlängst die Bundesverfassungsrichterin Christine Hohmann, dass bei »diesem Monopoly« auf den Börsenmärkten, wo Manager »stolz dabei sind, sich wieder tausender Arbeitnehmer entledigt zu haben«, der »arbeitende Mensch keine Rolle mehr spiele«. Diese »angemaßte Freiheit« tue so, »als stünden die Grundrechte nur denen zu, die auf der ökonomischen Sonnenseite das Sagen haben«.[6] Ludwig Poullain, der greise frühere Chef der Westdeutschen Landesbank, forderte unter dem Eindruck des Mannesmann-Prozesses von seinen jüngeren Kollegen, »Demut zu empfinden, und sie mitunter auch zu zeigen«. »Wir müssen«, so Poullain, »nicht mit dem Kopf unter dem Arm herumlaufen, aber ein Gespür dafür entwickeln, was in den Gemütern derer vorgeht, die nicht auf der Sonnenseite rechtssicherer Dienstverträge leben.«[7] Selbst unser konservativer Bundespräsident Horst Köhler, der als Ex-Chef des Internationalen Währungsfonds der Hochfinanz eng verbunden ist, warf Deutschlands Wirtschaftsführern vor, es mangele ihnen an »Einfühlungsvermögen und Vorbildfunktion«. Wenn jemand ein großes Unternehmen führe »und zweistellige Millionenbeträge in Euro an Gehalt einstreicht und gleichzeitig Zehntausende von Leuten freisetzt, dann fehlt es hier nicht nur an Instinkt, sondern auch an unternehmerischem Bewusstsein«, beschwerte sich Köhler. Vermutlich dachte er dabei an Ihren Freund Ackermann, der sich den Abbau von 10 000 Stellen bei der Deutschen Bank mit einer Gehaltserhöhung um sechs Millionen Euro versüßen ließ.

Vor diesem Hintergrund fordern jetzt die Betriebsräte und Gewerkschafter in den Aufsichtsräten, die Managergehälter künftig an die Entwicklung der Löhne der Beschäftigten in den jeweiligen Unternehmen zu koppeln. Das halte ich für ein rundum überzeugendes Konzept. Selbst Bundesjustizministerin Brigitte Zypries findet das »sicher eine Überlegung wert«, will aber nur auf freiwillige Vereinbarungen setzen. Das hat zwar schon bisher nicht geklappt, aber die Sozialdemokraten hierzulande haben eben Angst vor Leuten wie Ihnen.

»Das ist eine Riesensauerei!«

Gerade deshalb bin ich so begeistert davon, dass im Zuge Ihrer Aktion gleich auch noch die Finanzpolitiker der rot-grünen Bundesregierung bloßgestellt wurden. Wie, davon wissen Sie gar nichts? Na ja, es geht gewissermaßen nur um das Erbe Ihrer segensreichen Zeit bei Vodafone, das von Ihrem Nachfolger nun steuersparend verwaltet wird. Damals fabrizierten Sie ja nicht nur die teuerste Fusion der Wirtschaftsgeschichte, sondern auch den höchsten jemals in Europa ausgewiesenen Verlust, erinnern Sie sich? Sagenhafte 25,6 Milliarden Euro Miese haben Sie in die Bilanz für das Geschäftsjahr 2001/2002 geschrieben, und in den Folgejahren wurde es nicht viel besser. Bilanztechnisch hat Vodafone seit 2000 fast 50 Milliarden Euro Verlust gemacht. Das Geld ist nicht wirklich weg, ich weiß, es wurden einfach nur die Phantasiewerte für die mit dem Aktienspielgeld gekauften Unternehmen abgeschrieben. Aber steuertechnisch ist das natürlich eine Bonanza – vor allem in Deutschland.

Erst haben Sie über die Luxemburgtochter das Mannesmann-Paket für 180 Milliarden gekauft, ein halbes Jahr später für 146 Milliarden an die neue deutsche Vodafone GmbH weitergereicht und im folgenden Jahr dann auf 96 Milliarden Euro abgeschrieben. Das ergibt einen Verlust von 50 Milliarden Euro, den Ihr Nachfolger jetzt beim Finanzamt mit den Gewinnen verrechnen lassen will. Kommt er damit durch, wäre nicht nur der Jahresgewinn 2003 der Vodafone Deutschland GmbH in Höhe von 2,5 Milliarden Euro steuerfrei. Bei gleich bleibenden Gewinnen müsste die Firma sogar volle 20 Jahre lang keine Steuern mehr zahlen. Da muss man erst mal drauf kommen! Sie haben den Laden nicht nur mit Spielgeld bezahlt, jetzt kriegt das Unternehmen dafür vom Fiskus auch noch an die 20 Milliarden Euro Steuererlass. Dem Kollegen Jürgen Zurheide in Düsseldorf ist wirklich zu gratulieren, dass er diese tolle Konstruktion rechtzeitig zum Ende der Show in der Wirtschaftsstrafkammer veröffentlichte. Ohne diese Enthüllung wäre sonst wahrscheinlich über lange Zeit unsere monatliche Vodafone-Lektion über die wahren Gewinner der globalisierten Ökonomie ausgefallen.[8]

So aber haben jetzt auch die einfachen Leute begriffen, wie die regierenden Schröderianer und ihre grünen Steigbügelhalter sie reingelegt haben: Über drei Jahre haben diese Totengräber der sozialen Marktwirtschaft tatenlos zugesehen, wie international tätige Großunternehmen Deutschland in ihre Steueroase verwandelt haben, ja sie haben durch die massive Senkung des Steuersatzes sogar dazu beigetragen. Im Durchschnitt der Jahre 2001 bis 2003 sind dadurch die Einnahmen aus der Körperschafts-, der Kapitalertrags- und der

Gewerbesteuer um 20 Milliarden Euro geringer gefallen als in den Vorjahren.[9] 20 000 000 000 €, damit könnte man 20 000 Lehrer zehn Jahre bezahlen und dazu noch 5000 Schulen sanieren. Oder die Regierung könnte 100 000 junge Leute in anspruchsvollen Berufen ausbilden. Oder die Pleitestadt Berlin könnte einen ganzen Jahresetat damit bestreiten. Oder, oder, oder … Weil das Geld aber nun weg ist, sagen sie, wir können uns die Arbeitslosen nicht mehr leisten, und gehen denen an ihr bisschen Geld.

Fast wäre gar nicht aufgefallen, warum eigentlich die Kassen leer sind. Aber wieder sind Sie und Vodafone uns zu Hilfe gekommen, praktischerweise mit der richtigen Zahl. Ihr Ex-Konzern will in Deutschland genauso viel Steuern sparen, wie die Bundesregierung Deutschlands Großunternehmen sowieso jedes Jahr schenkt. Dabei spielt es nun auch keine Rolle mehr, dass Rot-Grün das von Ihnen in Anspruch genommene Steuersparmodell seit 2002 abgeschafft und durch andere ersetzt hat. Hauptsache ist, dass nun selbst die dümmsten Medien die Konzernbesteuerung zum Thema machen. »Das ist eine Riesensauerei!« titelte zum Beispiel die *Bild*-Zeitung, »Jetzt zahlen wir seine Abfindung«[10]. Auch der *Münchner Merkur*, sonst nicht für linke Umtriebe bekannt, schrieb: »Erst übernimmt Vodafone den deutschen Mannesmann-Konzern zu Mondpreisen, dann stopfen sich die beteiligten Manager die Taschen voll, und am Ende lassen sich die schlauen Multis ihre Unverschämtheiten auch noch vom kleinen Mann bezahlen – wenn das die Spielregeln des Turbokapitalismus sind, dann gute Nacht.«

Angesichts dieser Empörung mutete die Verteidigung des Berliner Vodafone-Statthalters etwas unprofessionell an. Der erklärte uns nämlich, es handle sich »um einen ganz normalen und bei vielen Unternehmen üblichen Vorgang«. Die Abschreibung sei »gesetzlich sogar zwingend gewesen«. Und ein anderer Vodafone-Sprecher ergänzte, »die Aktionäre würden uns sonst verklagen«. Ich bin mir nicht sicher, ob solche Sprüche dem Unternehmen wirklich nutzen. Die Globalisierungskritiker von attac nutzten jedenfalls die Gelegenheit, für ihre Sache zu werben, und starteten regelrechte Greenpeace-Aktionen gegen Vodafone. Mal besetzen sie den Haupteingang der Düsseldorfer Zentrale, mal stellen sie einen Riesenschredder davor, um demonstrativ Vodafone-Verträge zu häckseln. Dann wieder verstopfen 30 000 Protestmails die E-Mail-Konten der Firma. Der Boykottaufruf wird sich vermutlich nicht sofort niederschlagen, schließlich pflegt man in der Branche die Kunden mit Zwei-Jahres-Verträgen zu knebeln. Aber auf Dauer kann so ein Imageschaden für eine Markenfirma teuer werden. Die ganze Affäre habe sich mittlerweile »in das Gedächtnis der Bevölkerung eingebrannt«, warnte der Markenfachmann Jürgen Häusler, Chef des renommierten Beratungsunternehmens Interbrand.

Insofern könnte es doch noch passieren, dass Vodafone irgendwann mal wieder zu den Verlierern gehört. Aber das wird Sie vermutlich nicht mehr interessieren. So ein echter Söldner wie Sie hängt sein Herz nicht an eine Firma. Schade wäre allerdings, wenn die Welt dadurch vollständig auf Ihre Aufklärungskampagnen verzichten müsste. Könnten Sie sich da nicht mal wieder was Neues einfallen lassen? Sie sind doch jetzt in der Pharmabranche. Da könnte man bestimmt einen tollen Skandal drehen, was meinen Sie? Vielleicht können wir das mal in irgendeiner Flughafen-Lounge vertraulich besprechen. Bis dahin,

beste Grüße aus dem Vodafone-bewegten Deutschland,
Ihr Harald Schumann

58

Anmerkungen

[1] Maroldt, Lorenz, Der Vodafone-Deal: Da ist doch was verrückt, Der Tagesspiegel, 8. 6. 2004

[2] Lütge,Gunhild u. Rudzio, Kolja, Zerlegung auf Raten, Die Zeit, 4. 9. 2003

[3] »Nur Klaus sagt Nein«, Der Spiegel, 29. 11. 1999

[4] Keynes, John Maynard, Allgemeine Theorie der Beschäftigung, des Zinses und des Geldes, Berlin, 1936, S. 134/35

[5] Stern, 22. 4. 2004

[6] Hohmann-Dennhardt, Christine, Soziale Rechte sind keine Almosen, in: Frankfurter Rundschau, 12. 7. 2004

[7] Poullain, Ludwig, Ungehaltene Rede, in Frankfurter Allgemeine Zeitung, 16. 7. 2004

[8] Zurheide, Jürgen, Vodafone-Deal kostet den Steuerzahler Milliarden, Tagesspiegel, 5. 6. 2004

[9] Wie das geht, ist nachzulesen bei Jarass, Lorenz und Obermair, Gustav M., Sinkende Steuerbelastung von Unternehmens- und Vermögenseinkommen, in: Wirtschaftsdienst, Hamburgisches Welt-Wirtschafts-Archiv, 3. 3. 2004

[10] Bild-Zeitung, 9. 6. 2004

Oskar Negt
An Heinrich von Pierer

Sehr geehrter Herr von Pierer,

es war auf einer Bahnfahrt nach Frankfurt, als ich Ihre freundlich lächelnden Gesichtszüge auf dem Titelblatt einer Zeitschrift bemerkte, das die Deutsche Bahn den Reisenden als persönliches Exemplar zum Mitnehmen empfahl. *DB mobil* kündigt ein Gespräch mit Ihnen an, das *mehr Mut zu Innovationen* zum Leitthema hat. Da mir das allseitig wahrnehmbare Handy-Gegröle allmählich die Lust am konzentrierten Lesen verdorben hatte, denke ich, es könnte doch in dieser geräuschversetzten Atmosphäre nicht schaden, wenn ich vom Chef einer der größten Technologieproduzenten der Welt einiges über sein Selbstverständnis erfahre. Ich lese das Interview und bin spontan begeistert; weniger aus Gründen der einzelnen Argumente, die hier angesprochen werden. Sie sind dem aufmerksamen Zeitungsleser ja weitgehend geläufig. Vielmehr ist es die offene und nüchterne Sprache, in der ein politisch hochkarätiger Topmanager die zukunftsweisenden Problemstellungen unserer Gesellschaftsordnung markiert: *Innovationen*, und immer wieder *Innovationen*; Konzentration auf Bildung und Forschung; runter mit dem Sozialstaat und den Steuern, aber doch Mehrausgaben für die Schaffung von Infrastrukturen, die es der Wirtschaft ermöglichen, möglichst kostengünstig zu produzieren, um im Wettbewerb auf internationalen Märkten bestehen zu können.
Besonders gefreut haben mich zwei Sätze: Sie sagen, »es geht um die Zukunft unserer Kinder – und zwar jetzt«, und Sie betonen, dass bei dem konsequenten Handeln, das Sie als eine

der wesentlichen Ursachen der Stabilität des Siemens-Konzerns betrachten, Rendite oder Profit nicht die einzigen, vielleicht nicht einmal die bestimmenden Faktoren sein dürfen. Als ich das gelesen hatte, schossen mir freilich Assoziationen durch den Kopf, die Zeitungsmeldungen in Erinnerung riefen, die ich mir herausgeschnitten und auf den Packen mit der Überschrift »Skandale des Reichtums« gelegt hatte. Da gab es in einer der Unternehmenskultur nicht feindselig gegenüberstehenden Zeitschrift die Notiz, Sie, Herr von Pierer, hätten etwa 12,5 Millionen Euro »Weihnachtsgratifikation«, aus verschiedenen Berechtigungsquellen zusammengesetzte Zuwendungen erhalten, selbstverständlich neben Ihrem fortlaufenden Millionengehalt; aufgrund der vorzüglichen Geschäftslage in den vergangenen zwei Jahren sei der Vorstand berechtigt gewesen, für die ubrigen Vorstandsmitglieder etwa 28 Millionen als Weihnachtsgeschenk auszuschütten. Ich kann die Richtigkeit dieser Zahlen nicht im Einzelnen nachprüfen; ich habe darüber keine Recherchen eingeleitet. Aber die Proportionen werden wohl stimmen. Es geht mir hier deshalb vor allem um die Störung dieser Proportionen. Auch das könnte noch erträglich sein, wenn nicht gleichzeitig ein Akt der Menschenverachtung, in freundlicher Verkleidung betriebswirtschaftlicher Vernunft freilich, dabei mit im Spiele wäre. Denn als diese üppige Weihnachtsgratifikation auf einer Legitimationsgrundlage ausgezahlt wurde, die im Geschäftsbericht für das Krisenjahr 2003 2,5 Milliarden Gewinn ausweist, den zweithöchsten Profit in der 157jährigen Geschichte dieser Firma, und eine praktische Verdoppelung des Aktienkurses innerhalb von 12 Monaten, da verkünden Sie, Herr von Pierer, nur einige Wochen nach der weihnachtlichen Schonfrist, drastische Maßnahmen zur Kostenreduzierung in den deutschen Siemens-Betrieben.

Mir ist noch die Parole aus den siebziger Jahren im Kopf, als Helmut Schmidt und die Meisterökonomen in seinem Umkreis mit der Formel hausieren gingen: Die Gewinne von heute sind die Investitionen von morgen und die Arbeitsplätze von übermorgen. Damit wollte der damalige Bundeskanzler, der auf seine ökonomische Kompetenz besonders stolz war, die Sozialdemokraten vom Vorurteil befreien, sie seien aus einem Neidkomplex heraus gegen Gewinne.

Ist das gesellschaftliche Bewusstsein jetzt an dem Punkt angekommen, wo diese Formel auf den Kopf gestellt werden muss? Muss es heute etwa heißen: Die Gewinne von heute sind die Arbeitslosen von morgen?! Sie kündigen an, dass weitere Jobs aus Verwaltung und Fertigung in ausländische Niedriglohnstandorte verlegt werden müssten; dabei stünden nicht nur Massenfertigungen zur Debatte, sondern erstmals auch Ingenieurstellen. Dies sei, erklären Sie, »im Sinne der Zukunftsfähigkeit von Siemens«. Genannt wurden die Fabriken in Bocholt und Kamp-Lintfort, wo Handys und schnurlose Telefone gebaut wurden. Dort wurde der Verlust von 2000 bis 4500 Stellen befürchtet.

Wir wissen jetzt, dass es so weit nicht gekommen ist. Der Druck, den Sie auf die angstbesetzte Belegschaft mit der Drohung ausgeübt haben, ganze Werke zu schließen und Betriebsteile in Billiglohnländer zu transferieren, hat sich im betriebswirtschaftlichen Kostenzusammenhang gelohnt. Betriebsrat und IG Metall haben sich gebeugt und einen für die Zukunftsfähigkeit der Arbeitsgesellschaft äußerst riskanten Tarifvertrag unterschrieben. Da mag das, was Sie als Unternehmenskultur verstehen, frohlocken, wenn die Menschen nicht nur bereit sind, Arbeitszeitverkürzungen ohne Lohnausgleich hinzunehmen, sondern sogar Arbeitszeitverlängerungen ohne Lohnausgleich.

Aber glauben Sie, dem doch offenbar der Tatsachenblick für gesamtgesellschaftliche Problemstellungen noch nicht verdunkelt ist, im Ernst daran, dass Arbeitszeitverlängerungen ein Weg zur Lösung der gegenwärtigen Krisensituation der Gesellschaft sein können? Was hat es denn für einen Sinn, wenn der 57jährige Großvater fünf Jahre länger arbeitet, die 35jährige Tochter arbeitslos ist und der 17jährige Enkel überhaupt gar keine Zukunftsperspektive für Ausbildung und Arbeitsplatz hat? Ich frage Sie, was ist das für ein ökonomisches Denken im Umgang mit den Ressourcen, die, wie Sie mit Recht betonen, in Forschung und Bildung bestehen, also in dem, was in Ihren Kreisen ja immer als Humankapital bezeichnet wird?

Ich habe den Eindruck, dass die großen Wirtschaftsführer in unserem Lande und zweifellos auch in anderen Ländern von der betriebswirtschaftlichen Ideologie so besessen sind, dass sie dem Irrglauben folgen, die rationalisierten und (auf Abruf) standortsicher gemachten Einzelbetriebe seien in ihrer Summe das Gemeinwohl. Es gibt jedoch keinen Hinweis darauf, dass die ökonomische Tradition, von Adam Smith über Ricardo bis zu Ludwig Erhard und Walter Eucken auch nur entfernt hätte glauben können, dass betriebswirtschaftliche Rationalität und die Marktgesetze aus sich heraus einen friedensfähigen Zusammenhalt der Gesellschaft herzustellen im Stande sind.

Es sind wirklich keine rhetorischen Fragen, die ich an Sie richte; in meinem Erinnerungsbild von Ihrer Person spielt ein gewisser Respekt, eine gewisse Bewunderung für eine beispiellose Erfolgskarriere eine große Rolle. Aber je mehr ich Ihre Position in den gesamtgesellschaftlichen Gesamtzusammenhang stelle, um Sie besser verstehen zu können, desto größere Schwierigkeiten gibt es in der Persönlichkeitsdeutung, die, da ich Sie nie aus der Nähe kennen gelernt habe, natürlich reine Spekulation ist. Ich habe mich aber gefragt, warum Sie diese auch moralisch anrüchige Widersprüchlichkeit zwischen Millionen Euro Weihnachtsgratifikation und dem angedrohten Arbeitsplatzverlust von Tausenden von Familien nicht als ein moralisches Problem der Glaubwürdigkeit erkannt haben? Sie sagen mit Recht, die Zukunft unserer Kinder beginnt heute. Aber doch auch die Zukunft derjenigen Familien, die in die Arbeitslosigkeit gestürzt werden, aus Profitgründen des Unternehmens! Wissen Sie nicht, dass inzwischen in einem der reichsten Länder der Welt, nämlich in Deutschland, jedes vierte Kind unter Armutsbedingungen aufwächst? Wenn Arbeitslosenhilfe und Sozialhilfe zusammengelegt werden, wird es jedes dritte sein. Nun wäre es doch, bei allen ökonomischen Zwängen, die offenbar als Quasi-Naturgesetze auch Ihr Handeln definieren, wenigstens ein Akt humaner Sensibilität gewesen, Ihren Vorstandskollegen vorzuschlagen, die Hälfte des üppigen Weihnachtsgeldes in einen Fonds einzuzahlen, der die Bekämpfung von Kinderarmut zum Zweck hat. Warum ist keiner von Ihnen auf einen solchen Gedanken gekommen?!

Viel Sympathie und Hoffnung haben Sie dadurch hervorgerufen, dass Sie als Repräsentant der gegenwärtig höchst mächtigen Managerklasse ein Typus außerhalb der Regel sind, welche die Lebensatmosphäre in dieser Herrschaftsschicht bestimmt. Das nicht nur, weil Sie an der Spitze eines großen Mischkonzerns stehen, den Sie selbst liebevoll als Ihr Konglomerat bezeichnen. Es muss für Sie doch, bei aller Verstandeskühle, die Sie ausstrahlen, ein erhebender Augenblick gewesen sein, als im April 2002 in Erfurt bei der Präsentation der Halbjahreszahlen des Siemens-Konzerns im gemütlichen Zusammenhang eines italienischen Restaurantessens der Betriebsratsvorsitzende des örtlichen Generatorenwerks Ihnen für den jahrelangen Einsatz für den Betrieb und die 500 Mitarbeiter Dank aussprach und am Ende seiner Rede Ihnen eine Urkunde überreichte: Es war Ihre *Ernennung zum Betriebsrat ehrenhalber*. Mehr an Würdigung und Anerkennung durch eine Betriebsbelegschaft kann sich ein Topmanager nicht wünschen!

Ob heute, zwei Jahre später, der Betriebsratsvorsitzende eines Siemens-Werks diesen Mut noch aufbringen würde, halte ich für höchst zweifelhaft. Ich kann nicht erkennen, was sich innerhalb dieser zwei Jahre Grundlegendes im Gesellschaftsgefüge verändert hat. Ich kann mir aber denken, dass Sie aus Gründen der Solidarität mit Ihrer Klasse, die augenblicklich ja die so genannten Realitäten definiert, die bestehende Bundesregierung antreiben wollen, den Um- und Abbau des Sozialstaates zügiger voranzubringen, als das bisher geschehen ist; dass Sie, sehr geehrter Herr von Pierer, jetzt entschlossen sind, die Gebrauchsanleitung für eine im wahrsten Sinne innovative, d. h. weltweite Besetzungsstrategie eines Konzerns zu verfassen. Es sind ganz neue Töne in den Begründungen zu hören, warum Betriebsteile eines weltweit agierenden Konzerns abgespalten und in Billiglohnländer transferiert werden müssen; auch Sie vertreten die Auffassung, dass die Freisetzung von Arbeitskräften im eigenen Land zwar bedauerlich ist, langfristig aber dem Kernbestand des Betriebes zugute kommt und also Arbeitsplätze rettet. Das mag zwar schmerzlich für die Betroffenen sein, aber die Globalisierungsgesetze sind nun einfach nicht auf Mildtätigkeit und Fürsorge abgestellt; Gesellschaft ist alles, was weh tut, hat der große Soziologe Durkheim einmal gesagt. Und ich vermute, Sie haben bei Ihren neuerlich eingeleiteten Verstärkungen des Leidensdrucks auf die hiesigen Arbeitnehmer (was den Bundeskanzler, der doch erkennbar einer Ihrer Freunde ist, zum Vorwurf des unpatriotischen Verhaltens veranlasste) auch jenes Selbstbild eines Managers vor Augen, das den modernen Unternehmertyp als einen »schöpferischen Zerstörer« oder einen »zerstörerischen Schöpfer« charakterisiert. Das ist eine Formulierung von Joseph Schumpeter, die gegenwärtig häufig zur Selbstrechtfertigung schmerzhafter Eingriffe herangezogen wird.

Ich will aber noch einmal zurückkommen auf das Problem des Privatreichtums, von dem die Managergehälter, die gegenwärtig in öffentlicher Debatte stehen, nur die Spitze des Eisbergs sind. Die schamlose Akkumulation von Privatreichtum, wie sie zur Zeit offen vor aller Augen stattfindet, ist nicht nur ein moralisches Problem der Glaubwürdigkeit einer demokratischen Gesellschaftsordnung, sondern berührt zutiefst ihren inneren Zusammenhalt. Da gibt es auf die vom CDU-nahen Allensbacher Institut gestellte Frage: »Wie stellen Sie sich die Gesellschaft in zehn Jahren vor?!« folgende Antworten: 71 von 100 erklären, die Gesellschaft werde kälter/egoistischer, 70 sagen, die Reichen würden immer reicher, die Armen immer ärmer. 68 erklären, Geld werde immer wichtiger – und über die Hälfte, nämlich 54 von 100 geben zur Antwort, dass zukünftig sich nur die Starken durchsetzen würden und die Zahl der Verlierer wachsen werde.

Eine Gesellschaft, die nicht mehr im Stande ist, ihren gewaltigen Reichtum der Gesamtheit produktiv zur Verfügung zu stellen, die ihn vielmehr wild wuchern und in Privatschatullen versickern lässt, zehrt allmählich die Bindekräfte auf, die der Überzeugung entwachsen, dass es in den gesellschaftlichen Ordnungen nach Prinzipien der Verteilungsgerechtigkeit zugeht. Ich will hier nichts wiederholen, was in den letzten zwei Jahren in jeder Zeitung zu lesen war. Es gibt eine Managerkaste, die sich dumm und dämlich verdient, ohne auch nur einen Cent in das Gemeinwesen einzuzahlen oder sich wenigstens dazu verpflichtet zu fühlen. Josef Ackermann, 7,72 Millionen Euro jährlich Bezüge; Deutsche Telekom, Kai-Uwe Ricke, 2,63 Millionen Euro; SAP, Henning Kargermann, 3,38 Mill. Euro. Das sind offizielle Angaben. Von den 30 DAX-Unternehmen haben für 2003 nur 11 die Bezüge ihres Vorstandschefs offen gelegt, die anderen 19 weisen in ihren Jahresberichten nur die Vergütung für den Gesamtvorstand aus. Es kommt also in einer Zeit, in der einer der großen Trommler für den radikalen Sozialabbau, Arbeitgeberpräsident Dieter Hundt, weitere Einschnitte bei Renten und Kranken und die Heraufsetzung des Rentenalters auf 67 Jahre fordert, also fortwährend Opfer von den einfachen Leuten verlangt, neben der offenkundigen Bereicherungswut der Managerklasse die Entschlossenheit hinzu, sich nicht in die Karten sehen zu lassen, sondern auf Geheimhaltung zu beharren. Dieselben deutschen Spitzenmanager, die tagtäglich das Anspruchsdenken geißeln und triumphieren, wenn der Bundeskanzler von »Mitnahmementalität« spricht, entdecken sogar plötzlich das Grundrecht auf »informationelle Selbstbestimmung«, von dem das Bundesverfassungsgericht in einem ganz anderen Sinne gesprochen hatte, und dehnen dieses Recht auf die Geheimhaltung ihres Bankkontos aus. Was sich hier zeigt, ist eine Art Refeudalisierung der Verhältnisse. Es war ja eines der Gründungsprinzipien einer bürgerlichen Gesellschaft, sich von der Arkanpraxis der feudalen Grundbesitzer und der Kirche abzusetzen, die in ihrer Reichtumsaneignung keinem Rechenschaft schuldig waren, und Öffentlichkeit ins Zentrum rationaler Diskurse zu bringen. Seitdem gibt es keinen wirklichen haltbaren Grund für eine moderne

Gesellschaft, Legitimation von Besitz und Einkommen abzu-
weisen.

Ich kann mir aber vorstellen, was die Angst vieler Großverdie-
ner und Aneigner von Millionenabfindungen ausmacht, dieses Geld mit Dokumenten ihrer Leistung zu rechtfertigen. In
dieser Managerkaste wird es gleichsam zur ehrwürdigen Tradition, dass Geld überhaupt nicht mehr nach Leistung vergeben wird, sondern aufgrund von Position und Beziehung.
Es gehört zu den gefährlichsten Rückwirkungen dieses vor-
herrschenden Managergehabes, dass der normale Leistungs-
begriff korrumpiert wird. Das zeigt sich unter anderem auch
daran, dass es überhaupt keine Regel gibt, wann Managergehälter erhöht werden und in welchem Ausmaß. Hätte diese
Managerschicht den Zusammenhalt einer Klasse, ja einer re-
volutionären Klasse, wie James Burnham das schon sehr früh
bezeichnet hat, dann hätte sie so etwas wie einen Code oder
eine Kollektivmoral, die auch die Luxusgewinner von Provisionen, Abfindungen und Gehältern in den eigenen Reihen
ächten würde. Das ist aber nicht der Fall. Auch Sie, Herr von
Pierer, haben nicht Ihre Stimme erhoben, als in Düsseldorf
beim Mannesmann-Konzern Millionen verteilt wurden, so
dass sogar ein Gericht den Mut fassen konnte, Anklage wegen Veruntreuung von Firmengeldern zu erheben. (Sie wissen
übrigens genauso gut wie ich, dass in den Vereinigten Staaten
die Gerichte rigoros gegen derartige mafiose Praktiken vor-
zugehen pflegen!) 60 Millionen DM für einen gescheiterten
Vorstandsvorsitzenden eines Konzerns, der die beabsichtigte
feindliche Übernahme durch Vodafone in eine freundliche
verwandelte, angeblich mit einer gewaltigen Wertsteigerung
des Unternehmens! Was diese fiktive Wertsteigerung betrifft,
so ist sie schon durch den Antrag des Neubesitzers beim Finanzamt widerlegt, sie in Verluste umzumünzen, um den Staat

um fast 50 Mrd. Euro zu betrügen. Gäbe es so etwas wie eine Kastenmoral unserer Manager, dann müssten Sie im eigenen Interesse hier aufgewacht sein und Leute wie Ackermann, Esser und andere aus Ihren Reihen ausschließen. Ganze Gemeinden sind durch diese Fusion ruiniert worden; der Gemeinde Wetter z. B., der Esser noch eine so große Zukunft versprochen hatte, sind seit der Mannesmann-Übernahme knapp 1000 Arbeitsplätze verloren gegangen, zur Zeit wird die Fertigung von Prozesskränen nach Tschechien verlagert, berichtet der Betriebsrat Manfred Pilz, der auch im Stadtrat sitzt. Bürgermeister Laberenz erklärt: »Wir haben im Stadthaushalt jetzt ein Defizit von 30 Millionen Euro, seitdem Vodafone hier Regie führt. Essers Millionen würden uns sanieren.« Aber Esser hat selbstverständlich keinen Cent gegeben und sich auch bei dieser Gemeinde und den anderen nicht für sein Verhalten entschuldigt, sondern den Freispruch im Düsseldorfer Prozess, übrigens einen dritter Klasse, ganz im Sinne von Ackermanns Viktory-Zeichen als Triumph seiner Management-Strategie aufgenommen. Was sind das für Menschen? Welche Verantwortung tragen sie, und wo sind überhaupt die Leistungskriterien, die rechtfertigen, dass entlassene und absolut gescheiterte Manager Abfindungen in der Größenordnung von 11 Millionen Euro bekommen wie Ex-Telekom-Boss Ron Sommer?

Ich richte ja diesen öffentlichen Brief an Sie, Herr von Pierer, und frage Sie, wie so etwas angesichts des schmerzhaften Sozialabbaus den Menschen gegenüber zu vertreten ist? Jedem soll ein Opfer zugemutet werden, warum nicht diesen Herren? (Es sind überwiegend Herren, wenige Frauen sind darunter. Auch das ist ein Problem.)

Sie haben in dem Interview, das ich auf meiner Frankfurt-Reise gelesen habe, das Erfolgsgeheimnis Ihres Unternehmens ein wenig gelüftet und auf die Frage, »was hat Ihre Mitarbeiter motiviert?«, Folgendes gesagt: »Die Veränderungen begannen an der Spitze. Die Managergehälter erhielten größere variable Bestandteile, die an die Zielerreichung gekoppelt sind.« Das hat ja wohl zu dieser üppigen Weihnachtsgratifikation geführt. Für mich hat das, selbst wenn ich diese Leistungsbindung des Gehalts und der Gratifikationen durchaus für vernünftig halte, eine Reihe von Fragen angeregt, die mich seit längerem beschäftigen; vielleicht können Sie mir eine Antwort darauf geben. Ich meine das Problem einer leistungsgerechten Entlohnung. Ich will nicht selbstgerecht sein und muss offen einbekennen, dass das Ordinariengehalt, das ich bezogen habe und die Emeritenbezüge (mit Abzügen, die mit einer Scheidung zu tun haben) mir eine privilegierte Grundsicherung verschaffen und mir ein angstfreies, aber mit vier Kindern durchaus kein üppiges Leben erlauben. Aber immerhin, es sind bei 4000 Euro netto Einkommensverhältnisse, die weit über dem Durchschnitt liegen und über die ich nicht klagen kann, sondern die ich für einigermaßen leistungsgerecht halte für ein Leben in der Erziehung und Bildung anderer Menschen.

Sehr geehrter Herr von Pierer, es wäre mir hilfreich, wenn Sie mir erklären könnten, was ein Bankchef wie Ackermann, der etwa 10 Millionen Euro Jahreszuwendungen bekommt, oder was andere Manager, die über zwei Millionen Euro Gehalt beziehen, mit diesem Geld anfangen können? Was macht man mit einem Jahreseinkommen von 3,7 Millionen Euro? Ich kann mir durchaus in der Phantasie ausmalen, dass man Grundstücke in Mallorca kauft oder das Ganze in Aktien anlegt; aber was hat dieses ganze Anlegen von Vermögen für einen Sinn, wenn der Lebenssinn dabei nicht zum Tragen kommt?

70

Sie rechtfertigen dieses hohe Einkommen durch Leistung. Aber jetzt frage ich Sie, ab wieviel Millionen Euro beginnt das Leistungsmotiv so zu wirken, dass die betreffende Manager-Person sichtbare Erfolge vorzuweisen hat? Ist die Erwartung einer Millionen-Zuwendung, z. B. Weihnachten eines Jahres, ein solcher Motivationsschub, dass sich dieser Mensch erst dann dazu aufraffen kann, die von Ihnen gesetzten Ziele zu realisieren? Oder ist es vielleicht so, dass die wahrhaftig Erfolgreichen besonders rabiat im Feuern von Mitarbeitern sein müssen, um die kostengünstigste Bilanz herzustellen?! Arbeiten Ihre untergeordneten Manager nur unter der Erwartung einer Höchstbezahlung, oder sind sie auch bereit, selber für das Unternehmen Opfer zu bringen? Ich bin irritiert. Die Millionenanreize für vernünftiges Management haben in Ihrer Ideologie (Sie werden es gewiss Philosophie nennen) einen sehr hohen Rang. Wenn diese Motivationsphilosophie für Sie Bedeutung haben sollte, warum übertragen Sie die nicht auf die normalen Mitarbeiter? Glauben Sie im Ernst, dass diejenigen, die jetzt aufgrund des mit den Gewerkschaften geschlossenen Siemens-Vertrags mehr mit weniger Lohn arbeiten müssen, motivierter sind, für dieses Unternehmen notfalls auch Opfer zu bringen, als andere?

Sie selbst haben eine ganze Reihe von Leuten gefeuert, die Ihrem selbst gesetzten Prinzip folgten, dass Rendite nicht die Hauptsache ist. Diese Spitzenmanager haben vielleicht daran gedacht, dass in der Tat die kurzfristige Rendite nicht alles ist, was ein Unternehmen ausmacht. Sie sind gefeuert worden, mit Gewissheit sozialverträglich, also mit großen Abfindungen. Aber sind sie denn in der Zeit, in der sie hohe Gehälter bezogen haben, einfach nur Unkosten gewesen? Nach dem *Manager Magazin*, das ich hin und wieder lese, waren es eine ganze Reihe von Vorstandsleuten, die gehen mussten. Wenn

sie alle unfähig gewesen sind, frage ich mich, wer sie einge-
stellt hat – und hier wiederum mit unglaublichen Einkommensverhältnissen! Im Bericht des *Manager Magazins* vom
April 2004 steht, dass acht dieser Spitzenmanager gefeuert
wurden: Wolfram Martinsen, Dietrich Botsch, Adolf Hüttl,
Konrad Permstich, Roland Koch, Friedrich Fröschel, alle Be-
reichsleiter, d. h. für diesen Produktions- und Verkaufszu-
sammenhang entscheidende Manager. Sind sie gefeuert worden, weil sie von vornherein fehl am Platz waren, oder haben
sie gehen müssen, weil sie Unternehmensziele verfolgten, die
Sie nicht vorgegeben hatten?

Die variablen Anteile des Gewinns sind offenkundig mit Strategien verknüpft, Kosten zu reduzieren, und das heißt heute
vor allem Arbeiter entlassen. Aber Sie, Herr von Pierer, wissen doch so gut wie ich, dass auf der Ebene des Arbeitsmark-
tes das Problem unserer Arbeitsgesellschaft nicht zu lösen ist;
es wird immer mehr mit immer weniger lebendiger Arbeit
produziert, und das gilt insbesondere natürlich auch für die
Branchen, die im Siemens-Konzern zusammengeflickt sind.
Wer deshalb nur betriebswirtschaftliche Rationalisierung und
Innovationen im Sinn hat und die Strukturprobleme unserer
modernen Gesellschaft, das Gemeinwesen und die vernünf-
tige Organisation des Ganzen aus dem Blick verliert, wird,
auch wenn er noch so stark auf Leistung und Zeitökonomie
setzt, am Ende ein gesellschaftliches Abbruchgelände hinter
sich lassen. Wie Gemeinwesenarbeitsplätze zu schaffen sind,
die einer gesellschaftlichen Nachfrage entsprechen, die eben
nicht mehr marktvermittelt ist, wird das zentrale Zukunfts-
problem unserer modernen Gesellschaft sein, die im Übrigen
trotz Ausweitung auf Dienstleistungsbereiche in der Substanz immer noch Industriegesellschaft ist.

So stellt sich für mich, durch diese soziologische und kulturelle Blickerweiterung auf das Ganze, die Frage nach der Verantwortung jener, die mit privilegierten Einflusschancen ausgestattet sind und über Herrschaftsbefugnisse verfügen. Sie hatten, ich habe das bereits erwähnt, in einem Interview betont, dass die Stärke Ihres Konzerns auf konsequentem Handeln und auf größerer Bandbreite der Managergehälter beruht. In der soziologischen Literatur der Vereinigten Staaten der Nachkriegszeit, als es im europäischen Kontext um ökonomische Rekonstruktion ging, gab es vielfache Untersuchungen über Rationalisierungsprozesse und über Zweck-Mittel-Konstellationen. In diesen Untersuchungen tauchte das Wort *achievement motive* auf, was in wörtlicher Übersetzung bedeutet: ein auf das Ziel und das Erreichen des Ziels gerichtetes Motiv, Erfolg erzielen, also vorgegebene Normen als Zielvorgaben durch tatsächliches Handeln erreichen. Das ist in ökonomischen Handlungen sicherlich ein ganz wesentlicher Punkt, um Nebenfolgen und unproduktive Umwege möglichst zu vermeiden. Wendet man diese Theorie des *achievement motive* jedoch auf gesamtgesellschaftliche Verhältnisse an, dann haben die Imperative einen ganz anderen Charakter; denn hier geht es um die Zielvorstellung eines friedensfähigen Gemeinwesens, das den einzelnen Mitgliedern ein Leben in Würde nach Grundsätzen ausgleichender Gerechtigkeit ermöglicht.

So komme ich in meinem öffentlichen Brief zwangsläufig auf den Punkt, wo sich die Frage nach dem Verhältnis zwischen Gratifikationen (Geld oder Naturalzuwendungen) und der Verantwortung stellt. Aristoteles hat bekanntlich *die* Polis für die haltbarste angesehen, deren Bürger weder zu viel noch zu wenig besitzen; es ist die Philosophie der *Mesotes*, der Mitte. Und er fügt seinen Erörterungen einen Gedanken hinzu, der leider in diesem Zusammenhang von höchster Aktualität ist.

Es ist schlimm genug, wenn eine verarmte Bevölkerung sich einen Tyrannen sucht, der verspricht, sie aus ihrer Verlorenheit und ihrem Elend zu befreien. Aber selbst in diesem Fall ist noch ein Bezug zum Gemeinwesen erhalten. Ganz schlimm ist es für das Wohl und Wehe des Stadtstaates, wenn die Privatreichen überhand nehmen. Ihnen ist die Polis gleichgültig, wenn sie nur jene Dienste bereitstellt, welche die Ansammlung des Reichtums ermöglichen. Die Privatreichen übernehmen keine Verantwortung für das Gemeinwesen.

Jetzt meine Frage an Sie: Welche Verantwortung für das Gemeinwesen übernimmt denn ein Topmanager? Welche Risiken geht er ein, wenn doch offenkundig die Anstellungsverträge alle so gestrickt sind, dass auch bei einem totalen Scheitern, bei erwiesener Unfähigkeit, gewaltige Abfindungen zu erwarten sind? Ich spreche übrigens nicht vom Mittelstand, der, wie Aristoteles erwähnt, stabilster Grund für eine haltbare Verfassung der Freien ist. Auch mancher Kleinunternehmer oder Manager eines Mittelbetriebes könnte von den in Ihren Kreisen verteilten Gehältern nur träumen. Würde man einen Lokführer, die Zugchefin eines Intercitys oder eine Straßenbahnfahrerin fragen, wofür sie Verantwortung tragen, so wären die Antworten vermutlich unzweideutig: eine schnelle und zuverlässige Beförderung entsprechend dem Fahrplan, Sicherheit der Fahrgäste, umsichtige Aufmerksamkeit für alles, was das Wohlbefinden der Reisenden betrifft, strikte Beachtung der Fahrzeichen wie Haltesignale usw. Dieser Form der Berufsarbeit lassen sich also eindeutige Verpflichtungen zuordnen. Wenn schwerwiegende Verstöße gegen die geltenden Normen festzustellen sind, werden sie geahndet und die Betreffenden zur Verantwortung gezogen, ihre Nachlässigkeiten notfalls unter Strafe gestellt. Verantwortung bedeutet also ein moralisch oder rechtlich einklagbares

Verhältnis zwischen individuellem Handeln und der Sorge für eine Form des Gemeinwesens, wie klein es auch immer sein mag. Dies setzt einen individuellen Spielraum des Verhaltens voraus. Gleichzeitig muss eine durch Entscheidungsfreiheit eingegangene Bindung oder Verpflichtung erfüllt werden, eine Aufgabe, definiert im Interesse des Wohlbefindens anderer, die für die Dauer der Fahrt von den Verantwortungsträgern abhängig sind.

Sind aber ähnlich genaue Vorgaben mit klar definierbaren Folgen zu erwarten, wenn man einen Manager fragt, wofür er denn Verantwortung trägt, zu tragen habe? Wohl kaum. Das hat ja der Düsseldorfer Prozess gezeigt, wie weit die rechtlichen Spielräume sind, wenn es um Anklagepunkte der Bereicherung oder gar der Veruntreuung geht. Wofür tragen die hochbezahlten Manager also Verantwortung? Sind sie Rechenschaft schuldig vor ihren Mitarbeitern oder vor ihren Aktionären? Selten kommen ja, wenn Betriebsverlagerungen geplant sind oder auch Massenentlassungen, aus der Welt der Geschäftsleitungen Vorschläge alternativer Lösungen. Verantwortung hat aber immer mit politischer und soziologischer Phantasie zu tun, die sich bemüht, die Grenzen der Entscheidungsspielräume zu testen. Verantwortung hängt von der Voraussetzung ab, dass wir uns als freie und entscheidungsfähige Lebewesen begreifen. Es mag ja sein, dass es zwingende ökonomische Gesetze gibt, die beachtet werden müssen. Aber wer zwingt mich, den angesammelten Privatreichtum nur für Privatzwecke zu verwenden und nicht doch eher in Stiftungen einzuzahlen oder in den gesellschaftlichen Produktionsprozess zurückzuführen? Nach Kant gibt es, daran ist zu erinnern, zwei Formen der Kausalität: die eine ist in Freiheitsentscheidungen begründet und bezeichnet alles das, was wir unter einem Sittengesetz verstehen können, was wir mit

Begriffen wie Pflicht, Verantwortung, Achtung und menschliche Würde verknüpfen. In diesem Bereich des sittlichen Sollens hat der römische Rechtssatz »ultra posse nemo obligatur« (über sein Können, sein Vermögen hinaus ist niemand zu verpflichten) seine Gültigkeit verloren. Auch wenn die widrigsten Umstände deine Entscheidungsfreiheit umstellen, sollst du doch so handeln, dass die Maxime deines Handelns allgemeines Gesetz werden kann.

In der zweiten Form der Kausalität ist kein Gran autonomer und freier Selbstgesetzgebung enthalten; Ursache und Wirkung sind durch naturgesetzliche, wissenschaftlicher Erkenntnis zugängliche Regeln miteinander verbunden. Mit Recht stellt Kant fest: »Wir können gar nicht fragen: was in der Natur geschehen soll; ebenso wenig, als: was für Eigenschaften ein Zirkel haben soll, ...« Was in diesem Zusammenhang eines radikal geschrumpften Entscheidungsspielraums verantwortliches Handeln genannt werden kann, ist nichts weiter als die sachgemäße Behandlung und Anwendung von Gesetzen, gleich welcher Art. Es mag Ihnen nun abstrakt spekulativ erscheinen, wenn ich diese Kausalitätsunterscheidung an das beginnende Ende meines öffentlichen Briefes stelle. Sie wird sich bei näherem Hinsehen jedoch als höchst aktuell und politisch folgenreich erweisen. Gegenwärtig vollzieht sich nämlich eine brisante Polarisierung des kulturellen Sprach- und Begriffsspektrums, wodurch ganz neue Zuordnungen von Zumutbarkeitsregeln und Verantwortungen kollektiv befestigt werden. In einer Zeit offenkundig enger werdender Verteilungsspielräume öffentlicher Haushaltsmittel finden sich nämlich sehr viele Menschen mit neuen Zumutbarkeiten und Erwartungen konfrontiert: Man hält es für zumutbar, dass sie ihr beträchtliches Lebensniveau um einige Stufen senken, sich also ohne großes Murren zu Opfergeschenken auf den Altären der Wirtschaftswohlfahrt bereit erklären.

Um solche Opfer zu rechtfertigen, wird die Zukunft mit der kategorischen Erwartung bestückt, den entwürdigenden Stand eines allseitig betreuten und damit entmündigten Menschen zu verlassen und wieder entschieden Verantwortung zu übernehmen, für sich selbst, für die nächsten Angehörigen, ja für das Wohl und Wehe des gesamtgesellschaftlichen Gemeinwesens. So sind Zumutbarkeit und Verantwortung, nimmt man das zur Zeit festgeklopfte Begriffs- und Symbolspektrum der neoliberalen Leistungswelt, aufs engste miteinander verschränkt und geradezu zu Existenzbestimmungen der vom gegenwärtigen Reformprozess betroffenen Menschen geworden. Sie selbst haben, verehrter Herr von Pierer, bei vielen Gelegenheiten diese Zumutbarkeitsformel im Zusammenhang mit der auch für Sie nicht weit genug gehenden Agenda 2010 propagiert. Aber beide Begriffsfelder (die der Verantwortung und die der Zumutbarkeit) verweisen auf vermintes Gelände. Höchst merkwürdige Verschiebungen zeichnen sich ab. Je weiter wir den Blick nach oben richten, auf die glanzvollen und privilegierten Macht- und Herrschaftsetagen, desto unsicherer werden Opferzumutungen und Verhaltensweisen, die Anzeichen von Verantwortungsbewusstsein vermuten lassen.

10 Euro Praxisgebühr – das ist so handfest und unmissverständlich durchsichtig wie der Zehnte vom Ernteertrag, den der mittelalterliche Bauer der ewig bedürftigen Kirche zu entrichten hatte. Aber: »Soll ich das denn selber bezahlen?«, gab der Bundesbankpräsident Welteke, als er noch im Amt war, der verblüfften Journalistenrunde zur Antwort, als ihm die von einer Privatbank beglichene Rechnung für eine familiär genutzte Suite im Adlon-Hotel vorgehalten wurde. Ist es

zumutbar, eine Rechnung von 7000 Euro zu bezahlen, auch wenn dahinter ein Jahreseinkommen von 350 000 Euro steht? Oder gelten hier ganz andere Zumutbarkeitsregeln als auf dem normalen Arbeitsmarkt, wo ja bekanntlich Kürzungen der Unterstützungen angedroht werden, wenn als zumutbar definierte Arbeit verweigert wird? Denn noch vor kurzer Zeit hatte derselbe Topmanager der Finanzwelt erklärt: »Solange Rentner ihren Urlaub in Mallorca verbringen, kann man ihnen Rentenkürzungen durchaus zumuten.«

Es wäre jedoch verfehlt, die hartnäckige Selbstabdichtung gegen alle Schamgefühle und Gewissensbisse, wie sie bei den meisten Menschen normal sind, auf missglückte individuelle Moralentwicklungen zurückzuführen und lediglich auf mangelnden Anstand zu schließen. Die Beispiele organisierter und auf die Zentren wirtschaftlicher Macht verweisender Verantwortungslosigkeit sind zu alltäglichen Medienmeldungen geworden; es ist also ein strukturelles gesellschaftliches Problem, mit dem wir es zu tun haben, keines einzelner entgleister Managerkarrieren. Es offenbart eine schwere Störung der Maßverhältnisse von Macht und Moral, von öffentlicher Verantwortung der Mächtigen, und einen Besitzindividualismus, der räuberische Aneignungspraktiken als schöpferische Impulse ausgibt.

Ich komme auf meine Kant-Passage zurück. Die Suche nach objektiven Gesetzmäßigkeiten, um von Verantwortung für die gewollten Folgen, aber auch für die ungewollten Nebenfolgen entlastet zu werden, hat inzwischen groteske Formen angenommen. Es sind ja nicht nur die im vergangenen Jahrzehnt wie Pilze aus dem Boden geschossenen Unternehmensberatungen, die, wie man weiß, großenteils fürstlich bezahlt werden für die Aufgabe, ökonomische Gesetzeslegitimationen anzuliefern, um Entlassungen von Arbeitskräften alternativlos erscheinen zu lassen. Wo es objektiv keine Alternativen gibt, ist jedes Verantwortungshandeln nutzlos. »Auch die Manager sind Getriebene«, sagt der ehemalige Daimler-Chef Edzard Reuter. Er meint das durchaus kritisch, und sein Erinnerungsbuch enthält auch eine entwickelte Berufsethik von Managern. Aber es ist schon merkwürdig, dass solche Selbsteinsichten immer erst kommen, wenn die Betreffenden nicht mehr im Amt sind und ihr Einfluss weitgehend verloren gegangen ist.

In dem Maße nun, wie die betriebswirtschaftliche Denkweise das, was ich eine *Ökonomie des Ganzen Hauses* nennen möchte, den Volkswohlstand oder auch die politische Ökonomie, aufgezehrt hat, scheint ökonomisches Handeln seinen Handlungsspielraum völlig eingebüßt zu haben. Unternehmungen, die Massenentlassungen planen, denken häufig über Produktionsalternativen überhaupt nicht mehr nach. Längst ist Globalisierung zu einem Erpressungsmittel geworden. »Wenn ihr eure Ansprüche nicht weiter senkt, müssen wir den Betrieb oder Betriebsteile in Billiglohnländer verlagern!« Sie wissen, dass solche Parolen völlig unbefangen verbreitet werden, so als hätten die Gebote der Wirtschaft mittlerweile quasi religiösen Rang, oder noch zwingender, als wären die von Menschen gemachten und durch Interessen definierten Gesetzmäßigkeiten Naturgesetze, die unumstößlich gelten. Das ist jedoch falsches Bewusstsein, Ideologie im klassischen Sinn.

Dass es sich bei dieser Verwendung naturgesetzlicher Metaphern für gesellschaftliche Prozesse um Rechtfertigungsmedien für privilegierte Herrschaftsinteressen und die individuelle Aneignungspraxis kollektiv erarbeiteten Reichtums handelt, ist gerade in den letzten Jahren immer deutlicher geworden.

Ich bin, offen gestanden, betrübt darüber, dass Sie, Herr von Pierer, als eine einflussreiche und völlig integre Persönlichkeit der Unternehmerwelt in dem Chor derjenigen, die Sozialstaatsabstriche für notwendig halten, tüchtig mitgesungen haben, ich aber nie ein Wort der Kritik oder der Ermahnung dafür von Ihnen öffentlich gehört habe, dass Unternehmenskultur, deren hohen Wert für das Gemeinwesen Sie ja immer wieder betont haben, wesentlich auch bestimmt wird durch die Verantwortung der Reichen und derjenigen, deren Gehaltssteigerungen im gegenwärtigen Klima mit Recht vom Bundeskanzler als obszön bezeichnet wurden. Gewiss ist das kein deutsches Problem. Die Wirtschaftseliten aller hochindustrialisierten Länder plündern mehr oder weniger offen und umfänglich ihre eigenen Völker aus; aber es gibt Gegenkräfte, die wenigstens durch rigorose Steuergesetze etwas ausgleichen. Trotzdem bleibt es ein internationaler Skandal, wenn in den letzten anderthalb Jahrzehnten, also auch unter der Regierung Tony Blair, das britische Einkommen um etwa 45 Prozent anwuchs – das der Direktoren der 100 größten britischen Unternehmen aber um stolze 288 Prozent. Ähnliches gilt für andere Länder. Sie sind gewiss dafür nicht allein verantwortlich, aber Sie haben Ihre Stimme auch nicht erhoben gegen diese fatale Selbstdemontage einer demokratischen Gesellschaft, deren Glaubwürdigkeitslücken allmählich an die Substanz gehen.

Die Wirtschaftseliten, die den Unternehmertypus gerne zum bestimmenden Menschenbild stilisieren möchten, sind heute dabei, ihr Ansehen in einer Weise zu beschädigen, das in der deutschen Nachkriegsgeschichte ohne Beispiel ist. Es sind bedrohliche Zerfallserscheinungen einer politischen Kultur, wenn Topmanager und Verbandsfunktionäre Tag für Tag das Anspruchsverhalten von Lohn- und Gehaltsempfängern der

Kritik unterziehen, längere Arbeitszeiten ohne Lohnausgleich, mehr Eigenverantwortung für die Gesundheitsversorgung fordern, gleichzeitig aber die Geldgier privilegierter Managercliquen mit Schweigen oder verständnisvoller Duldung übergehen. Diese Kritik, die ich hier äußere, Herr von Pierer, ist nicht gemünzt auf jene im harten Konkurrenzkampf arbeitenden mittelständischen Unternehmen, welche nicht nur Arbeitsplätze schaffen, sondern auch den Hauptteil der Ausbildung der jungen Generation zu tragen haben. Die Leiter dieser Wirtschaftsunternehmen befinden sich in einer ähnlichen Lage wie der normale Lohn- und Gehaltsempfänger.

Um so skandalöser ist es, wenn in diesem Zustand der Selbstzerrissenheit einer Gesellschaft hilfswillige Wissenschaftler auftreten, die das Gewissen der Reichen zusätzlich entlasten. Da macht sich ein Professor daran, das angemessene Gehalt für einen Topmanager zu berechnen; er nennt ein Monatsdurchschnittsgehalt von 3000 Euro und erklärt, das 150fache sei leistungsgerecht, etwa 4 Millionen Euro. Aber das ist kein wissenschaftliches Resultat, sondern eher eine Schande für seine Profession, die er mit solchen Scheinberechnungen diskreditiert.

Sehr geehrter Herr von Pierer, ich weiß, dass ich Ihnen Fragen aufbürde, die Sie weder beantworten werden noch beantworten wollen; ich bin auch nicht so vermessen anzunehmen, dass Sie sich wirklich, im existierenden Machtgefälle, das zwischen uns beiden besteht, durch meine Worte provoziert fühlen könnten, mir auf meinen öffentlichen Brief zu antworten. Ich kann Ihnen jedoch versichern, dass es nicht eine agitatorische Absicht ist, die mich zum Schreiben dieses Briefes veranlasst hat, sondern die bohrende Sorge um Zerfallstendenzen unseres Gemeinwesens, das ich offenkundig bedrohter sehe, als Sie es tun. Da mich diese Probleme als

Soziologen und als Philosophen seit längerem beschäftigen, dringen sie auch unbewusst und willensunabhängig in meinen Phantasiehaushalt ein. Eine dieser Privatphantasien über Reichtum und Armut will ich Ihnen mitteilen.

Zu meinem 70. Geburtstag habe ich mir erlaubt, mit meiner Frau und Freunden Hoffmansthals *Jedermann* auf dem Domplatz in Salzburg anzusehen. Möglicherweise war es keine exzeptionelle Inszenierung, aber das Stück selbst, 1910 oder 1911 uraufgeführt, hat erstaunlicherweise einen bleibenden Aktualitätswert behalten. Es ist, wie es heißt, ein »Spiel vom Sterben des reichen Mannes«, vielfältige Stilmittel werden benutzt, das mittelalterliche Mysterienspiel ebenso wie die ironischen Brechungen, die der modernen Kunst eigentümlich sind. Ich konnte mich während dieser ganzen eindrucksvollen Inszenierung nicht von der Vorstellung lösen, dass diese zweitausend Menschen, die sich auf dem Domplatz eingefunden hatten, nicht aus zufälligen, eher kunstfreundlichen Besuchern bestehen, sondern aus europäischen Topmanagern; nicht nur Esser, Ackermann und die anderen, von denen Gott in diesem Spiel verlangt, dass jeder mitbringen solle sein »Rechenbuch«, denn mit diesem *Rechenbuch* ist nun nicht der betriebswirtschaftlich kalkulierbare Verdienst gemeint, sondern eine Art Lebensrechnung, eine Bilanz, in der auch das enthalten ist, was ich anderen Menschen angetan habe, obwohl ich das Leid auch hätte vermeiden können. Angesichts des Todes mag die Vorlage eines solchen Rechenbuchs bei jedermann eine Rolle spielen, aber es wäre doch schön, wenn es vorgelegt werden könnte, wenn die betreffenden Reichen und Mächtigen noch leben und auf die Jüngeren prägenden Einfluss auszuüben im Stande wären.

Da fiel mir ein, dass nach der Welteke-Affäre die Bundesbank einen aufrechten und moralisch integren Menschen beauftrag hatte, nämlich Theodor Baums, Frankfurter Professor für Bankrecht, für die wirtschaftliche Führungselite einen verantwortbaren Verhaltenskodex zu entwickeln, in dem ausdrücklich die offenkundig verloren gegangene Orientierung an einer Berufsethik dieser Bevölkerungsgruppe und ihrer Verantwortung für das Gemeinwesen festgehalten werden soll. Da dieser Mann auch Theologie studiert hat und aus einem katholischen Elternhaus stammt, könnte er die nötige Autorität aufbringen, zweitausend deutsche Manager einzuladen, sich den Salzburger *Jedermann* anzusehen.

Hier geht es um einen sterbenden Reichen, es gibt aber auch genügend lebende Reiche, die, obwohl sie reich geworden sind, ihren Privatreichtum wenigstens in Teilen dorthin zurückgeben, woher er im Grunde stammt, den gesellschaftlichen Lebewesen, die in der Regel mühsam und mit vielen Opfern diesen Reichtum erarbeitet haben. Ich weiß, dass das nur eine halbe Lösung ist, aber sie ist weitaus besser als der gegenwärtige Zustand.

Vielleicht sind Todesdrohungen und das Rechenbuch, das Gott im *Jedermann* verlangt, nicht mehr zeitgemäß. Deshalb möchte ich meinen öffentlichen Brief an Sie, Herr von Pierer, mit einem positiven Beispiel aus der Neuen Welt beenden, auf das sich viele Manager ja etwas zugute halten, wenn sie ihre Millioneneinkünfte mit ihren amerikanischen Kollegen vergleichen. Einer der reichsten Amerikaner, Andrew Carnegie, hat um 1900 die Verantwortung der Reichen mit der Maxime formuliert: »Wer als Reicher stirbt, hat Schande über sein Leben gebracht.« Er sagt Schande über sein Leben, sein eigenes Leben, nicht über die Gemeinschaft oder die Gesellschaft. Den größten Teil seines Vermögens, das damals ungeheuer war, hat er veräußert und das Geld in Stiftungen gesteckt. Seine Erben hat er mit einem Bruchteil abgefunden.

r diesen Stiftungen befinden sich Pensionsfonds für Leh-
Konzerthallen (wir haben heute seinen Namen hauptsächlich noch in Erinnerung durch die Carnegie-Hall), aber
auch große Stiftungen für verschiedene Gemeinzwecke. Carnegie hatte überhaupt das Stiftungswesen in den Vereinigten
Staaten, aber auch in seiner schottischen Heimat begründet,
erst danach sind alle großen Stiftungen entstanden, auch die
Rockefeller-Stiftung.

Natürlich ist, um noch einmal auf *Jedermann* zu sprechen zu
kommen, der religiöse Hintergrund nicht unwichtig – die cal-
vinistische Tradition. Auf diese Weise sind die großen Elite-
universitäten mit Stiftungsvermögen ausgestattet, die zwischen 50 und 100 Mrd. Dollar liegen. Davon können die Stif-
tungsbefürworter in Deutschland nur träumen. Es wäre doch
aber ein Vorschlag an Sie, Herr von Pierer, wenn Sie jetzt Ihre
nach wie vor sehr einflussreiche Position an einen Jüngeren
übergeben, sich selbst und die anderen dazu zu verpflichten,
dass sie ins Gemeinwesen, gleich welcher Art, jeweils die
Hälfte ihres Reichtums oder ihrer Gehälter einzahlen. Sie
würden dadurch nicht verarmen. Aber Sie würden damit sehr
viel tun für die Herstellung des innergesellschaftlichen Friedens (Carnegie hatte auch die Idee, in eine Stiftung einzuzahlen, die internationale und innergesellschaftliche Frie-
densbemühungen fördert). Das wäre meines Erachtens eine
Form der Wiedergutmachung und der sozialen Verantwortung, die alle Argumente des sogenannten Neidkomplexes
aufs schönste widerlegen würde. Halten Sie es nicht für möglich, dass eine solche Einzahlung ins Gemeinwesen deutschen
Topmanagern zumutbar wäre?

Ich verbleibe mit den besten Grüßen
Oskar Negt

84

Freda Meissner-Blau
An den Prinzen Pahlevi

Teurer Prinz,
sehr geehrter Herr Pahlevi!

Kahl geschoren und halb erfroren sangen wir die Hymne des Landes im Schulhof an einem Herbsttag im Dezember eintausendneunhundertfünfzig. Als Erstklassler und Emigrantenkind hatte ich die Sprache der Untertanen Deines Vaters noch nicht im Griff und bewegte nur verkrampft meine von der Kälte zerrissenen Lippen. Mit der Zeit hämmerte der Schullehrer auch mir den »Text« ins Gedächtnis, so tief, dass ich heute noch ein paar Strophen abrufen kann: »Hoch soll unser König der Könige leben, seine Herrschaft und die Heimat in alle Ewigkeit …« usw. usf. Das mit der Ewigkeit ist so eine Sache, das weißt Du ja inzwischen, in Deiner Residenz im Exil in Kalifornien. Wir kahl geschorenen Kinder im Schulhof sangen die Hymne auf Deinen Vater – ein paar schwachsinnige Strophen falsch gesungen –, und froren. Die verwaschene Fahne, auch so eine Trikolore grün-weiß-rot, hing schlaff vom Mast, und ich hatte Angst vor der scharfen Kante des Lineals, das mich im Klassenzimmer wie das Amen im Gebet erwartete. Unser Schuldirektor und Lehrer hatte große Ähnlichkeit mit Deinem Großvater.

Dein Großvater wurde als Nobody achtzehnhundertachtundsiebzig in einem winzigen Dorf des Landes geboren. Er wuchs ohne Schulbildung auf. Mit vierzehn Jahren schloss er sich als Freiwilliger einem Kosakenregiment an. Die Soldaten hatten täglich etwas zu essen, und von da an ging es aufwärts: Er wurde Offizier. Neunzehnhunderteinundzwanzig wurde Dein

Großvater bereits in der Kadscharendynastie[1] Kriegsminister. Zwei Jahre später Premierminister. Neunzehnhundertfünfundzwanzig stürzte er den letzten der Kadscharendynastie, Ahmed Schah. Das britische Empire gab ihm grünes Licht. Dein Großvater wurde Schah. Und nannte sich Reza Pahlevi. Er bereicherte sich sehr rasch am Hab und Gut seiner Untertanen. 2000 Dörfer inklusive gehörten in kürzester Zeit ihm, dem neuen Kaiser. Zweitausend Dörfer ... Er war faktisch der größte Grundbesitzer des Landes. So geht das. Brutal und geldgierig.

Die 235 000 Bewohner »seiner« Dörfer hielt sich Dein Großvater wie rechtlose Leibeigene. Wenn dieser Brief an Dich einen Sinn haben sollte, dann liegt er sicher nicht darin, die glanzvolle Familiensaga vor Dir auszubreiten. Euer Clan tat, was solche Familienclans in der Dritten Welt bis heute tun. Sie waren und sind Verteiler und Multiplikatoren des Reichtums: Ihr habt den Armen genommen und den reichen Protektoren gegeben.

Dein Vater war wie Dein Großvater ein janusköpfiger, seitenverkehrter Robin Hood. Ein Kind der Ur-Globalisierung. Dass in diesem einbahnigen Geldfluss auch Blut fließt, blendet die globalisierte Gesellschaft dezent und sensibel aus. Man kann kein Blut sehen. Dafür wurde der Orwellsche Doppelspeak »Kampf der Kulturen«, »vitale Interessen«, »Sachzwänge« geboren, statt Tacheles zu reden, wie Bertolt Brecht: »Du bist reich, weil ich arm bin.« Das will niemand. Durch »Offene Adern«[2] floss billig, aber reichlich von der Raffineriestadt Abadan Barrel für Barrel Öl für British Petrol, das britische Empire und für Deinen Clan ...

Die Untertanen durften am eigenen Gabentisch am Hungertuch nagen. So kamen auch ich und 43 andere Kinder ein paar Jahrzehnte später in die Verlegenheit, als kahl geschorene und verrotzte Volksschüler dem König der Könige, Deinem Vater, ein ewiges Leben und ein ewiges Reich beim alltäglichen Morgenappell am Schulhof zu wünschen. Dieses Ritual war in den ersten Schuljahren ein fixer Bestandteil meiner Erziehung. So ging das ...

Warum, wirst Du fragen, gesetzt den Fall, Du bekommst diesen Brief und Du liest ihn in Deinem kalifornischen Exil, warum also schreibt mir einer, der neunzehnhundertfünfzig ein Erstklassler war, diesen Brief? In meiner grenzenlosen Naivität stell ich mir vor, Du würdest den Brief lesen und Dich anschließend im Swimmingpool des »Sunny States« ertränken. Das wäre viel verlangt. Oder Du gibst den Teil des geraubten, gigantischen Vermögens des Volkes, der noch übrig ist, als Zeichen Deiner »Menschwerdung« an das beraubte Volk zurück.

Lacht da jemand?

Schamgefühle und Gewissen sind keine Attribute des Geldadels, das wissen wir nachträglich. Wir, die Betroffenen, stehen immer vor vollendeten Tatsachen, mit offenem Mund und wissen uns keinen Rat. Rat- und tatlos tappen wir durch ein Labyrinth von Berichten, Fakten aus »gut informierten Kreisen«, über seriöse Medien, von objektiv blinden Augenzeugen, Schreibtischtätern und Nebelwerfern vergeblich nach der Wahrheit.

Wir waren Bürger eines uralten Königreiches, Dein Vater war Gottes Schatten und Handlanger. Er führte das Land mit starker Hand zum Wohle ALLER. Wir konnten ruhig schlafen, denn Seine Majestät, Dein Vater, wachte die ganze Nacht hinter seinem riesigen Schreibtisch für seine Untertanen, die friedlich in ihren Lehmhäusern schliefen. Lehmhäuser, die schon bei Erdbeben der Stärke 6,5 wie Kartenhäuser zusammenklappen und Tausende lebendig begraben[3].

Ihr könnt ihn doch nicht für Naturkatastrophen verantwortlich machen!

Das ist doch alles Geschichte, ist längst vorbei, seit mehr als dreißig Jahren. Vorbei und vergessen. Ich sitze da seit fünfundzwanzig Jahren auf der Reservebank des Pentagons für alle möglichen Szenarien, die die Eggheads hier entwerfen, in weiser Voraussicht.

Peu à peu gibst Du die Hoffnung auf, jemals wie Dein Vater auf dem Pfauenthron sitzen zu dürfen. Too late. Ein Prinz mit Ablaufdatum, ein never-come-back-Typ. Das alles läuft in Deinem prinzipalen Kopf ab. Warum, wirst Du fragen, warum bin ich, ein ohnmächtiger Prinz, Adressat dieses Briefes? Dieser Brief wäre an Deinen Vater zu richten, aber der König der Könige lebt nicht mehr, er ist tot.

Die ersten zwei Frauen, Fawzia – Malek Farouk's[4] Tochter –, und Soraya, Liebling der europäischen Regenbogenpresse, schenkten ihm keinen Thronfolger. Erst seine dritte Frau, Farah Diba, beglückte die Untertanen mit einem Prinzen. Dem Volke wurde von den Sicherheitsorganen nahe gelegt, Freude zu empfinden und die Geschäftsfassaden mit bunten Glühbirnen und Fahnen zu dekorieren. So geht das ...

Bei meiner Geburt brannte die Petroleumlampe in dem aus Lehmziegeln gebauten kleinen Haus, und ich bezweifle sehr, dass mein Vater in Tränen der Freude angesichts meiner Ankunft ausgebrochen ist.

Dein Vater Mohammed Reza Pahlevi ließ seine imperialen Herren wissen: Keine Panik, meine Herren, der Pahlevi-Clan kann weitermachen, Eure vitalen Interessen hier sind nicht gefährdet, ich habe alles im Griff. Die Ölhähne in Abadan bleiben offen, ihr könnt ruhig schlafen, denn mein Sohn ist Garant der Kontinuität, falls ich Euch nicht mehr dienlich sein könnte.

So gesehen war Deine Ankunft sinnvoll. Dass es nicht so gelaufen ist, wie geplant, und dass Du in Kalifornien leidest, darfst Du nicht so persönlich nehmen. Denn das Land, in dem Dein Vater thronte, war und ist geopolitisch eine sehr sensible Gegend, wie es Schreibtischtäter formulieren. Über 2000 km gemeinsame Grenzen mit der Sowjetunion und der viertgrößte Ölproduzent der Welt. Das Leben in geopolitisch sensiblen Gegenden kann für deren Einwohner sehr abwechslungsreich sein.

Jeder Tag ist potentiell überraschend. Was wird morgen passieren, wird der Bäcker an der Ecke noch frisches Brot backen oder die Sicherheitsberater dem US-Präsidenten ihren neuen Vorschlag unterbreiten, die vitalen Interessen der Vereinigten Staaten wahrzunehmen? Das taten und tun die jeweiligen Präsidenten, brav wie sie waren und sind, und was vitale Interessen sind, wissen wir auch inzwischen: Vitale Interessen von wenigen haben letale Folgen für Millionen.

Francos Falangisten trugen Transparente mit der Aufschrift VIVA LA MUERTE.

Dein Großvater Reza raffte in kürzester Zeit aus dem Hab und Gut seiner Untertanen einen Riesenreichtum. Offiziell waren die Ländereien, Paläste, Wälder im Norden, »Geschenke« seiner Untertanen an seine Majestät, Gott, König, Vaterland. Er war in Wirklichkeit, wie Dein Vater auch, diese Trinität in Person. Es gehörte ihm alles, folglich auch das Leben seiner Untertanen, das nicht gerade viel wert war. Es kam vor, dass er von seinem königlichen Zorn Betroffenen empfahl: »Geh und stirb!« Und der Betroffene nahm sich dann »freiwillig« das Leben. So geht das.

Ein paar Jahre vor seinem Abgang als König enttäuschte Dein Großvater seine Herren auf der »Insel«. Er zeigte ziemlich deutliche Sympathien für den Nationalsozialismus. Aus dem Nordwesten operierte ungestört die deutsche Armee, und Dein Großvater schloss die Augen, brachte deutsche Baumeister, Brückenbauer und sonstige Spezialisten ins Land. Die deutsche Wertarbeit war im Bazar sehr gefragt. Das blieb nicht ohne Folgen. Neunzehnhunderteinundvierzig kamen englische Soldaten ins Land, in ihrem Schlepptau die Rote Armee, enthoben Deinen Großvater seines Amtes und verbannten ihn des Landes.[5]

Über diesen Abschnitt seiner Herrschaft wurde in Eurem Clan der berühmte Mantel des Schweigens gebreitet. Diese geschichtlichen Fakten widerspiegeln nicht im Geringsten das tägliche Leben und Schicksal von Millionen Untertanen, die in diesem Land und zu dieser Zeit lebten. Die Geschichte ist wie ein schwarzes Loch, sie verschluckt alles an Millionen individuellen Schicksalen und ignoriert die Kausalitäten. Ein paar Namen und Daten bleiben übrig, wie Hiroshima, Nixon, Stalingrad, Winston Churchill, Mohammed Reza.

Während Dein Vater und Schabanu, Deine königliche Mutter, in der deutschen Oper in ihrer Loge der Zauberflöte von Mozart lauschten, starb draußen Benno Ohnesorg, ein Student, vom Polizisten Karl Heinz Kurras getötet. Das war am 2. Juni neunzehnhundertsiebenundsechzig. Es war nur ein hässlicher Zwischenfall, schrieb die Regenbogenpresse. Hässliche Zwischenfälle, die das königliche Leben Deines Vaters ein bisschen trübten, gab es in seinem Reich genug. Die Opfer hießen in SAVAC-Version Subversive Elemente.[6]

Ich war ein subversives Element, aber außerhalb des direkten Operationsbereichs von Savac und Kakanien. Kakanien, die Insel der Seligen. Als ich hierher kam, warst Du noch kein Faktum. Ich war ein subversives Element und Student. Student und subversiv waren für Savac-Agenten und königliche Horcher in Kakanien zwei Reizwörter. Dein Vater war ein gern gesehener Gast im Alpenland, er stieg im Hotel Imperial ab und ging Schifahren. Er wollte sich in der frischen Alpenluft ein paar Tage von den Strapazen der Herrschaft befreien und bei Primarius Professor Dr. Fellinger, Spezialist für leidende Monarchen, durchchecken lassen. Seine angloamerikanischen Protektoren wussten zu dieser Zeit bereits, dass der Gesundheitszustand ihres Vitalinteressenvertreters Anlass zur Neuorientierung in dieser geopolitisch sensiblen Region gab. Es war nicht dringend, aber angesagt. Die Folgen kennst Du seit 25 Jahren. Wir, ein paar hundert subversive Elemente und ich, forderten die Freilassung der politischen Gefangenen und wurden von Polizisten des sozialdemokratischen Innenministers mit Schlagstöcken in Empfang genommen. Ich bin biometrisch gesehen klein, 58 kg schwer und bot trotzdem eine lohnende Zielscheibe für Schläger. Objektiv gesehen schlugen die Polizisten der »freien Welt« mit voller Herzlichkeit zu und lösten die Demonstration friedlich auf. Die Nachrichtenschreiber hatten die Diktion des Savacs »subversive Elemente« übernommen. Es gab, hieß es, zwei verletzte Polizisten. Wie die beiden zu ihren Verletzungen gekommen waren, blieb mir bis heute ein Rätsel. Der sozialdemokratische Innenminister bedankte sich für den besonnenen Einsatz seiner Beamten, die für die Sicherheit des hohen Gastes verantwortlich waren.

Sommer neunzehnhundertdreiundfünfzig war ich noch keine zehn Jahre alt, unendlich lange Schulferien lagen vor uns, den Backstreet Boys. Wir hatten Hausarrest, denn draußen kam die Straße seit Tagen nicht zur Ruhe. »Bleibt zu Hause«, hieß es, »draußen kann euch eine verirrte Kugel treffen.« Wir waren trotzdem draußen. Auf der Avenue Ferdossi war der Teufel los. Die berühmte Straße tanzte. Tausende schwenkten Fahnen und sangen obszöne Lieder über den feigen Henker, der abgehauen ist. Ein Volksfest. Hätte Dein Vater seine Untertanen auf der Avenue Ferdossi von meinem Standpunkt aus erlebt, wäre er gewiss sehr enttäuscht von seinen Untertanen gewesen, die seine Flucht mit Soraya nach Rom so schamlos ausgelassen feierten. Sie tanzten Hand in Hand und sangen: »Der feige Schah ist abgehauen auf einem Eselskarren.« Das war Sommer neunzehnhundertdreiundfünfzig.

Mohammed Mossadegh war Doktor der Rechte und ein aufrechter Politiker von Seltenheitswert. Ein subversives Element in Person, inspiriert von Ghandi, legte er sich mit Deinem Vater an. Er wollte dem Ölrausch der Briten ein Ende setzen, die Ressourcen des Landes nationalisieren, Briten und Amis nach Hause schicken: Geht nach Hause, Leute, das Fest ist vorüber, wir haben hier Millionen, die hungern, die in Slums vegetieren, 80 Prozent Analphabeten. Wir könnten mit unseren Ressourcen jedem hier ein menschenwürdiges Leben ermöglichen. Geht nach Hause, ihr habt neunzig Jahre geplündert, jetzt ist Schluss.

Dein Vater, der junge Kaiser, packte seine Koffer, nahm seine zweite Frau und floh nach Rom. Natürlich nicht auf einem Eselskarren, wie die Straße behauptete. Es war ein stinknormaler Militärflieger. Vorerst schien es, als ob der starrsinnige alte Schahfeind mit der Hakennase – so das Standardbild Mossadeghs in den westlichen Medien – tatsächlich die Ölhähne im Raffineriegebiet von Abadan abgedreht hätte. Die Briten – das kannst Du verstehen – waren wieder einmal nicht amused, absolut nicht. Die neuen Freunde Deines Vaters, die seit neunzehnhundertsiebenundvierzig ihre vitalen Interessen im Golf dringend entdeckt hatten und ungeniert und unbehindert ihren american way of business praktizierten, fanden Dr. Mossadegh uncool. Ein paar Tage später war die Hoffnung verloren und der verlorene König wieder im Lande. In den letzten Amtsmonaten des Harry S. Truman bekam der CIA einmal mehr Gelegenheit, die vitalen Interessen gegen einen aufgebrachten Mob irgendwo in einer geopolitisch sehr sensiblen Gegend zu schützen. Diese undercover operation außerhalb der US-Staaten war die billigste Korrektur der Geschichte der Central Intelligence Agency in Asien. Ein paar Tage später in diesem Sommer neunzehnhundertdreiundfünfzig standen wir Straßenkinder auf der Avenue Ferdossi und sahen mit Trikoloren geschmückte Militärautos samt Familienangehörigen der Militärkaste nach Süden fahren: »Es lebe der Schah, Tod dem Mossadegh!«

Irgendwo in einem für mich unvorstellbar fernen Land, für dessen Hollywoodfilme ich meine letzten Groschen des Taschengelds spendierte, gab ein demokratisch gewählter Präsident grünes Licht für die Kontinuität des Elends in diesem Land. Und nicht nur in diesem, unter dem Motto »In God we Trust«.[7]

Wenn dieser Brief an Dich einen Sinn haben sollte, dann sicher nicht, um Dir Fakten der Vergangenheit aufzuzählen, die Du auch bei Deinem bescheidenen Interesse für die Folgen der Taten und Untaten Deines Clans kennen müsstest. Die Fakten kennst Du, die Folgen ebenfalls. So what: Dein Vater, der junge Souverän, kehrte in sein Land zurück wie der personifizierte Tod.

November dreiundfünfzig verurteilte seine Gerichtsbarkeit Mossadegh wegen Landesverrats zu Tode. Inzwischen flüsterten ihm seine Herren jenseits des großen Wassers, das sei keine kluge königliche Entscheidung. Das Volk, ohnehin illusionslos, habe nicht mehr viel zu verlieren. Er solle aus Mossadegh keine Staatsaffäre machen, das Gebot der Stunde sei, seine Anhänger, die Intellektuellen, die Republikaner, die verirrten Studenten, diese Köpfe der Hydra abzuschlagen. Der junge Kaiser war lernfähig. Dezember desselben Jahres begnadigte Dein Vater Mossadegh zu drei Jahren Haft und lebenslangem Hausarrest. Die Hexenjagd auf subversive Elemente begann. Die Hände Deines Vaters waren ja nie auffallend sauber. Aber in den Jahren nach dreiundfünfzig wuchs der Märchenkönig aus Tausendundeiner Nacht der westlichen Medien zu einem beachtlichen Massenmörder auf.

Ich will Tacheles schreiben. Wenn dieser Brief einen Sinn haben sollte, dann sicher nicht den, dass ich ungeschrieben lasse, was geschrieben gehört. Wer reich und mächtig sein will, muss Tausende Menschen und die Zukunft ihrer Kinder vernichten oder vernichten lassen, aber wo ist da der Unterschied? Also schaffte Dein Vater als Stellvertreter Ordnung und brachte die Straße zum Schweigen. Protestanten waren nun mundtot.

Dein väterliches Herrschaftssystem war in seiner mörderischen Banalität kein einmaliges Phänomen in der »Dritten Welt«, aber ein Musterbeispiel, das heute effizienter und in Echtzeit abläuft, die Verwandlung von »Tod« in »Gold«.

Als die »Pioniere« Nordamerikas das Land der Indianer in Besitz nahmen, prägten sie den barbarischen Spruch: Nur ein toter Indianer ist ein guter Indianer.

Ein John Ford ließ diesen Spruch seinen Westernheld in einem Hollywood-Klassiker von sich geben. Was kann von so einer Kultur erwartet werden? Nicht von ungefähr heißen Gewehre dort »Peacemaker«.

Francos Falangisten mit ihrer Parole »Viva la Muerte« – es lebe der Tod – scheinen die Quintessenz der monetisierenden Kulturen ehrlich genug ausgesprochen zu haben, niemand konnte ihre wahren Absichten missverstehen. Viva la Muerte war keine Parole, es war *Programm*.

Ich war noch keine zehn Jahre alt, als der CIA uns Deinen Vater wieder zurückbrachte, obwohl er niemandem abging. Wahrlich nicht. Der Schah brachte Soraya, Liebling der europäischen Regenbogenpresse mit: »Sie wolle in diesen schweren Stunden an der Seite ihres Mannes sein« ... »Machtvoll und planmäßig bahnt sich der moderne Iran seinen Weg in die Zukunft. Das Öl von Abadan sprudelt wieder.« So schrieb ein deutscher Schreibtischtäter für ein paar D-Mark in *Wochenend* von 1955. »Die europäische Öffentlichkeit freut sich mit dem kaiserlichen Paar.«

Du musst Dir das so vorstellen, bildlich: Dein Vater betritt das Land, und die Ölhähne werden aufgedreht »und das Öl sprudelt wieder«. Zeitgleich mit dem orgiastischen Sprudeln des Öls in Abadan erklärt der junge Kaiser die vom »Virus der Anarchie« befallenen »subversiven Elemente« für vogelfrei. Stell Dir das bildlich vor: Öl sprudelt, angloamerikanische Tankschiffe tanken randvoll – Ultra Discount-Öl – und verlassen den Hafen Richtung Sonnenuntergang: und im Morgengrauen werden in kaiserlichen Kasernen »subversive Elemente« exekutiert, die klassische Kausalität. Die Opfer bleiben wie immer und überall ohne Geschichte. Unter tausend »Befriedeten« war in westlichen Medien ein einziges Opfer erwähnenswert: »Wenige Tage nach der feierlichen Beisetzung des Prinzen Ali-Pahlevi Bellen, im Morgengrauen des 20. November. Auf einem öden Platz zwischen Teheran und Schimran die Schüsse eines Exekutionskommandos der iranischen Armee. Sie beendeten das Leben eines Mannes, der stets ein fanatischer Feind des Kaiserhauses war, Hossein Fatami, weiland Außenminister der Regierung Mossadegh. Die Vollstreckung des Todesurteils wird mit Befriedigung aufgenommen. Das persische Volk verehrt ›Schah‹, es sieht in ihm das lebendige Symbol für die Freiheit und Unabhängigkeit des Iran (…) Wie dieses heißherzige, ungebärdige Volk dem Herr-

scher seine Verehrung schenkt, so schwärmt es in anhäng-
licher Liebe für seine schöne Gemahlin, die Kaiserin Soraya.«
(*Wochenend*, 1954).

Dein Vater, der »blasse junge Herrscher mit den träumerischen Augen« (*Das Grüne Blatt*, 1953), wurde in den Tagen
seiner Flucht nach Rom von seinem »anhänglichen« Volk als
Henker beschimpft. Er war ein Henker, ich war Ohrenzeuge,
damals in der Avenue Ferdossi, auf dem besten Wege, ein subversives Element zu werden.

Während landauf, landab in den Kinos des Landes die Holly-
wood-Westernhelden à la John Wayne die wilden Rothäute
massakrierten und der Urschrei Tarzans in jedem Open-Air-
Kino straßenweit zu hören war, befand der »Bildungsminis-
ter« die »Fahrraddiebe« von de Sica als »subversiv«. Ich sah
die »Ladri di biciclette« neunzehnhunderteinundsechzig in
der k.u.k.-Hauptstadt. Die Bücher, die ich las, waren aus-
nahmslos auf dem Index »Librorum Prohibitorum«: Leo Tols-
toi, Anton Tschechov, Maxim Gorki, Fiodor Dostojewski, Ni-
colai Gogol. Ich trug bereits dieses »Virus der Subversion« in
mir. Ansonsten war das Volk frei, im Elend zu leben, denn das
Himmelreich war ihm gewiss.

Einer der obszönen königlichen Einfälle Deines Vaters war
in Wahrheit ein Überfallplan auf das Volksvermögen. Das
war neunzehnhundertsiebenundfünfzig. Die Obszönität trug
den Namen »Pahlevi-Fondation« und hatte »dem Wohl des
Volkes zu dienen«. Es floss natürlich kein Cent aus dem Pri-
vatvermögen Eures Clans in dieses Schwarze Loch, sondern
Steuergelder der Untertanen von der »Scherkete-Napht« Öl
Company.

Die Pahlevi-Fondation war niemandem Rechenschaft schuldig, der Großteil der »Einnahmen« floss auf euroamerikani-
sche Konten. Dein Vater starb als einer der reichsten Männer

der Welt. Die Pahlevi-Fondation war ein karitativ getarnter gigantischer Raubzug.

Ein Bruchteil der Mittel der Pahlevi-Fondation fand den Weg nach Kakanien, um die »Spitzel« zu bezahlen, die als Studenten verkleidet die »subversiven« Studenten zu überwachen hatten. Neunzehnhundertneunundsiebzig konnte ich den Namen eines »guten Freundes« auf der Gehaltsliste der Pahlevi-Fondation lesen, in der von »subversiven Studenten« besetzten kaiserlichen Botschaft in Wien.

Ich will mich hier in diesem Brief nicht mit Denunziation als notwendigem Herrschaftsinstrument beschäftigen, Euer Überwachungssystem SAVAC[8] Büro für Sicherheit und Information, war neunzehnhundertachtundfünfzig voll in Aktion.

Know-how und Technik stellten die »befreundeten Mächte« reichlich und bereitwillig zur Verfügung und schulten das Personal an subversiven Elementen. Staatsterror vom Feinsten, der einem einzigen Zweck diente: ungestörte und effiziente Ausbeutung der Ressourcen des Landes. Dein Vater ließ also foltern und morden,[9] zum Wohle seiner Untertanen. Ein Henker mit »blasser Gesichtsfarbe und träumerischen Augen«.

Nach dem CIA-Putsch 1953 und SAVAC 1957 fehlte dem Volk nur noch ein Thronfolger. Soraya, die Kaiserin, war eine taube Nuss. Ich lenke Deine prinzipale Aufmerksamkeit auf folgende Zeilen, die ich direkt aus dem Bericht eines Schreibtischtäters europäischer Provenienz entnehme: »… Der Westen kann nur wünschen, dass es dem Schah und Soraya gelingen möge, die persischen Verhältnisse zu konsolidieren und zu reformieren, denn Mohammed Reza Pahlevi und seine Gemahlin, die in ihrem Wesen abendländische Fortschrittserkenntnis und morgenländische Glaubensstärke in gelungener Synthese verkörpern, sind die Garanten dafür, dass das

97

Chaos nicht eine brüchig gewordene Ordnung ablöst. Gelingt ihnen das große Werk nicht, versagt ihnen das Schicksal den Thronfolger, dann lautet die bange Frage an die Zukunft: Wohin gehst Du, Persien? ...« (*Wochenend*, 12/1956)

Na, wohin ging Persien? Ich leite die »bange Frage« weiter an den Thronfolger im Exil:

Quo vadis Persia?

Persien blieb dort, wo sich stets »geopolitisch sensible« Regionen befinden: Das Elend blieb den Untertanen im Lande treu, Öl von Abadan sprudelte kraftvoll in die »richtige« Richtung und kam als mit »Schweinegeld« bezahlte Waffen für die Armee Deines Vaters zurück, über 450 000 mit US-Ausrüstung bewaffnete Soldaten. Gütertransfer nennt man das. In der blendend weißen Uniform eines Air-Force-Oberbefehlshabers nahm der »Aria Mehr«, »Das Licht der Arier« (so nannte sich Dein Vater nunmehr) an seinen Geburtstagen im großen Pahlevi-Stadion die Parade seiner Elitesoldaten ab. Das Ganze kostete etwas, aber man gönnte sich ja sonst nichts ...

Mit sechs, sieben Jahren hattest auch Du, lieber Prinz, Deine eigene Uniform und standest »herzig anzusehen« neben Deinem Vater und sahst mit träumerischen Augen, die Du von Deinem Vater geerbt hattest, den uniformierten Marionetten zu, die mit Tam-Tam und festen Schritts vorbeimarschierten. Dein Vater ließ sich 1958 von Soraya scheiden.[10]

Ein unbegabter Schreibtischtäter, weit weg in Europa, brachte die folgenden »Gedanken« im auflagenstarken Blatt *7 Tage* zum Ausdruck: »... voll tiefer Anteilnahme stehen Millionen vor dem Schicksal Sorayas, deren Eheglück an der unerbittlichen Staatsraison zerbrach. Aber auch dem Schah wendet sich mancherlei Anteilnahme zu, denn leicht ist die Trennung von der geliebten schönen Frau Schah Mohammed Reza sicher nicht gefallen. Musste dieser Trennungsschritt wirklich erfolgen? ...«

Auf der Suche nach einer gebärfähigen Frau durchsuchte Aria Mehr persönlich und seine besorgten Ratgeber alle verborgenen Winkel des Landes – natürlich nicht in den Slums – und fanden in Paris Deine Mutter, die, nach seriösen Quellen, Architektur studierte und voll »gebärfähig« war. Farah Diba hieß sie, aus gutem Hause, was immer das bedeuten mag.

Lieber Prinz im Exil, ich lenke Dein Interesse auf diesen Abschnitt der Geschichte. Wir wissen ja, dass die »Geschichte« eine autistische Sammlung von selektierten Daten ist. Visualisiere bitte die folgenden Ereignisse: Während Deine königliche Mutter ihre Aufgabe als Garantin der Kontinuität Eurer Herrschaft bravourös löst und Dich gebar, sprudelt kraftvoll das Öl in Abadan weiter, die prall gefüllten Tanker der anglo-amerikanischen Freunde verschwinden am Horizont.

Die gut ausgebildeten Folterer »säubern« unermüdlich die subversiven Elemente, die elenden Bauern beackern die Felder, die Slum-Bewohner verlassen ihre Blechhütten und sind einfach dankbar für diesen schönen Tag. 15 Jahre lang mussten diese fatalistisch-duldsamen Wesen auf Deine Ankunft warten.

Die Geschichte, lieber Prinz, blendet natürlich dezent diese Bilder aus, der Newswert eines im Slum geborenen Kindes ist gleich null, das weißt Du ebenfalls. In Slums werden viele Kinder geboren und täglich viele gestorben, alle drei Komma sechs Sekunden stirbt irgendwo, weltweit-global, in armen Ländern, ein Kind an Hunger. Das sollte jedem überzeugten Ignoranten zeigen, wie letal die vitalen Interessen der supra-national-global operierenden Energiekonzerne für Regionen mit Ressourcen waren, sind und sein werden.

Du, lieber Prinz, bist nicht an Hunger gestorben. Dein Vater soll, nach gut informierten Kreisen, total aus dem Häuschen gewesen sein, als Dich Deine königliche Mutter gebar. Fast alle westlichen Medien bezeugen, dass »Dein Vater Dich in die Arme genommen und königliche Tränen der Freude vergossen habe ...«. Bewegend, wahrlich. Was geschah sonst im Lande?[11]

Wie gehabt, es war alles im Griff. Sachwerte gingen in Gold über, in Form der Pahlevi-Fondation und andere zukunftsorientierte Investments. Zum Wohle des Landes, so ging das. Ich war außerhalb des Landes, und aus sicherer Entfernung sahen die Dinge um nichts besser aus. Hier im Westen lief der Aufschwung mit beängstigender Geschwindigkeit, weit und breit Demokratie, mit staatlich kontrolliertem Lauschangriff. Vietnam, My-Lai, Vietcong, Kennedy. Schweinebucht, Bruttonationalprodukt, steigende und sinkende Dividende, Ölpreisschwankungen und sensible Reaktion des Dow Jones, rote und gelbe Gefahr. »Man« importierte die ersten anatolischen Arbeitssklaven und nannte sie »Gastarbeiter«, denn es gab viel zu tun, alle spuckten in die Hände und schritten voran. Kennedy weitete den Vietnam-Schlachthof aus, um die »zivilisierte Welt« vor der »roten Gefahr« zu bewahren und die vitalen Interessen in diesem Teil der Welt zu schützen.

Es gab und gibt de facto keinen Flecken auf dem Globus, der logischerweise nicht vital für die Interessen der ersten Weltmacht war und ist. Lieber Prinz, es wäre höchste Zeit, dass Du den Sinn dieses Briefes ahntest, die mächtige Trinität Macht-Geld-Tod, der rote Faden durch die monetisierenden Systeme führt Dich direkt zum nekrophilen Haben.[12]

Während Du in bescheidenen Palästen zu einem niedlichen Prinzen heranwächst und König Papa und Königin Mama Deine Zukunft »gestalten«, müssen Eure Beschützer die Wälder Vietnams entlauben, mit »Agent Orange«, um aus der

Luft diese kleinen, gelben, fanatischen, aggressiven Vietcong zu befrieden. Tot-haben-wollen. Eure Beschützer müssen global über alle Grenzen in Echtzeit sehen, hören und handeln. Ein Gebot der vitalen Interessen. Die Bürger des freien Weltmarkts leben indessen wie in gut beleuchteten Schaufenstern, hörbar, sichtbar. Die biometrischen Daten, lesbar. Dass die Welt von Orwell ziemlich alt aussieht, hat mit dem beglückend rasanten Fortschritt der »Watching Technik« zu tun. »Wir müssen alle, so schmerzhaft es auch sein mag, ein wenig von unseren lieb gewordenen bürgerlichen Freiheiten opfern«, haben schon einige Innenminister verlangt.

Wer hat Angst vor »Total-watching«? »Einer, der etwas zu verbergen hat«, sagen andere Innenminister der »freien« Welt. Ich lese täglich ähnliche »Sprüche« besorgter Politiker in kakanischen Medien.

Wie Du siehst, lieber Prinz im Exil, Dein Vater und sein Horchapparat waren ein kleines Rädchen im globalen Lauschangriff und ein lokaler Verteiler und Multiplikator der vitalen Interessen.

Neunzehnhundertsiebenundsechzig setzte er sogar auf seinen und den Kopf Deiner Mutter eine Krone, und Du warst mit Deinen noch nicht ganz sieben Jahren in einer entzückenden Uniform der königlichen Kadetten an Papas Seite. Die Krönungszeremonie wurde hier im kakanischen Fernsehen in Farbe übertragen. Ich als subversiver Underdog verlor alle Hoffnung. Die Medien waren randvoll mit bunten Bildern:[13]

Frau im Spiegel 11/1967 schrieb wörtlich: »Es war nicht nur wie im Märchen, ein Märchen war Wirklichkeit geworden, mit dem ganzen Zauber des Orients, mit einem für Europäer unvorstellbaren Prunk, mit einer Prachtentfaltung ohnegleichen feierte Persien die Krönung seines Herrscherpaares ... Das Prunkgewand der Kaiserin glitzerte nur so von Goldstickerei und Geschmeide. Farah trug es mit feierlichem Ernst und großer Würde.«

Es gab eine Panne, die folgenreich hätte werden können, aber Deine Mutter, die Kaiserin, wuchs in dieser schweren Stunde über sich hinaus. Ich darf weiter zitieren: »… und langsam hob der Schah die Krone, die für Farah geschmiedet wurde. Mit feierlicher Geste schob er sie vorsichtig auf Farahs straff nach oben gekämmtes Haar. Und doch, eine kleine Haar-strähne wollte sich selbstständig machen, drängte sich auf der rechten Seite nach außen. Die Kaiserin spürte es, eine schnelle, ganz leichte Drehung des Kopfes und die Krone saß, wie sie nach dem Wunsch des Protokollchefs sitzen sollte …

Nur wer ganz nahe am Thron stand, konnte die Worte hören, die Farah flüsterte, als sie sich vom goldenen Kissen zu Füßen des Schahs erhob: »Ich danke Dir.«

Ein paar tausend Kilometer östlich von dieser glanzvollen Krönung warfen Eure Protektoren Napalm über Vietnam. Dein Vater, der selbst gekrönte Kaiser mit träumerischen Augen, hatte anlässlich seiner absolut verdienten Krone eine Überraschung für seine elenden Untertanen: »Auf dem Höhe-punkt des Krönungsfestes werden 17 532 rote Rosensträuße auf Teheran regnen, einen Kaiserstrauß für jeden Tag, den der Schah bisher gelebt hat.« (*Das Neue Blatt*, 1967)

Lieber Prinz, visualisiere das: Du wärst ein Slumkind und kein gestresster Prinz und läufst mit dem Bauchladen in pit-toresken, verschlafenen Slumgassen herum und verkaufst Zi-garetten statt in der Schule Deine Zukunft zu planen, und aus heiterem Himmel fällt Dir ein Kaiserstrauß roter Rosen auf den Kopf. Wäre das keine Überraschung?

Als Du drei Jahre alt warst, starb in Dallas der Hauptprotek-tor Eures Clans. Machtkämpfe im Zentrum der Macht enden manchmal letal. Sein Tod beschäftigt die Öffentlichkeit bis heute. Die Millionen Tote in Indochina-Indonesien, die Folgen des Chemo-Kriegs, Agent Orange und Dioxin, das Massaker von My-Lai bleiben eine Fußnote der barbarischen Geschichte der Macht. J. F. Kennedys Wunsch, Fidel Castro zu beseitigen, ging daneben. Illegal, ganz egal ist die operative Maxime nach Machiavelli, die Zweckmäßigkeit und Machtstreben über die Moral stellte. Nur, Nicolo Machiavelli wäre ein Moralist mit Heiligenschein im Vergleich zu real existierenden Organen des monetisierenden Systems.

In den Jahren des kalten Krieges, während man Dich für Deine künftigen Aufgaben als Thronfolger schulte, steckten die Astronauten der Weltmacht die »Stars and Stripes« in den Mondstaub. »For all Mankind.« Das war am 21. Juli neunzehnhundertneunundsechzig. Die jüngste Kolonie war wüst und leblos, aber die Eroberung des Mondes war eine Botschaft an Erdlinge: Wir haben – grenzenlos – alles im Griff.

Die Menschen der Dritten, Vierten und Letzten Welt, die mit ihren Ressourcen die Eroberung des Mondes finanziert hatten, waren tief beeindruckt. Ihr Schicksal aber ist unbedeutend. Sie haben die Erde beackert, Getreide angebaut, Bäume gepflanzt, Lehmhäuser gebaut und sind bei Erdbeben 6,7 nach Richter gestorben, und damit kann man keine Geschichte schreiben. Geschichte wird von der Macht gemacht. Lieber Prinz, können wir uns auf diesen Minimalkonsens einigen? Die Lebensläufe Deines Clans und seine/ihre Untaten würden einen dreibändigen Nachruf problemlos überfrachten. Sogar die letzten Daten von 2004 über das Nord-Süd-Gefälle, zwischen Habenichtsen und Reichen zeigen, dass fünfzehn Prozent der Weltbevölkerung fünfundachtzig Prozent des Weltvermögens im Griff hat. Nur keine Panik, Du gehörst leider nicht zu den Armen, Dein Vater befand sich im engen Kreis des Geldadels. Ich sehe ein, dass fünfundzwanzig

Jahre Exil Verdienstentgang bedeutet, ich mache mir jedoch keine Sorgen, was vom Raubzug übrig ist, arbeitet diskret, unbemerkt, beweglich – und vermehrt sich redlich. Nach Noam Chomskys Recherchen sind täglich über eine Billion Dollar in Bewegung. Visualisiere bitte, obwohl Dir große Zahlen geläufig sind, dies ist eine Eins mit 12 Nullen. Sie bewegt sich, lautlos, wir sehen und hören sie nicht: Es ist der Tod.

Zurück zum krebskranken Kaiser. Professor Dr. Fellinger, Medizinmann Deines Vaters und anderer Potentaten, informierte ihn über seinen königlichen Zustand unter vier Augen. Die Protektoren hörten mit, weil die Fitness und Verlässlichkeit ihrer Stellvertreter ein notwendiges Übel ist. Wer will schon böse Überraschungen? Securities sind dafür da.

Wie Dein Vater auf Professor Fellingers Mitteilung reagiert hat, verraten die gut informierten Kreise nicht. Du weißt als sein Lieblingssohn gewiss mehr, trotzdem, wie reagiert einer der reichsten Despoten der Welt auf so eine deplatzierte Botschaft? Hat der Kaiser die träumerischen Augen zum Himmel gerichtet und geklagt: Warum ausgerechnet ich? Oder gefasst, aber resigniert: Das Leben geht weiter …? Oder der Schock öffnet ihm die Augen, er verzichtet auf Reichtum und Pfauenthron, verlässt Paläste, Frau und Kinder und geht in die Wüste. Das ist leider definitiv nicht geschehen, ganz im Gegenteil, er lud alle gekrönten Häupter und Protektoren nach Persepolis anlässlich 2500 Jahren iranischer Monarchie. In einer aufwendig organisierten Zeltstadt mitten in der Wüste um Persepolis, mit allem Komfort für die High-Society.

Alle Mächtigen kamen: … König Baudouin von Belgien, König Frederik von Dänemark, König Gustav Adolf VI von Schweden, König Olaf von Norwegen, Kaiser Hirohito von Japan, Kaiser Haile Selassie von Äthiopien, König Faisal von Saudi-Arabien, König Bhumiphol von Thailand, Königin Ju-

liane der Niederlande, Fürst Rainier von Monaco und Groß-
herzog Jean von Luxemburg ... Und wie immer durften die
Untertanen in respektvollem Abstand via TV zusehen und
die Kosten übernehmen. Wie Du Dich sicher gut erinnern
kannst, kam sogar Prinz Charles persönlich angetanzt. Wir
sehen die Dinge verschieden, lieber Prinz. Es kamen natürlich auch jede Menge Künstler, Gaukler, Musiker, Artisten
und Magier, Poeten, Bankiers und die Weltpresse. Die Gäste
feierten und sagten »Toll«! Und sahen nirgends einen einzigen gefolterten Gefangenen in der lichtdurchfluteten Zeltstadt. Sie waren von der märchenhaften orientalischen Gast-
freundschaft auf das Angenehmste überrascht. Es war ein vom
diskreten Charme der Bourgeoisie durchdrungenes Fest der
»Obscenitas«, man kann es nur vergessen.

Wie groß muss der Mantel des Schweigens sein, den man aus-
breitet. Unter diesem weltumfassenden Mantel wirst Du von
Hunderten »embedded« Reportern desinformiert und weißt
daher, wie effizient die Ölfelder global »demokratisiert« werden.

Zurück zu Deinem krebskranken Vater. So viel ich mich erinnern kann, gab es bis zu seinem Abgang keine Feste mehr,
keine nennenswerten. Er erledigte seinen Job wie gehabt und
wollte seinen Hof geordnet an Dich weiterreichen. Seine
Protektoren hatten leider andere Pläne; Zbigniew Brzezins-
kis Doktrin der 8oer Jahre lautete: »The best card against
communism is islamic fundamentalism ...«. So lief es auch.

In seinem Buch: *The Real Story of Iran Revolution* schreibt
Robert Dreyfuss: »... The British had concluded that one of
the chief reasons the Roman oligarchy had survived for years,
was because it learned how to use cults and religions to cont-
rol the people. Muslim brotherhood is a London creation.«

Die Mullahs kamen, der Kaiser ging – unheilbar krank und

voller Selbstmitleid. Seine »besten Freunde« im Westen weigerten sich, dem sonst so gern gesehenen Gast Einlass zu bieten. Der König der Könige erhielt kein Visum in die USA und starb Ende Juli 1980 in Kairo. Vorher schrieb Dein Vater verbittert:»Die Amis warfen mich aus dem Land wie eine tote Maus.« Das Licht der Arier war erloschen. Es war ein natürlicher Exit, kein Tribunal, nichts. So ging das.

Du sitzt seit über fünfundzwanzig Jahren auf der Reservebank und wartest. Vergiss es, lieber Prinz, der Pahlevi-Clan war auch nur eine Fußnote in der letalen Geschichte des Geldes. Du wartest umsonst, Monarchien sind passé, »Demokratisierung« à la Afghanistan und Bagdad ist angesagt.

»Apokalyptischer Kapitalismus« nennt Victor Wiege, ein guter Freund von mir, die kommenden Zeiten. Post-Orwellsche High-Tech Barbarei.

Lieber Prinz, ich schließe diesen Brief mit einer Nachricht vom 12. 3. 2004: »Die größte amerikanische Botschaft der Welt wird mit über 4000 Mitarbeitern in Bagdad errichtet. Als Botschaftsgebäude ist ein Palast Saddams vorgesehen.« Die Reale macht Zentrale mitten im Öl.

Harold Pinter, der britische Dramatiker schreibt:»Die USA streben nichts an als die völlige Weltherrschaft, nur ein Zusammenschluss anders denkender Nationen könnte etwas bewirken, sonst sind wir verloren ...«

P.S.: Beeindruckt und »belehrt« von Saddams Schicksal, beschloss ein gewisser nordafrikanischer Revolutionsführer – mit zirkusreifen Uniformen – die Ölfelder des Beduinenvolkes den Multis zur »freien Entnahme« anzubieten. Alles klar, lieber Prinz?

Adieu,
Dein subversives Element.

Anmerkungen

[1] Kadscharendynastie: 1794–1925. Kadscharen»könige« brachten das Land unter das Diktat europäischer Mächte.

[2] »Offene Adern«: Venas Abiertas de America Latina, von Eduardo Galeano.

[3] Dezember Zweitausenddrei starben 35 000 Menschen in der Stadt Bam bei einem Erdbeben Stärke 6,7.

[4] Malek Farouk: Letzter ägyptischer König, gern gesehener Gast in europäischen Kasinos. Seine Tochter Fawzia wurde mit dem jungen Schah Reza Pahlevi verheiratet. Abdel Nasser stürzte Malek Farouk 1952.

[5] Reza Schah gründete die Pahlevidynastie, starb 1944 im Exil in Johannesburg, SA. Er war 66 Jahre alt, als er starb. Seine offenen Sympathien während der letzten Jahre seiner Herrschaft (er wollte mit Hilfe der neuen Herren die Seiten wechseln) versuchte er nicht zu verbergen. Das British Empire war nicht amused.

[6] SAVAC: Organisation für Sicherheit und Nachrichten, der Geheimdienst des Schahs. 1958 gegründet, war sie eine der wenigen Organisationen, die effizient funktionierte.

[7] *Wochenend*, Ausgabe 1955, schrieb folgenden lehrreichen objektiven Bericht direkt aus der Augenzeugenperspektive: »Hinter diesen Demonstranten steht keine Parteidisziplin und keine Steuerung, hier spricht die urwüchsige Kraft des Volkes selbst. Lastwagen voller Soldaten rollen heran. Wird es jetzt ein Blutbad geben? Mit aufgepflanzten Bajonetten springen die Soldaten von Autos. Sie eilen den Demonstranten entgegen und jubeln ebenfalls: Wir wollen den Schah! Ob der junge Souverän in Rom das Klopfen des Herzens seines Volkes fühlt?… Am 19. August 1953 gegen 19 Uhr abends steigert sich der Tumult zu einem Höhepunkt und neigt sich zugleich seinem Ende zu. Die Villa des Ministerpräsidenten Mossadegh wird gestürmt.
Das Haus geht in Flammen auf. Der hakennasige Greis hat die Schlacht seines Lebens verloren. Genau eine Stunde später spricht der neue Regierungschef über den Rundfunk. Er gibt bekannt, dass der Aufstand niedergeschlagen, die Ruhe wiederhergestellt, Mossadegh verhaftet ist. Der Kaiser hat gesiegt, es lebe der Schah.«

[8] SAVAC war mit 50 000 Mitarbeitern im Dienste Seiner Königlichen Hoheit. 50 000 Agenten hielten seine Untertanen rund um die Uhr im Griff.

[9] Im Juni 1975 saßen nach Berichten von Amnesty International 40 000 politische Gefangene im Iran ein. Gebräuchliche Folter-methoden sind: mit Gewichten beschwerte Handschellen, Einführen eines präparierten elektrischen Schlagstocks oder einer Flasche in den Mastdarm, Rösten der Gefangenen auf einem Grill ... Amnesty-Bericht über die Folter, Frankfurt/M, 1975–77, S. 238.

[10] »... der Schah und Soraya schlossen 1951 eine Liebesehe, sie lieben sich immer noch.« (7 *Tage*, 29. 4. 1958)

[11] »Selten war die Geheimpolizei so beschäftigt wie in diesen Tagen. Immer neue politische Gruppen und Verschwörernester werden ausgehoben. Mal sind es republikanische Studenten, mal kommunistische Anführer. Mal sind es unzufriedene Offiziere, alle teilen zur Zeit das gleiche Schicksal, sie wandern in den Kerker ...« (*Das Grüne Blatt*, Sept. 1960).

[12] In der Urgemeinde der Christen ist Satan Vertreter der Macht über Welt und Menschen, seine Gier und Hab-Sucht verwandelt alles in tote Objekte. Jesus dagegen ist die Verkörperung des Lebens.

[13] »... Der Schah bestellte das monumentale Krönungsservice in Deutschland, nämlich in einer oberfränkischen Porzellanmanufaktur. Jedes der 13 000 Teile des Galaporzellans hat einen blauen Rand mit Goldkanten, ist mit goldenen Sternen und mit dem kaiserlichen Wappen geschmückt ...« (*Wochenend*, 43/1967)

Historisches und Kollaterales

Karl Gaier
An die Großgrundbesitzer

Sehr geehrte Großgrundbesitzer,

Großgrundbesitz ist in Deutschland kein Thema. Wir haben keine entrechteten Campesinos, die auf eine Landreform drängen. Beim Verfall der Erzeuger- und Holzpreise ist Landbesitz eher eine Last als eine Lust. Dem Bauernsterben parallel sterben die kleinen »Krautbarone«, die mit dem Ertrag aus wenigen hundert Hektar Wald weder die riesigen Dachflächen ihrer Schlösser noch die feuchten Gewölbe sanieren können.
Warum also ein Brief an Sie?
Die Antwort ist zweifach:
Erstens, weil das Grundkapital am Anfang des Kapitalismus stand. Und es hochinteressant ist zu sehen, welche Strategie die Grundeigentümer in seiner Endphase einschlagen.
Zweitens weniger philosophisch als praktisch: Weil Sie überwiegend Großwaldbesitzer sind und als solche die Diskussion innerhalb der deutschen Forstwirtschaft und Forstpolitik dominieren – und dies, obwohl Sie weniger als 10 Prozent aller Waldflächen Deutschlands besitzen und grob gerechnet ein Promille aller Waldbesitzer stellen.
Das ist zum einen von erheblicher Bedeutung für die gesamte Ökologie des Landes, und damit von erheblicher Bedeutung für jeden Bürger, ob er es nun weiß oder nicht; und zum anderen ist es ein politisches Lehrstück, das wir näher betrachten sollten.

Auf seiner Internetseite präsentiert der bayerische Grundbesitzerverband Thesen zum Eigentum. Besonders die erste bietet einigen Anlass zum Grübeln: »Privates Eigentum ist ein elementares Grundrecht. Es ist nicht vom Staat gegeben und darf auch nicht vom Staat genommen werden. Nicht das Privateigentum bedarf daher der Rechtfertigung, sondern der staatliche Eingriff in diese Rechtsposition.«

Welchen Ursprung hat Grundeigentum?

Robinson auf seiner Insel, hat er Eigentum? Wenn ihm der Sturm eine Landzunge wegreißt, kann er ihm einen Grundbuchauszug präsentieren?

Eigentum ist immer eine Frage des Gesellschaftsvertrages. Jagdreviere von Sippen gab es früh. Die Grundparzelle gibt es wohl erst seit der Erfindung der Landwirtschaft. Die Parzelle zu vererben war wohl schon Teil eines archaischen Rechts. Großgrundbesitz in der Antike war eine Frage der Sklavenwirtschaft. Und der Großgrundbesitz in Mitteleuropa entstand erst, seit es Staatswesen gab, die kompliziert genug waren, dass Lehen verliehen werden konnten und die Herrschaft über andere, die den Grund bearbeiteten.

Einigen wir uns darauf, dass Großgrundbesitz eine Größe meint, die der Eigentümer mit seiner Arbeitskraft allein nicht mehr bewirtschaften kann. Diese Definition über die Arbeitskapazität trennt den, der eigene Lebensgrundlagen besitzt von dem, der darüber hinaus noch die anderer besitzt.

Ein Schwarzwaldbauer mit 200 bis 300 ha Wald kann den Betrieb mit der Arbeitskraft seiner Familie führen und zumindest bis vor kurzem vom Ertrag dieser Fläche leben. Ein Herrensitz mit 500 ha ist verbunden mit einer gewissen gesellschaftlichen Tradition und einem Status, der schon in der Form der zu unterhaltenden Immobilien weit mehr kostet.

Und allenthalben pirscht sich nun die Insolvenz an Sie, werte Großwaldbesitzer, heran in Form katastrophal niedriger Holzpreise.

Was aber ist deren Ursache? Wir finden diese Ursache im Grunde offen dargelegt in den Thesen des Grundbesitzerverbandes, die Freiheit des Eigentums einfordern, die volle Verfügungs- und Nutzungsbefugnis und so weiter.

Das unterschreiben sicher auch alle neoliberalen Kapitalseigner mit Freuden, die ihr Geld ohne Beschränkung über Grenzen verschieben können, um Steuerfreiheit pokern, Umweltschutzauflagen als lästige Einschränkung des Geldverdienens sehen und keine Zölle noch sonstige staatliche Regulierung ihres Handelns hinnehmen wollen.

Ihr Grundkapital aber können Sie nicht in ein Billiglohnland verschieben oder in eines mit niedrigen Umweltstandards. Ihr Zinssatz unterliegt den engen Grenzen biologischen Wachstums, beim Waldbesitz also dem Waldreinertrag von ca. 1 Prozent – und obendrein ist Ihr Kapital damit beschäftigt, kostenlos Sauerstoff, Wild-, Insekten- und Vogelfutter, Trinkwasser und anderes zu produzieren, was andere konsumieren ohne dafür zu bezahlen.

Sie schleichen also mit einem schweren alten Dieselmercedes voller Trittbrettfahrer zwischen den superbeschleunigenden Boliden des Geldkapitals herum, die sich zu riesigen Sägewerks- und Papierkonzernen zusammentun, die ihren Holzeinkauf länderübergreifend koordinieren und besonders nach Stürmen und anderen Katastrophen dafür sorgen, dass der Holzpreis tunlichst im Keller bleibt.

Diese turbokapitalistischen Zustände anzugreifen bedeutet jedoch für Sie, Steine in einem sehr, sehr alten Glashaus zu werfen.

Das Finanzkapital nutzt das Bodenkapital zur philosophischen Rechtfertigung des Zinses, es ist sozusagen seine geistige Kinderstube. Der Zins wird mit der Gebühr für den Nutzungsausfall bei einem Acker gleichgesetzt, den man einem anderen überlässt. Philosophische Expeditionen an die Ränder und in die Tiefen dieses Vergleichs ließen sich anstellen. Hier genügt es zu bemerken, dass jede Wirtschaftstheorie oder Wirtschaftsform, die den Ur-Zins infrage stellt, den Fluchtweg des Geldvermögens in die Bodenwerte abschneiden und das Bodenrecht reformieren muss.

Der Weg aus dem Glashaus des Turbokapitalismus ist also für Sie, werte Großgrundbesitzer, so schwer wie der Weg durch das sprichwörtliche Nadelöhr. Sie können in diesem Glashaus den einen oder anderen Stein werfen, aber Sie müssen schon sehr genau durch die Fenster zielen.

Ihre nahe liegende Reaktion ist also bei den meisten von Ihnen keine Systemkritik, sondern der Versuch, den alten Dieselmercedes aufzumotzen und die Trittbrettfahrer abzukassieren oder abzuschütteln. Das heißt für Sie als Waldbesitzer zu versuchen, den Waldbau der Industrialisierung anzupassen, zu rationalisieren und sich gegen die sonstigen gesellschaftlichen Ansprüche zu wehren, wann immer es geht, soweit sie Ihnen nicht bezahlt werden können.

Letzteres wird ohnehin immer schwieriger, da die politischen Gemeinschaften dank der internationalen Verflechtung und der Beweglichkeit der Wirtschaft immer weniger Steuern verlangen bzw. kassieren können und damit immer weniger Geld für Ausgleichszahlungen zur Verfügung steht.

Wenn Sie sich aber zum Weg der industriellen Anpassung des Waldbaus entschließen, haben Sie meist noch die Schützenhilfe von Forstökonomiewissenschaftlern, die ganz sicher nicht auf ihren Posten gekommen sind, weil sie das System hinterfragt haben, sondern weil sie es besonders gut vertreten. Im Verein mit diesen ist Ihnen die forstpolitische Plattform sicher.

Günstig kommt die Besetzung von Verbandsspitzenposten in den Grund- und Waldbesitzerverbänden dazu. Parteispenden tun das ihrige.

Unmittelbar anschauliche Folge Ihres Einflusses ist das Pseudonym, mit dem dieser Brief unterzeichnet ist und zu dem ich mich entschloss, nachdem mir mehr als ein Freund dringend dazu geraten hat. Ihre Verbindungen in die Politik sind insbesondere in Bayern so innig, dass kaum einer aus dem kleinen Kreis der mit Forstpolitik Befassten unverblümte Worte an Sie richten kann, ohne mit ernsthaften Konsequenzen für seine künftige Arbeit rechnen zu müssen.

Wohin aber nun reißt Sie der Strom der Zeit, von dem sie so augenfällig Teil sind?

Wer von Ihnen sein Vermögen nicht rechtzeitig diversifizierte, d. h. außer in Wald auch noch in anderen Sparten anlegte, der musste sich auf mindestens eine der folgenden Strategien einlassen:

Einmal die Expansion der Flächen nach Übersee oder in die neuen Bundesländer.

Oder die Expansion der Aktivitäten ohne eigene Grundstücke, also eine Forstservicefirma zu gründen, die von anderen Waldbesitzern angeheuert wird.

Und / oder Personalabbau

Und / oder in die Wälder hineinhauen, dass es raucht

Und / oder verkaufen.

Nun ist der Verkauf für Sie ein schwerer, fast unmöglicher Entschluss. Er verbietet sich schon aus Gründen des dynastischen Denkens, der langfristigen Sicherung des Erbes für die

Nachkommen. Und mit dem Grundbesitz geht ja meist auch der Nimbus des Namens unter, die Nabelschnur, die mit der einstigen politischen Größe und Bedeutung verbindet. Was wäre eine Zahnärztin von Thurn und Taxis? Eine Zahnärztin von Thurn und Taxis. Nicht einmal vom dicksten Bohrer bedroht käme ein Patient auf die Idee, »Euer Durchlaucht« um etwas mehr Betäubung zu bitten.

So aber kann Prinzessin Gloria, Herrin über Schlösser und mehr als 20 000 ha Wald, in ihrem Buch »Die Fürstin« herzlich darüber plaudern, dass ein Adliger doch eine bessere Erziehung hätte als die korrupten Politiker der Demokratien, und man wisse ja nicht, was kommt. Na ja, ich kann es ja meinen Enkeln überlassen, sich mit den ihren herumzuärgern.

Jedenfalls verbindet sich mit dem Grundbesitz nicht nur die Frage der Nachhaltigkeit der Waldnutzung, sondern auch die Frage des nachhaltigen Statuserhalts.

Unter dem wirtschaftlichen Druck bröckelt Ihnen dennoch da und dort ein Stückchen Land weg:

Thurn und Taxis hat ein kleines Forstamt verkauft, der Wittelsbacher Ausgleichsfonds etwa 23 Quadratkilometer Hochalpenlandschaft, um nur zwei Beispiele zu nennen.

Wer kauft – in der Regel ein Industrieller –, hat entweder genug Geld, sich für sein Hobby ein riesiges Jagdrevier zu leisten, in dem er sich nicht mehr mit irgendwelchen Genossen herumärgern muss – oder aber er hat eine sehr langfristige ökonomische Perspektive. Er sieht, dass die fossilen Energiereserven im nächsten Jahrhundert zur Neige gehen, dass dann die erneuerbaren Energien hohe Werte darstellen. Baumaterialien, die viel Energie verbrauchen, wie Stahl oder Beton werden teurer werden. Vielleicht wird auch eine sinnvolle CO_2-Wirtschaft die Verwendung von Holz favorisieren. Gleichzeitig werden weite Transportwege schwerer, sperriger Güter wie Holz nicht mehr lohnen, so dass sich der Import verteuert. Es ist dies ein Fenster im Glashaus, der langfristige Blick auf eine Zukunft jenseits der Bonanza der fossilen Energien, durch das einige von Ihnen ihre Steine verdienstvoll schmeißen. Wenn der Vorsitzende der Arbeitsgemeinschaft Deutscher Grundbesitzerverbände und Präsident der Arbeitsgemeinschaft deutscher Waldbesitzerverbände, Michael Prinz zu Salm-Salm, eine Holz-Charta fordert, wer wollte da widersprechen. Dass er die Gelegenheit nutzt, im selben Atemzug die Novellierung des Bundeswaldgesetzes zu attackieren, ist nahe liegend und die übliche Attacke gegen die Gesellschaft auf den Trittbrettern.

Nun, es ist mit Sicherheit sinnvoll, den Wald zu behalten, und genau dies versuchen die meisten von Ihnen, werte Grundbesitzer, auch zu tun. Ich würde wohl genauso handeln wie Sie: das Letzte aus dem Wald rausholen, um den Grundbesitz zu halten und allenfalls unrentable Teile abstoßen.

Inzwischen tapsen einige von Ihnen in der ökologisch-moralischen Grauzone zwischen einem gewissen Status und dem, was der Wald hergibt. Man könnte fast sagen, zwischen der Nachhaltigkeit der Dynastie und der des Waldes.

Ortstermin Nummer eins beim Fürsten Waldburg-Zeil: Hier gab es vor zwanzig Jahren neun Reviere und einen Forstdirektor. Jetzt gibt es noch zwei Reviere von je circa 3000 ha (das heißt, differenzierter Waldbau ist arbeitstechnisch inzwischen unmöglich) und zwei Mann im Innendienst.

Der Park des Anwesens prangt von Blumen und einem makellosen Rasen. Im Schlosshof ein imposanter Springbrunnen aus den Zeiten vernünftiger Holzpreise. Neben diesen Bildern steht das fassungslose Kopfschütteln eines alten Försters über die rücksichtslosen Einschläge in den Wäldern des Fürsten. The times, they are a changing.

Zeil ist kein Einzelfall. Der wirtschaftliche Druck macht sich allenthalben bemerkbar.

Die schlimmsten Eingriffe jedoch geschahen in den neuen Bundesländern. Die westlichen Großgrundbesitzer, vorwiegend adelige »Alteigentümer«, die von der Treuhand und der BVVG (Bodenverwertungs- und -verwaltungsgesellschaft) erhebliche Flächen zu Spottpreisen ankauften, schlugen die Einkaufskosten oft innert zwei bis drei Jahren aus den Wäldern wieder heraus. Die örtlichen Waldarbeiter profitierten von der Bonanza meistens nicht. Finnische Harvester rüsteten Holz für tschechische Werke.

Insgesamt gingen 800 000 ha »Restwälder« über den Tresen. In Schutzgebieten waren heftige Konflikte an der Tagesordnung. Mit Bitterkeit registrierten die regionalen Naturschützer, dass das Kanzlerwort Kohls, Schutzgebiete nicht an Private zu veräußern und zuerst den Naturschutzorganisationen anzubieten, vom Verwalter der Treuhand, Ludwig Graf von Stauffenberg, unterlaufen wurde.

Als sich Fürst Öttingen-Spielberg für das Biosphärenreservat Schorfheide interessierte, brach auch dem Bundesverband des Naturschutzes BUND der Angstschweiß aus. Öttingen-Spielberg beherrscht die gesamte Internetpräsentation des bayerischen Grundbesitzerverbandes mit seinen Artikeln darüber, dass Kahlschlag angewandter Naturschutz sei. Die Vorstellung, er könne die segensreiche Wirkung seiner Einschlagstrupps in den Biotopen der Schreiadler entfalten, veranlasste den BUND-Vorsitzenden Weinzierl zu einem offenen Brief an den Kanzler.

Und damit sind wir beim Feind Nummer eins, den Naturschützern.

Man halte sich die Konstellation vor Augen:

Die Holzindustrie zwingt zu zunehmender Rationalisierung und Industrialisierung des Waldbaus. Das führt zur gesellschaftlichen Polarisierung zwischen allgemeinen Interessen der Gesellschaft an den Wäldern und den Interessen der Holznutzung. Da Sie sich als Großwaldbesitzer in der Regel nicht gegen die Mechanismen des Turbokapitalismus wehren können, einmal, weil dies praktisch schon sehr schwierig ist, zweitens, weil Sie ideologisch über Ihren Schatten springen müssten, ist es klar, auf welcher Seite der Front Sie meist zu finden sind.

Insofern eint Sie also das Schicksal mit den Nachkommen derer, die Ihnen einst in den Bauernkriegen die Tore einrannten. Zusammen mit den Bauern sitzen Sie nun in den Grund- und Waldbesitzerverbänden und – welch seltsame Verschiebung der Geschichte – wehren nun Schulter an Schulter fast fünfhundert Jahre später die Ansprüche der Landlosen ab: Verlangten einst die Bauern das Recht zur Waldnutzung, so präsentiert heute die Gesellschaft ökologische Forderungen besonders an die Waldbewirtschaftung, möchte Erholung, Artenvielfalt, Wasserschutz … kurz: Leistungen für das allgemeine Wohl.

Ihre Abwehrfront hat verschiedene Abschnitte, die ziemlich unterschiedlich operieren und so für die Verwirrung des Feindes sorgen:

In Bayern z. B. vorneweg die Öttingen-Spielbergsche Truppe der naturfreundlichen Kahlschläger. An der Flanke das ökologische Flaggschiff des Baron von Rothenhan, der über einen sehr schönen sogenannten »Dauerwald« verfügt.

Bei diesem Stichwort darf durchaus nicht verschwiegen werden, dass es Baron von Rothenhan und Graf von Hatzfeld waren, die mit der Arbeitsgemeinschaft naturgemäßer Waldbau dem Forest Stewardship Council und damit einer internationalen waldfreundlichen Holzzertifizierung die deutsche Mauerpforte öffneten. Dies ist die zweite Lücke im Glashaus, durch die vorausdenkende Großwaldbesitzer verdienstvoll und erfolgreich ihre Steine warfen: Die Bewahrung und erfolgreiche Fortentwicklung der Waldwirtschaft, die auf Vielfalt und Naturverjüngung setzt und den Schematismus des Holzackerwaldes ablehnt.

Die historischen Vorgänge haben aber keinen Zweifel daran gelassen, welche Fraktion letztlich den größeren Einfluss auf die Politik hatte: Schließlich war es der Antrag des Grafen Toerring, der in Bayern Anfang des zwanzigsten Jahrhunderts auch im Staatswald das Zeitalter der sogenannten Waldreinertragslehre und damit der Fichtenstangenwälder einläutete.

Aus der Heterogenität der Privatwälder folgt in der Argumentation der Grundbesitzer-Verbände zwingend, dass alle Privatwälder ob mit Kahlschlag oder mit Dauerwald auf jeden Fall aber sowieso vorbildlich bewirtschaftet werden, so dass sich Dreinreden durch außenstehende Grünschnäbel überhaupt erübrigt.

Daher in den Thesen der Arbeitsgemeinschaft der Grundbesitzerverbände der fettgedruckte Slogan:

GEMEINNUTZ DURCH EIGENNUTZ

Dieser Spruch ist zwar inzwischen im deutschen Osten auf Tausenden von Hektaren schlagkräftig im wahrsten Sinne des Wortes widerlegt worden, außerdem ist er nicht ganz verfassungskonform. Aber er illustriert eine bestimmte Haltung gegenüber der Sozialbindung des Eigentums: Manche von Ihnen glauben, dass sie, indem sie für sich und ihre Erben handeln, ohnehin langfristig operieren, dies dann sowieso im

Sinne aller sei und sie deshalb sogar besser als alle anderen wüssten, wie das geht.

Im Grunde ist Ihnen und allen Akteuren der Szene aber sehr klar, dass ein Versuch des Gesetzgebers, die Verpflichtung zur Wald-Bewirtschaftung im Sinne des allgemeinen Wohls – derzeit z. B. eine gesetzliche Verpflichtung des bayerischen Staatswaldes – auf die Privatwälder auszudehnen, dem Ende der Welt gleichkäme. Die Sturmglocken der Schlosskapellen würden den Untergang der Privatwirtschaft herbeiwimmern, während die grölenden Haufen der Naturschützer in den Wäldern ungehindert an alle Bäume pinkeln.

Nun ist Ihre Verteidigungs-Allianz mit den Bauern keine ganz spannungsfreie. Dass es vitale Unterschiede in den Interessenlagen gibt, ist mehr als ein Geheimnis, es ist ein Tabu, über das allenfalls im Hinterzimmer einer bäuerlichen Waldbesitzervereinigung gesprochen wird.

Es ist einfach Tatsache, dass ein Bauer, limitiert durch seine eigene Arbeitskraft, weder seine Flächen noch seine Aktivitäten expandieren kann, während Sie das mit einem Forstunternehmen sehr wohl können. Und damit ist der Bauernwald ebenso wie der Staatswald potentielle Flächenreserve für Ihre Unternehmerschaft. Das ist kein Vorwurf einer finsteren Verschwörung von Ihrer Seite, sondern einfach politische Konstellation.

Die stille Enteignung der kleinen Waldbesitzer durch zunehmenden Verlust ihrer eigenen Kompetenz, sei es, weil sie ihre Höfe aufgeben und ihren Wald nicht mehr selbst bewirtschaften können, sei es, weil die Holzindustrie zunehmend entsprechende Verträge durchdrückt, diese stille Enteignung ist kein Thema des Großwaldbesitzes.

Die Bauern wissen das sehr wohl, aber sind weder personell

noch finanziell in der Lage, eine eigene landesweite Interessensvertretung zu betreiben. Um überhaupt vertreten zu sein, müssen sie in den Waldbesitzerverband, wo Sie, werte Großgrundbesitzer, mit erheblichen Mitgliedsbeiträgen den Ton angeben. Der erste Vorsitzende des Bayerischen Waldbesitzerverbandes, Freiherr von Gravenreuth, ist Mitglied in einer Forstbetriebsgemeinschaft exklusiv für Besitzgrößen über fünfhundert Hektar. Seine in die Insolvenz gegangene Forstservice-Firma hat wohl unvermeidlich in gewisser Konkurrenz zu den genossenschaftlichen Organisationen der Waldbauern gestanden.

Dieser interne Widerspruch zwingt zur sorgfältigen Pflege gemeinsamer Feindbilder:

Erstens des Feindbildes der sozialistischen Enteignung, mag der kalte Krieg auch dreimal gewonnen sein. Es ist unter anderem auch deshalb so unentbehrlich, weil seine grelle Erscheinung vergessen lässt, dass etwa der bayerische Grundbesitzerverband um 1911 als »Verband größerer Grundbesitzer« nicht allein aus Furcht vor den Sozis ins Leben gerufen wurde, sondern in dem Bestreben, Begehrlichkeiten der Bauern aus dem politischen Zentrum abzufangen.

Zweitens nun das Feindbild des organisierten Naturschutzes, und damit verbunden die Unfähigkeit zur unvoreingenommenen Analyse möglicher Allianzen mit ihm.

Dies kombiniert zum grauslichen Mischwesen eines drohenden Naturschutz-Sozialismus.

Ortstermin Nummer zwei: Exkursion beim Fürsten Öttingen-Wallerstein.

Der Fürst poltert über die Flora-Fauna-Habitat-Ausweisungen nach europäischem Recht, beklagt, dass die Banken sofort den Beleihwert der Grundstücke senken, wenn sie sich in einem solchen Schutzgebiet befinden, konstatiert, dass die ganze FFH-Geschichte eine finstere Machenschaft des Wichtigmachers Trittin ist, der sich einen Brüsseler Posten sichern will, und letztlich dazu führt, dass seine entwerteten Grundstücke kalt enteignet und irgendwann vom Bund Naturschutz übernommen werden, und das alles sei Sozialismus.

Es ist gewiss, dass diese »Entwertung« der Grundstücke durch einen Schutzstatus eine kapitalistische Sauerei ist, aber wir haben schon festgestellt, dass ein Hinterfragen dieses Systems für einen Fürsten eine fast unmögliche Sache ist. Dass die gesamten FFH-Beschlüsse während der Regierung Kohl gemacht wurden, ist dem Fürsten elegant entfallen. Dass der Bund Naturschutz seine Flächen umsonst kriegt, ist eine Art Fiebertraum, der in der gesamten Geschichte der Bundesrepublik noch keinen Präzedenzfall aufweist, während die fürstlichen Kollegen »Alteigentümer« die Naturschutzgebiete im Osten dank guter Lobbyarbeit zur Hälfte des Verkehrswertes bekamen. Und letztlich ist das Gehabe seiner Banken gerade das Gegenteil von Sozialismus.

Bemerkenswert ist das vorsichtige Schweigen, mit der sich die gesamte Förster-Partie diese Ausfälle anhört.

Phantasievoll war auch die Attacke des Baron von Rothenhan auf jene Naturschutz- und Trinkwasserverbände, die sich in der Sorge um den bayerischen Staatswald zum »Bürgerwaldforum« zusammengeschlossen hatten: »Dabei wird bewusst übersehen, dass diese Verbände über keinerlei demokratische Legitimation verfügen, sondern sich selbst zum Wächter der ›Interessen der Allgemeinheit am Wald des Freistaats Bayern‹ ernannt haben. Dieser Ansatz verrät zumindest ein gestörtes Verhältnis zur freiheitlich demokratischen Grundordnung und ist zutiefst sozialistisch.«

Der gute Baron mag ja vor der Wende so manches Mal in

seinem Rentweinsdorfer Besitz aus dem Schlaf gefahren sein, weil er im Alptraum schon die Stiefel der Roten Armee auf dem Pflaster knallen hörte. Dennoch vergeht einem das Lachen angesichts der forstpolitischen Entwicklung, der Forstreform der bayerischen Staatskanzlei und der trostlosen Reaktion des Waldbesitzerverbandes auf das anschließende Volksbegehren, ein Fallbeispiel, das sich zu betrachten lohnt.

Während die Väter des bayerischen Waldgesetzes 1974 annahmen, dass jeder weiß, was das »allgemeine Wohl« ist, und in diesem Sinne die vorbildliche Bewirtschaftung des Staatswaldes im Gesetz verankerten, wurde dies durch die Dominanz neoliberaler Forstökonomen und der zunehmenden Misere der Staatsfinanzen in den 90er Jahren umdefiniert: Vorbildlich war es nun, möglichst viel Geld in die Staatskasse zu bringen.
So wurde in genauer Umkehrung der gesetzlichen Vorlage Ihr Großprivatwald plötzlich zum Vorbild für den Staatswald – und das war ein Rennen, das der Igel gegen den Hasen verlieren musste – zum lang ersehnten Vorteil mancher Hasen:
Dass der Staatswald im Schnitt bessere ökologische Arbeit geleistet und mehr Mischwälder begründet hatte als der Privatwald, konnte er bis vor kurzem nicht hieb- und stichfest beweisen (das hat sich erst mit dem Bericht 39 der Landesanstalt für Wald- und Forstwirtschaft geändert, die Erhärtung durch die Bundeswaldinventur ist im Herbst 2004 erfolgt). So konnten die neoliberalen Forstökonomen erstens anzweifeln, ob es denn mit den Leistungen für das Allgemeinwohl durch den Staatswald generell so weit her sei, was sie nicht davon abhielt, sich zweitens darüber zu beschweren, dass der Staatswald Leistungen für das allgemeine Wohl überhaupt kostenlos

bereitstellt, weil es dann keinen Geld-Markt für diese Leistungen geben kann. Das heißt auf gut deutsch: Solange der Staatswald umsonst den ökologischen Omnibus spielt, kann man die Trittbrettfahrer nie zum Zahlen zwingen. Folglich muss er privatisiert werden, damit für Trinkwasserschutz, Erholung etc. künftig abkassiert werden kann.

Dazu ist sicher richtig, dass eine wie auch immer geartete Schwächung der staatlichen Forstverwaltung die Tür für private Unternehmen öffnet. Ohne die Zertrümmerung der baden-württembergischen Forstverwaltung wären die Expansionspläne des Fürsten Zeil im Landkreis Ravensburg nicht denkbar.

Eine günstige Schwachstelle im Kampf um die Staatswälder sind die Staatsdiener. Während jeder Fürst, der seine Diener öffentlich in den Hintern tritt, womöglich in Misskredit kommt, gehört es zu panem et circenses jeder neoliberalen (das Wort »konservativ« trifft hier eh nicht mehr) Regierung, die Beamten als träge und überflüssig hinzustellen. Auf dieses Vorgehen greift Baron von Rothenhan in seinen Attacken auf den Staatsforst und seine Beamten gerne zurück. Die Prinzessin Gloria darf einen Butler haben, der gewöhnliche Staatsbürger hat allenfalls das Recht auf einen Polizisten, der ihn bei Fehlverhalten einsperrt.

Dass es angesichts der 0,02 Prozent, die der Staatsforst in Bayern zum Staatshaushalt beiträgt, für den Bürger und Steuerzahler unwirtschaftlich wäre, für eine Vervielfältigung dieser Peanuts irgendwelche Einbußen oder auch nur das Risiko von Einbußen in der ökologischen Qualität auf 10 Prozent der Landesfläche hinzunehmen, das will Leuten, die selbst nur in den Kategorien des Return of Monetary Investment denken, partout nicht einleuchten.

So also setzte Minister Huber 2003 gegen alle Wahlversprechen zur Privatisierung der bayerischen Staatsforste und zur Zerschlagung der Forstverwaltung an.

Diese Reform war gewiss im Interesse der Forstserviceunternehmen und der Holzindustrie. Es war aber nicht im Interesse der kleinen Waldbesitzer, die kostenlose Beratung zu verlieren und die enge Kooperation oder zumindest Koordination mit dem Staatswald. Zunächst betäubt beobachtete die Staatskanzlei und die Spitzen der Wald- und Grundbesitzerverbände, wie sich eine höchst gefährliche Allianz bildete: Förster, Naturschutz und Bauern marschierten gemeinsam, um diese Reform zu stoppen.

Es ist unter anderem der Verbandsspitze des bayerischen Waldbesitzerverbandes zu danken, dass es gelang, diese Allianz aufzubrechen.

Man halte sich vor Augen: Das von Naturschutzverbänden initiierte bayerische Volksbegehren zum Wald ist nach den Bauernkriegen die erste breite Volksbewegung mit forstpolitischer Zielsetzung gewesen. Es ist eine gewaltige Verantwortung der politischen Führung der Waldbesitzer, sich in Opposition dazu zu setzen.

Dabei fiel die Entscheidung, bevor die Inhalte des Volksbegehrens und die Gesetzentwürfe der Regierung feststanden, indem der Waldbesitzerverband und die Forstwirtschaftlichen Zusammenschlüsse schon die Beteiligung an der Ausarbeitung des Volksbegehrens ablehnten. Die Polarisierung zwischen Naturschutz und Waldbesitz wurde also von vorneweg provoziert, Widerstände in den eigenen Reihen zum Schweigen gebracht.

Wenn dann die Inhalte des Volksbegehrens ohne die Beteiligung des Waldbesitzerverbandes ausgearbeitet waren, würde sicher ein Haar in der Suppe zu finden sein, aber die Verbandsspitze brachte es fertig, eine ganze Perücke aus dem Ärmel zu zaubern.

Die vom Geschäftsführer des Waldbesitzerverbandes an alle Waldbesitzer gerichtete Hetzschrift »Mogelpackung Volksbegehren« verließ sich offensichtlich darauf, dass den Bauern die Struktur der bisherigen Gesetzgebung nicht bekannt ist, und damit auch nicht die Auswirkung des Volksbegehrens, das auf dieser Struktur aufbaut.

In den Reden auf dem Zentralen Landwirtschaftsfest konnte dann schon mit bösartigen Unterstellungen gearbeitet werden, nach dem Motto: Heute holt der Naturschutz den Staatswald und morgen Euch Privatwaldbesitzer!!

Donnernder Applaus!

Ein Feind, ein guter Feind, das ist das Schönste, das es gibt auf der Welt. Vor allem, weil er Einigkeit erzeugt. Weil er die unangenehme Erkenntnis verdrängt, dass die Waldbesitzer je nach Besitzgröße und Eigeninteresse vielleicht nicht alle in einem Boot sitzen.

Wenn wir nur ein wenig nachdenken wollten, dann müssten wir zugeben, dass es diese Diskussionen bei einem anständigen Holzpreis von etwa 100 € statt heute 60 € pro Fichtenfestmeter nicht gäbe.

Und dann müsste die ehrliche Frage kommen, warum der Holzpreis so niedrig ist, und die ehrliche Antwort, dass es nicht am Naturschutz liegt, sondern an der Art und Weise, wie in unserem Wirtschaftssystem die grenzüberschreitende Freiheit des Finanzkapitals und eine energieverschleudernde Transportpolitik durchgesetzt wurde.

Und dass die totale Freiheit des Eigentums und die Grenzenlosigkeit des Geldmachens für die Waldbesitzer zum Bumerang geworden ist.

Nun, was ist von Ihnen, werte Großwaldbesitzer, in dieser Konstellation zu erwarten mit einem Anspruch, der Ihnen vererbt ist, und inmitten eines Wirtschaftssystems, das ständige Expansion zur Triebfeder hat und das die Handlungsfähigkeit politischer Gemeinschaften zunehmend korrodiert?

Die Frage ist, ob Sie so groß sind und so gut mit den Wölfen heulen können, dass Sie den Finanzkapitalismus tatsächlich überleben, ob Sie durchkommen beim ständig fallenden Holzpreis, mit Ihren eigenen Verschuldungen, mit Ihren Versuchen zu expandieren, in welche Richtung auch immer, ob sie durchkommen mit der Abwehr – oder dem geschickten Auffangen – der Ansprüche, die sich eine zunehmend im ökologischen Druck befindliche Gesellschaft politisch sichern will.

Die Sachzwänge aber, von denen Sie sich umgeben glauben, sind nicht gottgegeben, genauso wenig wie Ihr Grundbesitz.

Gehen wir zurück an die Ursprünge: an jene Ursprünge, die älter sind als der Finanzkapitalismus, und die einzige Tür, die aus dem Glashaus führt:

Sie bekamen das Land zu Lehen, zu Leihen also von einem Souverän.

Wenn Sie nicht wissen, wer das heute ist, dann schauen Sie doch mal ins Grundgesetz rein.

Herzlich
Karl Gaier

Harald Grill
An Silvio Berlusconi

Sehr geehrter Herr Berlusconi,

verzeihen Sie: Den »Ministerpräsidenten« in der Anrede
lasse ich bestimmt nicht aus Respektlosigkeit weg, es soll
jedoch zum Ausdruck kommen, dass ich Ihnen einen persönlichen Brief senden will. Noch lieber würde ich ja vertrauens-
voll »lieber Silvio Berlusconi« schreiben, aber das wäre un-
schicklich. Wir hatten noch nie miteinander zu tun, und da
würde so eine Anrede zu große Nähe signalisieren.
Ich habe mit meinem tschechischen Frisör, dem Herrn Swoboda, zu dem ich so gern zum Haareschneiden geh, weil er so
billig ist, also mit dem habe ich lange darüber diskutiert, ob es
einen Sinn hat, den Brief zu schreiben. Wahrscheinlich haben
Sie auch von solchen Briefen mit Ratschlägen mehr als genug, so wie Sie alles in Überfluss besitzen. Sicher haben Sie
auch reichlich Freunde, die an Ihrem Reichtum teilhaben wollen, und reichlich Feinde und Neider, die am liebsten selbst an
Ihrer Stelle stünden. Wenn man sich nicht nur mit dem eigenen Leben, sondern auch mit dem anderer auseinandersetzen
will, mit dieser Winzigkeit der Lebensfische im riesigen See
der Schöpfung, dann muss einer Hecht und Köderfischl gleichzeitig sein. Und wenn dich der Große Manitu trotzdem nicht
herausangelt und dich alt werden lässt mit viel Moos auf dem
Rücken, dann kannst du schon von Glück reden. Kurzum. Die
Ohren frei, wir waren uns einig, der Herr Swoboda und ich:
So ein Brief gehört geschrieben.
Wir meinen, man sollte nicht so tun, als ob Reichtum was
Schlechtes wäre! Wollen denn nicht alle reich sein? Denken

Sie an die vielen Lottospieler! Nein, Sie haben Ihren Reichtum nicht im Lotto gewonnen, erstens kann man nicht so viel im Lotto gewinnen und zweitens – das möchte ich nicht in Abrede stellen – steckt hinter Ihrem Reichtum harte Arbeit, welche auch immer.

Nun ja, in diesem Brief werden wir Ihnen einige unserer Gedanken vermitteln, ohne Sie vor den Kopf stoßen oder gar beleidigen zu wollen. Irgendwie habe ich das Gefühl, das wird nicht einfach sein. Schon bei der Anrede habe ich ja gezögert. Und jetzt überlege ich erneut. Vielleicht formuliere ich statt »Sehr geehrter« jetzt: »Überaus bewundernswerter Silvio Berlusconi!«.

Bewundern kann man ja auch Kaltschnäuzigkeit und Radikalität. Sind das nicht auch in Ihrem Sinne durchaus positive Eigenschaften, die Sie in hohem Maße auszeichnen? Ihr anhaltender Erfolg sollte Ihnen Selbstbewusstsein geben und das Gefühl, auf dem richtigen Weg zu sein.

Ich bitte Sie, diesen Brief vertraulich zu behandeln, denn ich mache mir ernsthaft Sorgen um Sie. Es darf einfach nicht sein, dass jemand, der so viel tut für andere Menschen, für sein Volk, ja eigentlich für die ganze Welt, so einen schlechten Ruf hat. Genug der langen Vorreden.

Also dann: Bewundernswerter Silvio Berlusconi –

Wieso schreibe ich Ihnen heute?

Ich schätze Sie über alle Maßen und halte Sie für einen der reichsten, einen der intelligentesten, mutigsten Staatsmänner der demokratischen Welt. Und ich denke, die meisten Italiener tun das auch, deswegen sind Sie ja von denen gewählt worden. Italien hat überaus hohe Wahlbeteiligungen – um die 80 Prozent – und Sie haben die Mehrheit der Stimmen hinter sich.

Ihr »Haus der Freiheiten«, Ihr *Casa delle Libertà* hat gute Fundamente. Nur an einigen wenigen Stellen ist das Dach noch nicht ganz dicht, denn leider gibt es da eine weltweit verknüpfte, raffinierte Clique, die versucht Ihren Ruf zu schädigen. Das sind Leute, die Ihnen nicht das Wasser reichen können, Leute mit den unterschiedlichsten Absichten und Motivationen. Ihr Ziel vereint sie, und vereint fühlen sie sich stark. Mit klug eingefädelten psychologischen Strategien appellieren sie an die niederen Instinkte der Menschen, nicht nur der Menschen in Ihrem Land, überall auf der Welt. Sie wecken in ihnen Hass und Gier und natürlich Neid auf Ihren Reichtum.

Ich höre schon Ihren Zwischenruf: Zur Sache! Was ist denn das – Reichtum?

Nehmen wir die Beschreibung des guten Reichen, der dem guten Armen dabei hilft, den Reichen als guten Menschen zu sehen.

Was versteht man unter Reichtum? Italien ist reich an Altertümern, reich an schönen Landschaften, reich an hervorragenden Schriftstellern, mit einer Tradition, die bis in die Antike reicht. Sie sind Italien! Auch Sie sind reich, Sie haben alles – alles, was Sie brauchen und alles, was Sie nicht brauchen. Und dabei brauchen Sie ungeheuer viel und Sie stellen höchste Ansprüche. Freilich – Sie müssen bei sich wie bei Ihrem Volk auch immer wieder neue Bedürfnisse zulassen. Die garantieren kontinuierliche Schübe für die Motivation die Richtung zu halten und bilden ein Fundament der Sicherheit. Nur nicht stehen bleiben. Vergessen Sie nicht, was einer meiner deutschen Landsleute, Jakob Fugger, zur heimlichen Maxime für unser Land formulierte: »Niemand ist so arm, dass er nicht etwas abgeben könnte. Und niemand ist so reich, dass er nicht noch ein bisschen mehr Geld gebrauchen könnte.«

Was Ihnen leider Gottes bis jetzt noch fehlt, ist ein guter Ruf. Vielleicht hier in Deutschland noch mehr als in Italien. Der gute Ruf ist ein Luxus, den Sie sich leisten sollten. Und damit komme ich zu einem weiteren Begriff, den Sie, wenn Sie sich ans Volk wenden und aufs Volk beziehen, unbedingt aufgreifen sollten, den Terminus: *Luxus*.

Mit 1,64 m Körpergröße wird man ebenso leicht übersehen wie mit einem Kleinwagen der Marke Škoda, behauptet mein Frisör, der Herr Swoboda. Der Karel Swoboda und ich, wir sind ungefähr 1,72 m groß und wir sind beide nicht gerade reich. Wir sind also wirklich kleine Leute. Fest steht: Reichtum macht größer. Das können Sie mit Ihren 164 Zentimetern bestimmt besser einschätzen als der Zweimeter-Türsteher, der bis in die späten sechziger Jahre vor dem Nachtclub Trocadero in der Regensburger Landshuter Straße den besoffenen Amerikanern den Eintritt verwehrte. Wenn der sich irgendwo hinsetzte, dann übersah ihn jeder. Sie aber kann keiner mehr übersehen. Auch das ist ein Fakt, der uns kleinen Leuten aus dem Volk Mut machen sollte, uns anzustrengen um wenigstens ein bisschen reich zu werden. Ein bisschen reich – sich etwas gönnen können, was man nicht unbedingt braucht. Ist das Luxus?

Luxus ist, wenn man etwas Überflüssiges erwerben kann, etwas, das man eigentlich gar nicht braucht. Sorgen Sie dafür, dass sich die Leute überflüssige Dinge wünschen und sorgen Sie dafür, dass ausreichend solche Dinge hergestellt werden. Das haben bereits die Eroberer Amerikas und die christlichen Missionare begriffen. Sie brachten den Eingeborenen Spiegel und Glasperlen. Sich selbst betrachten können, geschmückt mit glänzenden Perlen – das ist schön, das beschäftigt uns kleine Leute, ein Luxus, der uns befriedigt und befriedet.

Trotzdem – Luxus verbraucht sich schnell. Bald tun es die Spiegel und Glasperlen nicht mehr. Dafür brauchen Sie die Medien: So können Sie die Vorstellung darüber, was Luxus ist, ganz einfach und abwechslungsreich steuern. Das Volk wird immer zufriedener und hilft Ihnen, ein guter Herrscher und Machthaber zu sein, d. h. ein friedliches Italien mit zufriedenen Italienern, oder besser: ein friedliches Europa mit zufriedenen Europäern, denen es an nichts fehlt – nach Ihrem Vorbild. Wie beschränkt muss jemand sein, der nicht schon an den Meilensteinen erkennt, dass Sie als guter Regierungschef diesen Weg längst eingeschlagen haben: Ein Vermögen um die zehn Milliarden Euro. Allein die Steuern, die Sie in einem Jahr zahlen, betragen um die elf Millionen Euro! Die Kontrolle über ein Imperium von 150 Firmen, Bank- und Versicherungsbeteiligungen, 90 Prozent der Radio- und Fernsehsender, Produktions- und Verleihfirmen, Vertriebsgesellschaften für Filme, eine beachtliche Kinokette, das umsatzstärkste Verlagshaus, das meistverkaufte Nachrichtenmagazin des Landes und so fort.

Nicht umsonst ist der Name Ihrer Partei »Forza Italia« gleichzeitig ein Schlachtruf zum Anfeuern der italienischen Fußball-Nationalmannschaft.

Ganz gleich wie plump oder intelligent die Angriffe auf Sie sind, verehrter Herr Berlusconi, Sie müssen etwas gegen sie unternehmen. Sie müssen vorausdenkend und taktisch klug gegen sie angehen.

Betrachten wir einmal die Brüskierungen und Ausfälle gegen Sie genauer.

Da wären zunächst die unsachlichen Beschimpfungen und Globalverurteilungen.

Sie werden von der linken Presse bezeichnet als: Großmaul, Gauner, Mafioso, rücksichtsloser Papliaccio …

Greifen Sie die Beschimpfungen möglichst oft in Ihren Reden auf, zählen Sie den Leuten die Begriffe auf, die man Ihnen anhängt. All die Schimpfwörter werden sich gegen jene wenden, die sie gegen Sie anwenden – nach dem Motto, das wir als Kinder schon mit Erfolg angewandt haben: Was man sagt, das ist man selbst.

Und was ist mit den tollpatschigen Versuchen, Sie lächerlich zu machen? Gibt es nicht einen Boom in Italien, beleidigende und bösartige Witze wie den folgenden über das Staatsoberhaupt in Umlauf zu bringen:

Stau auf der Autobahn Mailand – Turin.

Ein Fahrer steigt aus und fragt seinen Nebenmann: »Was ist passiert?«

»Die haben den Berlusconi entführt!«

»Warum, was wollen sie?«

»30 Millionen Euro Lösegeld oder sie verbrennen ihn. Deswegen geh ich hier jetzt sammeln.«

»Und wieviel haben Sie schon zusammen?«

»Drei Feuerzeuge und 15 Reservekanister!«

Wie soll man mit solcher Agitation umgehen?

Lachen Sie mit und erzählen Sie Witze über sich selbst, nehmen Sie den Rahmen der Witze und setzen Sie Ihren oder andere Namen ein – jonglieren Sie mit Namen und Witzen wie im Zirkus – es wird ein großes gemeinsames Gelächter geben und das befreit von Hass und Ressentiments – Grundstimmung: Wir lieben uns doch alle!

Daneben ist es ratsam, das selbst in die Hand zu nehmen: Lassen Sie noch gemeinere Witze über sich in Umlauf bringen. Das wird Ihre Gegner in den Augen Ihrer Wähler zu Barbaren machen. Bravo! Dann sind Sie das Opfer von Barbaren.

Nun ein paar Sätze zu den diversen unbewiesenen Unterstellungen und Verleumdungen.

Ihre Gegner rufen: Berlusconi demontiert die Justiz, er lässt sich vom Parlament die Gesetze nach Bedarf schneidern, er macht sich das Fernsehen untertan! Anders herum wird ein Schuh draus: Sie verhelfen dem Recht zum Sieg. Richtern, die auf einem Auge blind sind, haben Sie das Handwerk gelegt. Jeder kennt doch die Arroganz der Richter. Der Swoboda hat sein Auto einmal vor einer Feuerwehrausfahrt geparkt. Da hätt er 35 Euro Strafe zahlen sollen und ist vor Gericht gegangen, hat er mir erzählt. Was meinen Sie, wie sich der Richter da aufgeführt hat! Da war kein Schild oder das Schild war sonstwo, sagt der Swoboda, und er hat auch Fotos gehabt, Beweise. Die hat der Richter gar nicht angeschaut. »Ich urteile nach der Straßenverkehrsordnung, nicht nach Beweisen«, hat er gesagt. Also wir können uns durchaus vorstellen, was Sie durchmachen mit den Richtern. Bauen Sie also Ihre und die Immunität Ihrer Mitarbeiter aus, damit man Sie nicht ständig mit Kleinkram und Wadlbeißereien an der Erfüllung Ihrer großen Aufgaben hindert. Schließlich sind Sie der Anwalt des Volkes. Um Sie weht »ein Geruch von Heiligkeit«, an dem selbst die Kirchenoberen nicht vorbeikönnen ohne sich zu verbeugen. »Fordere wenig von dir selbst und viel von den anderen, dann bleibt dir eine Menge Mühsal erspart«, meinte Friedrich Krupp.

Der Swoboda und ich meinen: Da hat der sonst so kluge Rüstungsspezialist nicht so ganz Recht. Seine Rücksichtslosigkeit geht nicht weit genug – sie macht vor sich selbst halt. Sie haben das schon besser durchschaut. Wer die Wahrheit auf seiner Seite hat, darf keine falschen Rücksichten nehmen. Was stört, muss weg! Auch am eigenen Verhalten! Nur keine Nachsicht! Nur keine Skrupel! Und gearbeitet wird Tag und Nacht. Als Regierungschef, also als Chef der Exekutive, müssten Sie es doch hinkriegen, die Legislative unter Ihre Fittiche zu bekommen. Die Querulanten, die Terroristen, die Saboteure sollten keine Chance mehr haben, ihre undurchschaubaren Geschäfte zu machen. Sie sollen offen legen, was sie für schräge Geschäfte machen, so wie Sie alles, was Sie tun, unter den Augen der Öffentlichkeit tun.

Lassen Sie sich ein paar Tipps geben für den Umgang mit diesen Intrigen. Der Swoboda und ich haben uns das letzte Mal, als er mir den Kopf gewaschen hat, Gedanken gemacht und hoffen, wir erweisen Ihnen einen Dienst, wenn wir Ihnen die Resultate mitteilen. Nicht, dass wir uns anmaßen, klüger zu sein als Sie und Ihr Berater-Team. Aber wir sehen hier von unserem Standort im Böhmerwald, nah der Mitte Europas, alles aus einer anderen, vielleicht gar nicht so uninteressanten Perspektive. Hier in der bayerischen Oberpfalz, nah der tschechischen Grenze sind alle Leute »steinreich« – das ist eine gute Schule für den Umgang mit dem Reichtum. All die zivilisatorischen Vorurteile kommen aus Gegenden, in denen der Neid so verbreitet ist wie die Steine auf den Äckern. Da werden Märchen gesät, in denen die Reichen am Anfang immer böse sind und die Guten arm. Das Ende aber offenbart die Wahrheit, ohne dass das Vorurteil revidiert wird. Die Armen werden reich belohnt, sie werden Königinnen, Kaiser usw. Wenn von einem Happy-End die Rede ist, dann ist das meist untrennbar verknüpft mit Reichtum, Luxus und erfüllter Liebe. Herr Ministerpräsident, greifen Sie diese archaischen und traditionellen Denkmodelle und Mythen auf.

Nehmen wir Ihre Herkunft. Sind Sie nicht ein seltener Heiliger, dem keine Haare mehr wachsen? Und dann geschieht ein Wunder. Da würden dann ein paar Elemente des Märchens vom Riesen mit den goldenen Haaren gut passen. Und wie weiter? Was halten Sie von der Geschichte des Pinocchio? Wir wissen, wer ihn geschnitzt hat, wir kennen seine Irrungen und

Wirrungen, seine Verfehlungen, wir kennen seine gute Seele, er ist Mensch geworden, aus dem Nichts ist er aufgestiegen und nun können alle von seinen Erfahrungen profitieren.

Schaffen Sie neue Märchen, solche, die nur Sie allein wahr werden lassen können. Seien Sie der König aller Lebensbereiche. König zu sein, kann sich nur leisten, wer reich ist: Fußballkönig, Fernsehkönig, Medienzar ... Doch zertrümmern Sie das uralte Rollenbild nicht – bleiben Sie dabei – die Armen sind die Guten und die Reichen die Schlechten, und zeigen Sie: Auch Sie sind nicht von Anfang an reich gewesen, Sie waren doch auch ein ganz einfacher Mensch. Aber tief im Inneren sind Sie noch der alte und können sich in die Ärmsten hineinversetzen; und Sie verwenden die Methoden der Ärmsten. Sie sind einer der ihren. Sie wissen, wie's geht. Und gleichzeitig sind Sie sich Ihrer Verantwortung bewusst wie ein guter fürsorglicher Vater. Darum werden Sie den kleinen Leuten vormachen, wie man sich durchsetzt. Die alten Märchen mit der These der bösen Reichen werden dann auf Sie bezogen keine Gültigkeit mehr haben. Sie werden die These für Ihre Person ad absurdum führen. Dabei geben Sie schlicht und einfach eine Devise aus wie sie George Bernhard Shaw formulierte: »Geld macht nicht glücklich, jedenfalls nicht, solange es anderen gehört.«

Sagen Sie den Leuten um Himmels willen nicht, Armut sei automatisch innerer Reichtum. Preisen Sie die Armen nie als die eigentlich Glücklichen. Sie nähmen ja dem Volk jede Motivation aufzustehen und sich nach einem Ziel zu strecken. Solche Binsenweisheiten kann jeder für sich denken und leben. Wichtig bleibt, die Ziele müssen von Ihnen festgelegt werden. Zeigen Sie den Menschen mithilfe Ihrer Werbemaschinerie eine Ihnen gemäße Form des Reichtums und des Wohlstands, so sind sie letztendlich auch leichter zu steuern.

Der Swoboda sagt, ich soll Sie gerade in dieser Beziehung loben. Sie lenken das mit Ihrem Medienapparat hervorragend. Wichtig ist allerdings – so erscheint es zumindest dem Swoboda und mir –, dass nicht der Eindruck von Machtmissbrauch entsteht. Sie sollten als Besitzer der Konzerne nicht im Vordergrund stehen. Könnten Sie nicht mehr Strohmänner aufstellen? Ja, freilich können wir uns denken, wie schwer es ist, Strohmänner zu finden, denen man vertrauen kann.

Der Swoboda und ich bewundern Sie allein schon dafür, wie Sie die Kunst beherrschen, eine Art burleskes Welttheater zu spielen, denn nur durch Leute wie Sie lernen wir begreifen, dass wir Marionetten, Finger- und Handpuppen sind. Am Theater könnten Sie noch mehr lernen, meint der Swoboda. Übers Theater haben schon viele Leute nachgedacht, da gibt es bestimmt gescheite Bücher. Sie sind doch ein hervorragender Schauspieler. Stellen Sie sich auf die Bretter, die die Welt bedeuten und suchen Sie sich die besten Mitspieler aus für eine »Bühne der Menschlichkeit«. Immerhin können Sie die besten Gagen zahlen!

Theater spielen macht Spaß. Wählen Sie einfache Stücke, die alle verstehen. Vergessen Sie die Schminke nie – und, das ist besonders wichtig, sagt der Swoboda, lassen Sie sich von Hair-Stylern begleiten! Sie müssen aussehen wie die, die man für gesund hält! Dafür lohnt es sich, Geld auszugeben, es kommt auf anderer Ebene hundertmal wieder herein und schafft Arbeitsplätze. Und bitte, strahlen Sie Optimismus aus! Man würde Sie als Unglücklichen entlarven, wenn Sie vergäßen zu lächeln.

Gute Stückeschreiber brauchen Sie schon auch, das ist klar. Der Swoboda und ich wären freilich die verkehrten. Aber ein paar hervorragende Ideen hätten wir schon. Zum Beispiel:

Schauplatz Castel Gandolfo, Sommerresidenz des Papstes. Dario Fo unterhält sich mit dem Papst. Der Papst plant ein Mysterienspiel über Sie, Herr Berlusconi, in Auftrag zu geben, in dem er selbst Ihre Rolle übernehmen möchte. Sie aber haben viel von der Kirchen-Organisation gelernt, Sie werben Dario Fo ab ... Und dann könnte es mit allem Hin und Her so richtig rundgehen. Wär das nichts? Eine Rolle, die Ihnen liegen müsste. Melden Sie weltweit Titelschutz an, erwerben Sie alle Rechte, vor allem die Filmrechte. Darum geht es – die Ideen der anderen für sich selbst zu nutzen.

Bitte übersehen Sie in Ihrer Medienpolitik die intellektuellen Philosophen, Dogmatiker und Fundamentalisten nicht und auch nicht die Dichter und Denker! Opportunisten bekommen Sie gratis, aber die Grübler, die alles so gut wie möglich hinterfragen wollen, die sind wirkliche Garanten für ihr Handeln. »Wenn du einen Menschen zum Nachdenken anregst, kannst du heimlich seinen Reis essen«, sagt man in Korea. Ist da nicht was dran?

Pflegen Sie das Bild vom guten Unternehmer, der alles für seine Arbeiter tut, oder vom Vater, der alles für seine Kinder tut. Das Volk muss begreifen, dass Sie den Reichtum und die damit verbundene Macht nicht für sich selbst anhäufen. Im Gegenteil: Ihr Reichtum ist der Reichtum des Volkes – was hätte es für einen Sinn, so viel Geld und Werte anzuhäufen, die man in einem Leben nicht aufbrauchen kann. Was hat das Sammeln für einen Sinn – Briefmarken, Bücher, CDs – na ja, man könnte einmal alles verlieren, dann sind Reserven da. Man könnte einmal ein Buch lesen wollen, eine Information benötigen und gerade dann fehlt etwas. Der zu erwartende Mangel zwingt zur Vorsorge.

Verwöhnen Sie Ihre Kinder ein bisschen, geben Sie den besten Fußballspielern der Welt die italienische Staatsbürgerschaft. Geben Sie ihnen Heimat in den schönsten Gegenden Italiens. Das gibt eine Nationalmannschaft.

Die könnte ja letztlich identisch sein mit Ihrem AC Mailand! Reichtum ist langweilig, außer er ist Mittel zum Zweck.

Reichtum ist unmoralisch, außer man tut Gutes mit seinem Geld. Ein erfülltes Leben ist der Weg zum Paradies. Solange in Ihrem Leben nur das Geld im Mittelpunkt stünde, wären Sie nicht wirklich reich.

Wir brauchen Sie, Herr Berlusconi, einen, der für uns nachdenkt, der an uns verdient und das verdiente Geld für uns ausgibt, für uns spart und vermehrt, einer, der die Welt für uns zum Guten wendet. Was hätte Jesus nicht alles auf die Füße stellen können, wenn er ein bisschen mehr aufs Geld geschaut hätte? Was kann man mit Geld nicht alles Gutes tun! Man kann für arme Kranke Nieren kaufen und Herzen und Lebern und vielleicht auch bald Gehirne. Die Presse wird das gern annehmen und hochspielen – schaut, dieser Mann kann Wunder wirken.

Sorgen Sie dafür, dass es in Ihrem Land eindeutig Gute und eindeutig Böse gibt. Und vergessen Sie nicht: Wer zahlt, schafft an – Sie bestimmen die Regeln. Behaupten Sie aber lieber nicht, Sie könnten alles in Bewegung setzen, alles verwirklichen, allein mit Ihrem Geld. Sagen Sie: Ich bin ein Diener des Volkes. Und stellen Sie eigene Philosophen und Schriftsteller für alle Gelegenheiten und alle möglichen Zielgruppen ein.

Denken Sie immer um drei Ecken weiter als Ihre Gegner.

Des weiteren empfehle ich Ihnen das Hase-und-Igel-Prinzip – ganz gleich bei welcher Konkurrenz, immer wieder muss es heißen: Ich bin schon da!

Es geht nicht darum, wirklich der Schnellste zu sein. Es reicht, wenn es so aussieht. Erinnern Sie sich noch dran, was Ihnen Ihr Kollege, der englische Medienzar Rupert Murdoch, einmal ins Ohr geflüstert hat: »Korruption ist wie eine Woge im Meer. Wer sich ihr anvertraut, bleibt oben; wer sich sträubt, versinkt.«

Also, seien Sie nicht zimperlich, schmieren Sie Gelenke und das Getriebe des Rechtsstaates, machen Sie die Korruption zu einer Selbstverständlichkeit – gehen Sie unauffällig dabei vor, aber bleiben Sie hartnäckig. Verweisen Sie die Gerüchte um Ihre Verbindungen mit der Mafia dorthin, wo sie hingehören: ins Reich der Sagen und Märchen. Verfolgen Sie die Korruption bei Ihren Gegnern und gehen Sie gnädig mit Ihnen um, bestrafen Sie milde oder gar nicht. Solche Geschenke lähmen Ihre Gegner zusätzlich. Natürlich lassen Sie es jeden spüren, dass Sie Gegengeschenke erwarten, denn was immer Sie tun, es muss Ihren Reichtum, Ihre Stärke, Ihre Macht nicht nur sichern, sondern mehren.

Pflegen Sie des weiteren Vorurteile und machen Sie Wahrheiten daraus!

Ersetzen Sie in Ihrer Bildungspolitik das Lesen lernen durch ein System der Vereinfachung und Reduzierung aller Zeichen. Übrig bleiben sollen ein paar Piktogramme und Symbole mit Bezug zu Handlungssträngen einfacher Spielfilme. Und fördern Sie möglichst das Ersetzen primärer durch sekundäre Erfahrungen. Dadurch haben Sie Ihr Volk viel besser im Griff und können es mit Hilfe einfacher Chiffren in Comics, Liedern und Filmen steuern. Ja mehr noch, Sie können auf diese Weise dem einzelnen das Gefühl einflößen, sich ein hohes Maß an Bildung erworben zu haben. Sein Selbstbewusstsein wird dann ganz und gar von Ihrer Gunst abhängen.

Pflegen Sie das Erhabene auf allen Ebenen und über alle Kanäle. Seien Sie nie eindeutig, lassen Sie alles, was man logische Begründungen nennt, zu Theaternebel werden, einmal düster, einmal verklärend, aber lassen Sie dafür von Werbefachleuten Überschriften finden, die Eindeutigkeit vorspiegeln, Überschaubarkeit, Einfachheit. Berufen Sie sich dabei auf die Größen der antiken Welt!

Lassen Sie neue antike Sagen und Märchen entwickeln, in denen Menschen ihre Wirklichkeit wiedererkennen, und damit in der Rolle eines guten Gottes auch Sie. Natürlich sollten Sie auch die traditionellen Rollen des Teufels und anderer negativer Figuren besetzen – mit Ihren Gegnern natürlich.

Streben Sie Omnipräsenz nicht nur an – verwirklichen Sie sie! Übernehmen Sie kleine positive und sympathische Rollen in Filmen. Aber Vorsicht! Nicht übertreiben! Dosieren ist die Devise. Für das Dosieren sollten Sie eigens Spezialisten ausbilden, die gezielt hineinhören in Stammtischrunden, Boccia-Clubs, Fan-Clubs und was es sonst noch alles gibt an politischen Einrichtungen. Sie brauchen das, was man in Bayern die »Hoheit über den Stammtischen« nennt.

Apropos Spezialisten und Beratergruppen – sorgen Sie für gesunde Konkurrenz unter ihnen. Vermeiden Sie die Entstehung von einzelnen Stars in Ihrer Riege. Ein hervorragender Schachzug war es meiner und auch Swobodas Meinung nach, den Nobelpreisträger Dario Fo als Redenschreiber zu engagieren. Sie sollten wenigstens bei wichtigen Anlässen oder bei Auftritten im Fernsehen noch einen Schritt weiter gehen und ihn Ihre Reden von ihm selbst vortragen lassen.

Wenn die Welt errettet wird, dann von den Reichen, die sich nicht ins Handwerk pfuschen lassen und als gute Menschen die Menschen fordern, aber auch wieder entlasten. Geben und nehmen. Wenn es also Leute gibt, die die Welt verbessern können, dann sind Sie es, Herr Berlusconi, ich wünsche Ihnen dabei viel Glück und ein langes Leben, ist es doch auch unser aller Glück.

Wir sind uns sicher, Sie sind der reichste Mann in Italien, Sie werden Italien retten. Wenn Sie der reichste Mann Europas sind, werden Sie Europa retten und wenn Sie erst der reichste Mann der Welt sind, werden Sie die Welt retten. Bauen Sie weiter an dem »Haus Ihrer Freiheiten«, damit die ganze Welt zu Ihrer und unserem *Casa delle Libertà* wird. Bald wird Michael Schumacher in den Hintergrund treten und alle Kinder werden so sein wollen wie Sie. Wenn mein Frisör, der Herr Swoboda, oder ich einmal so viel Geld haben wie Sie, dann werden wir auch wie Sie, also: Vorsicht mit mir und mit dem Herrn Swoboda, Vorsicht mit anderen Menschen, die auch reich sein wollen. Da wachsen lauter Konkurrenten heran. Wirklich reich sein dürfen aber nur wenige. Ich bin mir aber sicher, dass Sie das in den Griff bekommen. Vor dem Herrn Swoboda und mir müssen Sie in dieser Hinsicht sowieso keine große Angst haben. Mir wäre die Aufgabe zu groß, die Verantwortung, die Arbeit, die damit verbunden ist, zu viel. Ich bin klein und vielleicht zu eigennützig, zu phlegmatisch, ich habe nur dieses eine Leben und will es nicht so ausschließlich in den Dienst der Weltverbesserung stellen. Und dem Herrn Swoboda geht es da auch nicht anders. Wir könnten das Geld nicht mehren wie Sie, allein um die Welt zu erretten. Wie sagen die Schotten: »Nimm dir von allem das Beste und gönne der Welt den Rest!«

Ich bin mir sicher, die Welt wird es Ihnen danken, dass Sie das alles auf sich nehmen, dass Sie sich opfern für unser aller Wohl, Sie sind unser Held am Rande der Jahrtausendwende.

Eines Tages werden die Menschen auf Ihren Spuren durch Italien reisen.

Sie werden Ihr Geburtshaus bewundern, die wichtigsten Schauplätze Ihres Lebens, ihr Sterbehaus und Ihr Grab, das dann sicherlich größer als eine ägyptische Pyramide sein wird. Und sollte es eines Tages möglich sein, dass man sich Unsterblichkeit erkaufen kann, Sie werden sie als einer der ersten erwerben – zu unserem und unserer Kinder Wohl.

Der Herr Swoboda ist aus beruflichem Interesse besonders interessiert an der Eigenhaarverpflanzung, die Sie bei sich haben vornehmen lassen. Wir haben beide lachen müssen, weil Sie auf dem Foto in der Illustrierten wie ein Seeräuber ausgeschaut haben (ein dicker goldener Ohrring wäre nicht schlecht gewesen!), aber im Ernst jetzt, wenn das klappt mit den neuen Haaren, kommen Sie doch einmal zum Herrn Swoboda, der würd Ihnen gern den Kopf waschen und sie rasieren – gratis, versteht sich – und das bestimmt nicht nur, weil er glaubt, sie hätten goldene Haare! Da könnten wir uns jedenfalls endlich einmal persönlich kennen lernen.

Wenn Sie uns dann fragen: Was mache ich also falsch – warum haben Sie mir diesen Brief geschrieben? Das, was Sie da vorschlagen, habe ich doch längst realisiert. Dann werden wir antworten, jawohl, das mag sein, aber Sie müssten einfach noch perfekter werden, Ihre Raffinesse noch mehr verfeinern. Es muss alles ganz normal ausschauen, wir wollen einfach nicht erkennen, was hinter der Bühne abläuft. Niemand sollte mitbekommen, dass sie bei Kongressen jede halbe Stunde hinausrennen zum Make-up-Erneuern, verstehen Sie, wir wollen ein gutes Gefühl haben, wenn wir das Stück anschauen, in dem Sie so einmalig und bewundernswert die Hauptrolle spielen.

Mit freundlichen Grüßen und besten Wünschen
für einen ständig wachsenden Reichtum!
Harald Grill
und natürlich auch von Karel Swoboda!

Hermann Scheer
An Prof. Dr. Axel Börsch-Supan
(Vorsitzender des Wissenschaftlichen Beirates beim
Bundesministerium für Wirtschaft und Arbeit)

Sehr geehrter Herr Börsch-Supan,

der Wissenschaftliche Beirat beim Bundesministerium für
Wirtschaft und Arbeit hat am 16. Januar 2004 ein Gutachten »Zur Förderung erneuerbarer Energien« vorgelegt, noch
unter dem Vorsitz Ihres Vorgängers Prof. Möschel. Es empfiehlt, das Erneuerbare Energie-Gesetz ersatzlos zu beenden.
Auch wenn das Gutachten nur von vier Beiratsmitgliedern
unter der Federführung von Carl Christian von Weizsäcker
erstellt wurde, ist es doch von allen Beiratsmitgliedern – al-
lesamt Professoren der Wirtschaftswissenschaften und des
Wirtschaftsrechts – beraten und in seinen Aussagen gebilligt
worden. Von »dissenting votes« war jedenfalls nichts zu hören.
Das Erneuerbare Energie-Gesetz ist das weltweit erfolg-
reichste Gesetz zur Markteinführung von Strom aus – um die
UN-Terminologie zu benutzen – »neuen erneuerbaren Energien«, also ohne die seit langem eingeführte Hydroelektri-
zität aus großen Staukraftwerken. Es hat allein zwischen den
Jahren 2000 und 2003 zur Installierung von etwa 10 000 MW
Anlagenkapazität geführt, mit der emissionsfrei Strom erzeugt
werden kann. Es hat die Industrialisierung der Stromerzeu-
gungstechniken aus erneuerbaren Energien vorangetrieben
und Kostendegressionen von durchschnittlich 30 Prozent her-
beiführen helfen. Mehr als 100 000 neue Arbeitsplätze sind
dadurch in kurzer Zeit entstanden. Es stand im Zentrum der

Aufmerksamkeit der internationalen Regierungskonferenz über erneuerbare Energien vom 1.–4. Juni 2004 in Bonn, zu der Bundeskanzler Gerhard Schröder eingeladen hatte und an der Vertreter von 154 Regierungen teilnahmen. Dieses Gesetz hat Deutschland zum wichtigsten industriellen Standort der Anlagenproduktion auf diesem Gebiet gemacht, was aufgrund der weltweit voraussehbar stark wachsenden Nachfrage nicht zuletzt zu erheblichen neuen Exportchancen führen wird. Nicht zufällig ist der VDMA, der die Interessen des deutschen Maschinen- und Anlagenbaus – des Rückgrats der deutschen Exportwirtschaft – vertritt, ein starker Befürworter des EEG. Es ist konzipiert als Zukunftsinvestition und soll u. a. auch – über die Bioenergie als einem Förderelement – der Landwirtschaft eine neue Perspektive öffnen, die sie längerfristig sogar unabhängig von Subventionen machen könnte. Ziel und Zweck des Gesetzes, dessen Mitverfasser ich bin, ist keineswegs – siehe § 1 EEG – allein die CO_2-Minderung zum Weltklimaschutz.

Dennoch empfiehlt Ihr Wissenschaftlicher Beirat, dass das EEG »im Interesse von ökonomischer Rationalität und ökologischer Vernunft abgeschafft werden« sollte – zugunsten des Handels mit fossilen Emissionsrechten, weil dieser eine wesentlich kosteneffektivere Klimaschutzmaßnahme darstelle. Eine solche Position wäre dann diskussionsfähig, wenn der Beirat eine Alternative vorgeschlagen hätte, die die Förderung erneuerbarer Energien mit mindestens vergleichbarer Wirksamkeit und zugleich zu günstigeren wirtschaftlichen Konditionen versprechen könnte. Doch stattdessen sollen sich dem Beirat zufolge die erneuerbaren Energien im aktuellen Wettbewerb mit den anderen Energieträgern durchsetzen. Gleichzeitig geht das Gutachten aber davon aus, dass sie auf dem Markt keinerlei Chancen haben. Der Beirat kommt demnach zu einer generellen Absage an erneuerbare Energien.

Mit keinem Wort geht der Beirat darauf ein, dass sich die Anbieter dieser Energien ihre Marktposition nicht im Wettbewerb erworben haben, sondern durch vielfältige marktferne Privilegien und gigantische Subventionen. Die Empfehlungen werden deshalb nicht einmal der Marktlehre gerecht. Voraussetzung dafür wäre eine Chancengleichheit am Markt, die nicht gegeben ist. Die Kritik des Beirats an den »nicht marktgerechten Preisen« – die das EEG durch seine Abnahmeverpflichtungen für erneuerbare Energien verlangt – unterschlägt, dass es neben den Privilegien und Subventionen in Vergangenheit und Gegenwart die auf die Allgemeinheit überwälzten gesellschaftlichen Kosten sind, die den atomaren und fossilen Energien Marktvorsprünge verschafft haben.

Der Bau von atomaren Forschungsreaktoren hat allein in Deutschland 20 Mrd. Euro staatlicher Mittel beansprucht. Für deren Still- und Rückbau waren es bereits 2,5 Mrd., für den Abriss des Atomversuchsreaktors Jülich ca. 500 Mio., für den Betrieb und Stilllegung von Morsleben 1,2 Mrd. Der öffentliche Finanzierungsanteil an gescheiterten Atomprojekten kostete neun Mrd. Euro öffentlicher Mittel, die Castor-Transporte drei Mrd., die Sanierung Wismut 6,6 Mrd. Der Verlust an Steuereinnahmen wegen steuerfreier Rückstellungen, die von den Atomkraftwerkbetreibern beliebig verwendet werden können und dadurch einzigartige Wettbewerbsvorteile haben, liegt bei etwa 20 Mrd. Euro. Das macht zusammen etwa 85 Mrd. Euro. Für die Kohlesubventionen wurden zwischen 1980 und 2003 etwa 146 Mrd. Euro ausgegeben, für den Lastenausgleich für die Bergbau BG jährlich 400 Mio. Euro. Für erneuerbare Energien – von Forschung und Entwicklung bis zu Markteinführungshilfen – wurden dagegen bisher insgesamt etwa 10 Mrd. Euro Fördermittel aktiviert.

Die sozialen Folgeschäden herkömmlicher Energienutzung sind zwar nicht exakt berechenbar, was aber nicht rechtfertigt, diese als volkswirtschaftlich gegenstandslos zu betrachten. Dazu gehören die Gesundheitsschäden durch Energieemissionen. Für Deutschland ist mir keine Untersuchung bekannt, aber dafür eine der WHO, die sich auf die Nachbarländer Frankreich, Österreich und die Schweiz erstreckt. Deren Ergebnis sind jährlich 40 000 vorzeitige Sterbefälle und 800 000 Bronchitis- und Asthmaerkrankungen mit fossilen Energieemissionen als Hauptursache. Bei einer Untersuchung über Deutschland würden wahrscheinlich noch größere Schäden ermittelt werden, da der Anteil fossiler Stromerzeugung deutlich höher ist als in diesen Nachbarländern. Hinzu kommen die Wasserschäden atomarer und fossiler Energienutzung, etwa über Abträge von fossilen Energiepartikeln in Gewässer, das Auswaschen der Kohle oder über Leckagen im Boots- und Schiffsverkehr, aber auch solche durch veränderte regionale Wasserkreisläufe angesichts – laut Statistischem Bundesamt – eines Wasserverbrauchs allein in den Kondensationskraftwerken in Höhe von 70 Prozent des gesamten Wasserverbrauchs. Hinzu kommen weiter internationale Sicherheitskosten, die mit außenpolitischen Verpflichtungen zur Umsetzung der neuen EU- und NATO-Strategien zusammenhängen, die die Gewährleistung der Ressourcenzugänge als eine der neuen Kernaufgaben definieren. Die zunehmenden internationalen Komplikationen und Kontrollerfordernisse, um eine missbräuchliche Umwidmung atomtechnischer Komponenten zum Atomwaffenbau zu verhindern, stellen zusätzliche Kosten der Atomenergienutzung dar, nicht zuletzt durch internationale Spannungen, die in kein wirtschaftliches Kalkulationsschema passen. Eher lässt sich kalkulieren, welche Schäden bereits durch Klimaveränderungen aufgrund der Verbrennung fossiler Energien eingetreten sind. Bei der Flutkatastrophe in Mitteldeutschland im Sommer 2002 waren es 15 Mrd. Euro, bei der Dürrekatastrophe im Sommer 2003 waren es über 1 Mrd. Ernteausfallschäden. Eine Rückfrage des Wissenschaftlichen Beirats bei der Studiengruppe der Münchner Rückversicherung könnte weitere Auskünfte geben.

Daneben müsste es für ein wissenschaftliches Beratungsgremium der Regierung eine Selbstverständlichkeit sein, die Entwicklung der internationalen Energiemärkte zu beachten. Dass die Reserven an Flüssigöl ebenso wie die des Erdgases dem globalen »peak« ganz nahe sind, also der höchstmöglichen Förderrate, und es dann rasch zu Angebotsverknappungen kommt, hat sich doch weltweit herumgesprochen. Die Internationale Atomenergie-Organisation spricht davon, dass auch die Uranreserven in 50 Jahren erschöpft sein werden, wenn es in diesem Zeitraum bei der heutigen atomaren Stromerzeugungskapazität bliebe. Eine volkswirtschaftliche Bewertung von Energiesystemen über den Tag hinaus darf also nicht ignorieren, dass einerseits alles auf eine stetige Verteuerung nicht erneuerbarer Energien und deren wachsende Energieunsicherheit hinausläuft, und andererseits erneuerbare Energien nur laufend billiger werden können – im Zuge weiterer technologischer Optimierung, durch Erhöhung der Produktionsraten, Verbesserung der Produktionstechniken und integrierter Anwendungen der diesbezüglichen Anlagen. Brennstoffkosten entfallen, außer für die Nutzung der Bioenergie. Für ein Land mit hohem technologischem Niveau und wenig fossilen Ressourcen ist die Orientierung auf erneuerbare Energien geradezu zwingend.

Da ohne Energie alle Räder stillstehen, müsste es ein erstrangiges wirtschaftswissenschaftliches Bewertungskriterium sein, wie die Energiesicherheit dauerhaft gewährleistet werden kann. Dass gleichwohl Ihrem Wissenschaftlichen Beirat nichts anderes einfällt, als den Kahlschlag gegenüber erneuerbaren Energien zu empfehlen, ist von atemberaubender Kontextlosigkeit. Seine Empfehlung ist damit weder wissenschafts- noch beiratsfähig. Sie drückt einen geistigen Reduktionismus aus, der den Stellenwert Ihres Gremiums prinzipiell in Frage stellt und starke Zweifel an dem Stellenwert einer so argumentierenden Wirtschaftswissenschaft aufkommen lässt, die sich damit als Rationalisierungsreserve im Wissenschaftsbetrieb aufgrund realitätsblinder Einseitigkeit und mangelnder Objektivität anbietet.

Die Einseitigkeit ist offenbar von einem axiomatischen Ansatz vorgegeben, der bis zur Absurdität durchbuchstabiert wird. Ein Axiom ist bekanntlich eine Grundannahme, die keiner weiteren Begründung bedarf. Das Gutachten über das Erneuerbare Energie-Gesetz folgt nicht etwa einer durchdachten Marktlehre, sondern einer dem technologischen und wirtschaftssoziologischen Kontext enthobenen Marktmodelllehre. Wenn sich die Wirklichkeit dann daran stößt, gilt das als schade für diese. Diese Modelllehre schaut weder nach hinten noch nach vorne und auch nicht auf die aktuellen Problementwicklungen. Sie ist damit geschichts-, gegenwarts- und zukunftslos. Auf die Energiefrage bezogen würden dem Gutachten zufolge die atomaren und fossilen Energien so lange weiter genutzt werden, wie sie am Markt kostengünstiger angeboten werden, unabhängig von den damit verbundenen Konsequenzen. Die erneuerbaren Energien würden dieser Logik zufolge erst dann zum Zuge kommen können, wenn sie durch Kostensteigerungen konventioneller Energien wettbewerbsfähig geworden wären. Da aber die dafür notwendigen Technologien einen Vorlauf brauchen, der allein durch den Marktmechanismus nicht zu Stande kommen kann – nicht nur den Vorlauf durch Forschung und Technologie, sondern auch den der Produktionstechnologien und spezifischer Infrastrukturen, die ohne Produktion nicht entstehen können –, empfiehlt der Beirat faktisch den Verzicht auf die Option der erneuerbaren Energien. Mit anderen Worten: Mit dem Modell des Wissenschaftlichen Beirats würde früher oder später, wenn es endgültig keine andere Energiebedarfsbefriedigung ohne erneuerbare Energien geben wird, der Energienachfrage kein unmittelbar verfügbares Energieangebot gegenüberstehen. Wirtschaft und Gesellschaft stünden dann in einer aussichtslosen Lage. Die von Ihrem Beirat empfohlene Fokussierung auf den Emissionshandel entkräftet meine Aussage nicht: Fossiler Emissionshandel kann zu mehr Ressourceneffizienz führen, aber nicht zur Umwandlung endlicher fossiler Energien zu unendlich verfügbaren.

Die mangelnde Objektivität des Gutachtens zeigt sich an seinem Umgang mit Begriffen und Sachverhalten. Diese werden so zurechtgedreht, dass sie wohlfeil genug sind für die Empfehlungen des Beirats. So wird behauptet, die Stromwirtschaft werde durch jährliche Mehrkosten des EEG »in Höhe von fünf Mrd. Euro« bis 2010 belastet. In Wahrheit wird nicht die Stromwirtschaft, sondern werden die Stromverbraucher belastet, auf die alle Mehrkosten nach EEG umgelegt werden. Diese sind aber in überwältigender Mehrheit, wie alle Umfragen belegen, damit einverstanden. So marktwidrig kann das Gesetz also gar nicht sein – es sei denn, der Marktbezug des Beirats wird so verstanden, dass es nicht auf die Kundenbedürfnisse nach emissionsfreiem Strom ankommt, sondern auf das, was eine Markttheorie ungefragt als Kundenbedürfnis definiert. Überdies ist die Behauptung der Mehrkosten nicht belegt. Sie lässt zum Beispiel außer Acht, dass sich die Vergütungssätze für Windkraftanlagen, die mehr als 150 Prozent der im Gesetz definierten Referenzanlage produzieren, absenken. Sie bezieht auch nicht die eingesparten Netzbenutzungskosten ein, die sich bei einer Ein- und Ausspeisung in Nieder- und Mittelspannungsnetze ergeben. Und sie berechnet auch nicht den tatsächlichen wirtschaftlichen Wert von EEG-Strom, der – im Falle von Solarstromanlagen, die stets in Zeiten der mittäglichen Höchstnachfrage Strom liefern, und von Windkraftanlagen, die eher Strom in abendlichen Hochnachfragezeiten liefern – häufig höher liegt als im Durchschnitt der Stromangebote. Wenn man die gegenwärtigen einzelwirtschaftlichen Nachteile von Strom aus Solarstrahlung und Windkraft ins Feld führt, muss man auch die Vorteile würdigen.

Eine Faktenbeugung ist auch die Passage des Gutachtens, wonach die Erzeugung einer Kilowattstunde konventionellen Stroms nur durchschnittlich 2,5 Cent koste – vor allem, wenn das um die Behauptung ergänzt wird, dass die »Grenzkosten der Stromerzeugung aus erneuerbaren Energien heute und in Zukunft um den Faktor vier höher als bei fossilen Energieträgern« liegen würden. »Heute und in Zukunft«: Das Gutachten geht also von einer statischen Betrachtung aus. Es übergeht nicht nur die Tatsache, dass der Durchschnittspreis auf den Spotmärkten zwischen 3,3 bis 3,5 Cent liegt, sondern auch, dass diese Niedrigkosten nur deshalb möglich sind, weil überwiegend abgeschriebene Anlagen aus Gebietsmonopolzeiten den Strom produzieren. Demgegenüber handelt es sich bei erneuerbaren Energien um Neuanlagen. Das Gutachten vergleicht also Unvergleichbares. Ein wenigstens »in Zukunft« angemessener Vergleich muss die Kosten neuer konventioneller Kraftwerke in Rechnung stellen, also höhere atomare und fossile Stromgestehungskosten, und demgegen-über sinkende durch die großen Produktivitätsfortschritte der jungen Technologie erneuerbarer Energien. Die indirekte Unterstellung, die erneuerbaren Energien würden auf Dauer die gegenwärtige Kostendistanz zu atomaren und fossilen Energien behalten, ist bar jeder technikgeschichtlichen Er-fahrung und technikgenetischen Betrachtung.

Unbegründeter Technikoptimismus bezüglich konventionel-ler Energien und Technikpessimismus gegenüber erneuerba-ren Energien sind geistige Paten des Gutachtens. Das er-gibt sich auch aus dem »running gag«, dass die erneuerbaren Energien tägliche Angebotsschwankungen haben, die im Widerspruch zu den täglichen Bedarfsschwankungen stehen, die deshalb allein mit fossilen Energieträgern befriedigt wer-den könnten – weshalb die erneuerbaren Energien »weniger wert sind als der billigste Strom, den die Elektrizitätswerke für die Grundlast einsetzen«. Das Gutachten differenziert bei seinen Verdikten nicht einmal zwischen Solar- und Wind-strom, der natürlichen Angebotsschwankungen unterliegt, und etwa geothermische Energie oder Biomasse, bei denen das nicht der Fall ist. Es lässt außer Acht, dass es potenziell eine breite Palette von neuen Stromspeichermöglichkeiten gibt oder die technischen Möglichkeiten von Hybrid-Kraft-werken (z. B. Wind/Wasser, Photovoltaik / Wasser / Wind / Bio-energie, Photovoltaik / Bioenergie, Wind / Geothermie), die dieses Problem »in Zukunft« gegenstandslos machen. Damit werden auch die vom Beirat unterstellten Notwendigkeiten eines »zusätzlichen Netzaufbaus« für erneuerbare Energien weitgehend entfallen, ja sogar Netzrückbauten ermöglicht, was offenbar außerhalb des Gesichtskreises der Gutachter steht.

Bodenlos ist auch die Gegenüberstellung von EEG und Emissionshandel, die den Beirat zu der geradezu hanebüchenen These verleitet, dass das »EEG der Subventionierung von CO_2-Emissionen in Europa außerhalb des deutschen Kraftwerkssektors dient«. Damit wird schlicht übersehen, dass EEG-Strom nicht im Emissionshandel verrechnet werden darf. Das EEG schließt das explizit aus. Und es wird übersehen, dass die Ausstattung der konventionellen Stromerzeuger mit Emissionszertifikaten turnusmäßig neu erfolgt, je nach dem durchschnittlichen Bedarf nach diesem Strom. Die Zertifikate, die 2005 vergeben werden, wird es 2008 nicht mehr geben: je mehr erneuerbare Energien im Spiel und je höher die fossilen Effizienzgewinne sind, desto weniger Emissionszertifikate für fossile Kraftwerke. Wie kann das Gutachten diesen Sachverhalt unbeachtet lassen, was durch schlichtes Lesen der Gesetzestexte vermeidbar gewesen wäre? Liegt das daran, dass sein Schlüsselargument damit in sich zusammenfällt?

Die Fixierung auf den Emissionshandel als Alternative zur Förderung erneuerbarer Energien widerlegt sich nicht nur aus den genannten Gründen, sondern auch durch das Gutachten selbst, denn es stellt dem gesetzlichen Rahmen für den Emissionshandel kein gutes Zeugnis aus. Es spricht das zweifellos existierende Problem der »Schein-Einsparungen« an, weil gemäß dem Kyoto-Protokoll – mit seiner Unterscheidung zwischen der Staatengruppe, die zur CO_2-Reduktion verpflichtet sind, und derjenigen ohne solche Verpflichtungen – nicht alle international anfallenden Emissionen dem Lizenzsystem unterworfen sind. Tatsächlich liegt darin die Tendenz der Verlagerung CO_2-intensiver Produktionsprozesse in Nichtverpflichtungsländer. Diese Möglichkeit stellt das Emissionshandelskonzept so lange in Frage, wie es zu kei-

ner alle Staaten umfassenden Reduktionsverpflichtung gekommen ist. Wer aber die Verhandlungen zum Kyoto-Protokoll verfolgt hat, kommt an der Erkenntnis nicht vorbei, dass
es kaum eine realistische Chance zu einem solchen Weltkli-
maabkommen gibt. Um so absurder ist aber, die direkte Förderung erneuerbarer Energien zugunsten des Emissionshan-
dels ausschließen zu wollen. Auch das zusätzliche Argument
des Beirats ist unhaltbar, wonach sich das Problem der
Scheineinsparungen durch die vom EEG hervorgerufenen
höheren Strompreise vergrößere, weil das Verlagerungseffek-
te energieintensiver Industrien verstärke: Solche Effekte sind
durch die »Härtefallregelung« im EEG zugunsten dieser Industrien weitgehend ausgeschlossen. Das Gutachten des Beirats versucht offensichtlich, Minuspunkte gegen das EEG
herbeizuziehen, wie man es mit Haaren gegen einen a priori
unliebsamen Gegenstand tut. Das zeigen auch zwei weitere
Beispiele.

Die industriepolitische Motivation des EEG, damit sich die
Techniken zur Nutzung erneuerbarer Energien entfalten
können, wird vom Beirat mit der Begründung verworfen,
dass es »in einer marktwirtschaftlichen Ordnung unsinnig
sei«, junge Produkte vor »allzu scharfer Konkurrenz« zu
schützen, auch wenn es sich um ökologische Produkte handelt. Nach Auffassung des Beirats ist es illegitim, eine politische Auswahl zwischen verschiedenen jungen Produkten
vorzunehmen, da es »zahlreiche andere Verfahren« gebe, die
»nicht unter die Rubrik erneuerbare Energien fallen und die
möglicherweise viel effektiver und schneller zu einer Minde-
rung der CO_2-Emissionen beitragen«. Der Beirat nennt als
Beispiel die Vermeidung von CO_2-Emissionen durch Effi-
zienzsteigerungen von Kraftwerken und die Rückführung
von CO_2-Emissionen in Bergwerke. Nur übergeht der Beirat

geflissentlich, dass es bei erneuerbaren Energien eben nicht allein um CO_2-Minderung geht, weil das Klimaproblem keineswegs das einzige der konventionellen Energieversorgung ist. Und der Beirat übersieht, dass es sich bei erneuerbaren Energien um einen anderen Markt als um den klassischen Energiemarkt handelt: Es ist vor allem ein Technikmarkt und kein Energiemarkt. Außer bei der Bioenergie ist die Primärenergie kostenfrei. Alle Kosten sind dann solche der Technikbereitstellung. Diese ist aber keineswegs geschützt: Alle weltweiten Anbieter von Erneuerbare Energie-Techniken können im Geltungsbereich des EEG restriktionsfrei zum Zuge kommen. Das EEG enthält damit uneingeschränkte marktwirtschaftliche Produktivitätsanreize: Je produktiver die eingesetzte Technologie, desto höher der wirtschaftliche Ertrag für die Anlagenbetreiber. Das EEG hat unzweifelhaft die Produktivitätssteigerung der Erneuerbare Energie-Techniken weltweit schneller vorangetrieben, als es je zuvor der Fall war. Die Standardargumente gegen geschützte Märkte treffen deshalb auf das EEG offensichtlich nicht zu. Dies ist – mit freundlicher Empfehlung an Ihre den marktwirtschaftlichen Prinzipien folgenden Mitglieder – ein Hinweis darauf, dass die Frage, ob und wie ein Prinzip realisierbar ist, vom konkreten Gegenstand und von den gestellten Problembedingungen abhängig ist.

Der Beirat schlägt schließlich einen wirtschaftsdogmatischen Purzelbaum, indem er dem Erneuerbaren Energie-Gesetz einen kosteneffizienten Klimaschutzvorschlag gegenüberstellt, der rein planwirtschaftlichen Charakter hat: Er verweist auf die vom Kyoto-Protokoll offerierte Möglichkeit, dass sich Länder die durch ihre Entwicklungshilfe erwirkten CO_2-Minderungen anrechnen lassen dürfen: »Die Modernisierung und der Ausbau des chinesischen Kraftwerkparks stellt ein riesiges Potential dar, CO_2-Emissionen zu verringern und zu vermeiden«, angeblich »zu Kosten, die dreißig bis fünfzig Mal günstiger sind als die Einspareffekte auf dem Wege des EEG«. Abgesehen davon, dass diese Kostenangabe vollkommen unbelegt ist, ist dieses gedankliche Konstrukt in zweifacher Weise absurd: Zum einen erteilen sie damit jedweder Investition zur CO_2-Minderung im eigenen Land, nicht nur solchen für erneuerbare Energien, eine Abfuhr. Jegliche in Deutschland umgesetzte Maßnahme zum Klimaschutz lässt sich damit als ökonomischer Unsinn brandmarken, weil stets mit der dafür verwendeten Investitionssumme in Entwicklungsländern mehr CO_2-Minderung – in welcher Höhe auch immer – realisierbar wäre. Mit anderen Worten: Aus umweltökonomischen Gründen soll die eigene Bevölkerung die Umweltschäden aus fossiler Energienutzung die ja nicht nur eine globale Klimaveränderung hervorrufen, sondern auch lokale und regionale Luft-, Wasser-, Boden- und Waldschäden – gefälligst weiter akzeptieren, weil die finanziellen Mittel zur Schadensreduzierung in Afrika oder Asien effektiver einsetzbar sind. Jegliches Eigeninteresse an sauberen Energien wird damit denunziert.

Zum anderen wäre es nur unter den Bedingungen staatlicher Lenkung aller inländischen Energieinvestitionen in die Dritte Welt möglich, diesen Vorschlag umzusetzen. Die finanziellen Mittel, die ein inländischer privater Investor für eine Photovoltaik-, Wind-, Biomasse- oder Wasserkraftanlage einzusetzen bereit ist, kommen keineswegs in China oder anderswo an, wenn das EEG abgeschafft wäre. Vorstellbar wäre das nur, wenn die Regierung bei ihren Bürgern Gedanken lesen könnte – und jedem, der bei Weiterführung des EEG eine Investition gestartet hätte, die dafür vorgesehene Summe zwangsweise abzieht und für Kraftwerkmodernisierungen in

China einsetzt. Das wäre lupenreine Energieplanwirtschaft im weltweiten Maßstab. Da diese praktisch undurchführbar ist, wäre die tatsächliche Konsequenz einer Abschaffung des EEG, dass dessen potenzielle Investoren ihr Geld in freier Verfügung für alles Mögliche, darunter auch viel Umweltbelastendes, einsetzen. Das theoretische Verrechnungsbeispiel Ihres Beirats ist virtueller Zitronenhandel mit wirtschaftswissenschaftlichem Vokabular. Dass mit diesem ewig virtuell bleibenden Konstrukt gegen das EEG angetreten wird, ist nur noch peinlich. Ihr Beirat hat, um den dafür richtigen Begriff zu wählen, ein offensichtlich so intendiertes »Schlechtachten« und kein Gutachten vorgelegt. Es verdient ohne jede Einschränkung die Note »sechs«.

Wie konnte dieses Papier das Gesamtgremium des Beirats passieren? Die nachsichtige Interpretation ist, dass der Text gebilligt worden ist, ohne dass er gelesen wurde. So etwas kann gelegentlich geschehen. Da das Papier aber ein Frontalangriff auf ein Gesetz ist, für das die Bundesregierung offiziell einsteht, wäre in Ihrem Beirat zumindest eine kritische interne Gegenprüfung geboten gewesen. Eine andere Interpretation ist, dass der Autorengruppe um Carl Christian von Weizsäcker blindes Vertrauen entgegengebracht wurde. Von diesem konnte man aber von vornherein keine ausgewogene Bewertung des EEG erwarten. Er ist wiederholt mit Stellungnahmen und Gutachten für die konventionelle Energiewirtschaft hervorgetreten, in denen systematisch alle Fakten über erneuerbare Energien ignoriert werden, die ein vorgefasstes negatives Bild trüben könnten. Damit stellt sich die Frage, warum ausgerechnet diese Person mit der Federführung beauftragt wurde?

Die Frage ist nicht nur eine zur konkreten Person, sondern auch eine grundsätzlicher Art: Der Status aller Mitglieder Ihres Beirats ist in besonderer Weise privilegiert. Als Professoren unterstehen sie keinerlei Anweisungen über den Inhalt ihrer wissenschaftlichen Forschung und Lehre. Für diesen von der Gesellschaft unkündbar verliehenen »Reichtum« muss diese erwarten, dass in geistiger Unabhängigkeit ohne Befangenheit und mit gedanklicher Sorgfalt gearbeitet wird. Je offenkundiger das nicht gegeben ist, desto mehr verliert die Gesellschaft das Vertrauen in die von ihr privilegierte Rolle der Wissenschaft. Mit der Stellungnahme zum EEG ist der Wissenschaftliche Beirat jedenfalls weder wissenschaftsmethodischen noch wissenschaftsethischen Anforderungen gerecht geworden.

Es ist allerdings möglich, dass er dadurch anderen Anforderungen gerecht wird – Anforderungen, die sehr eng mit dem real existierenden Reichtum zusammenhängen.

Mit besten Wünschen für eine
wissenschaftliche Rehabilitation
Ihrer Beiratsmitglieder und
mit freundlichen Grüßen
Ihr Hermann Scheer

Gottfried Fischborn
An Alberto Vilar

Leipzig, den 10. 3. 2004

Dear Mr. Vilar,

meine Frau und alle unsere Freunde hoffen ebenso wie ich selbst, dass es Ihnen wieder besser geht. Zum Glück scheint es erste Anzeichen dafür zu geben, wenn wir das richtig sehen. Oder überschätzen wir dieses Signal aus Baden-Baden?
Auf der Homepage des dortigen Festspielhauses – dem Ort, an dem Sie 2001 den »Europäischen Kulturpreis« erhielten – wird immerhin verkündet, dass Sie nach zweijähriger Unterbrechung wieder ins Sponsoring einsteigen werden. Intendant Andreas Mölich-Zebhauser, dieser unverbesserliche Optimist, ist sich nun sicher, 2004 werde »das erste große Opernjahr« sein. Und man muss schon sagen, einer wie er, der, auch als es kriselte, als die Gelder ausblieben, zu Ihnen gehalten hat in Treue, der mitten aus der Talsohle in die ansonsten so überaus undankbare Landschaft hineinrief: »Ohne ihn hätte das Festspielhaus nicht überlebt« – ein solcher Mann hat einen neuen Millionenfluss wahrhaftig verdient. Selbst wenn der neuerliche Renditezuwachs vorerst nur ein Rinnsal wäre!
Ist er das? Oder hat der Ihnen ja gleichfalls wohl gesinnte Thomas Angyan, Generalsekretär der Wiener Gesellschaft der Musikfreunde, mit seiner im vergangenen Herbst getroffenen Aussage inzwischen Unrecht: »Wann Alberto Vilar seine Verpflichtungen wird erfüllen können, weiß niemand … Dazu müssten die Aktienkurse in der New Economy wohl um einige hundert Prozent steigen.« Der Mann dachte an seinen 29 Millionen teuren Erweiterungsbau mit vier unterirdi-

schen Sälen, für den Ihre 5,8 Millionen eigentlich fest eingeplant waren. Aber immerhin wusste er noch und sagte es bei
der Gelegenheit auch: unter den zeitgenössischen Mäzenen
seien Sie eine »Ausnahmeerscheinung«.

Und das ist wahrhaftig so. Mindestens 400 Millionen Dollar
sollen Sie nach übereinstimmenden Angaben schon für die
Opernhäuser dieser Welt, die Konzertsäle und für den musikalischen Nachwuchs locker gemacht haben. Hinzu kommen
runde 100 Millionen für Diverses, vor allem für medizinische
Grundlagenforschung und für das Alberto Vilar Global Fel-
lows Programm an der New York University.

Aber die Oper war (und ist hoffentlich wieder!) doch Ihre eigentliche Domäne. Mehr als einhundertmal jährlich sah man
(und sieht nun hoffentlich wieder!) Ihre distinguierte, studio-
gebräunte Erscheinung in den Opernhäusern dieser Welt, der
Geschäftskalender hatte sich nach den Premierenterminen
zu richten. Sie haben, schrieb die *Stuttgarter Zeitung* im September 2003, »das Geld singen lassen«. An der Met (45 Millionen) hat es gesungen und am St. Petersburger Marinsky-
Theater (20 Millionen), in Salzburg wie in Wien, an der Scala
zu Mailand wie im Londoner Covent Garden. Wieweit das
singende Geld in den Fällen Bayreuth und Staatsoper Berlin
schon indisponiert war, habe ich nicht genau recherchieren
können. Aber vielleicht sind ja die vergleichsweise sehr bescheidenen 800 000 Dollar für den letztjährigen »Tannhäu-
ser«, auf die man über den ganzen Winter am grünen Hügel
warten musste, inzwischen geflossen.

Wie konnte es, verehrter Mr. Vilar, nur geschehen, dass Ihre
Protegés sich so rasch in Gläubiger verwandeln oder sich
jedenfalls als solche aufspielen konnten? Vordem las man
übereinstimmend, dass Sie mit Ihrem 1980 gegründeten Unternehmen »Amerindo Investment Advisors« alljährlich auf

eine vierzigprozentige Zuwachsrate gekommen sein sollen, man muss sich das vorstellen: jedes Jahr in den zwei Jahrzehnten bis zur Jahrtausendwende. Zeitweise hatten Sie ein Vermögen von über acht Milliarden Dollar zu verwalten. Sie waren der Großinvestor in der New Economy schlechthin. Wie sonst keiner haben Sie den grenzenlosen Optimismus verkörpert, der so lange mit diesem Wirtschaftssektor verbunden war. Und noch im Januar 2000 waren Sie sich ganz sicher, dass der Boom anhalten würde. Man stehe erst am Beginn einer neuen Industrierevolution, sagten Sie den *Salzburger Nachrichten*. An eine »Blase« der US-Technologieaktien glaubten Sie nicht, im Gegenteil: Durch das Internet werde in den nächsten fünf Jahren auf dem US-Aktienmarkt ein zusätzlicher Reichtum von bis zu drei Billionen Dollar geschaffen. Aber was passierte dann?

Dann schmolz der Börsenwert Ihres Unternehmens in atemberaubendem Tempo. Im Sommer 2003 betrug er noch ein Zehntel des Wertes von 2000. Neunzig Prozent waren dahin. Am Tiefpunkt kolportierte die *New York Post*, Sie hätten sogar eine Luxuswohnung in Manhattan und weitere Immobilien versteigern lassen, um akute Bankschulden zu bezahlen. Sie hatten, war vor Tische zu hören, unsere schöne und schwierige deutsche Sprache zu erlernen begonnen, doch nun war in unserer Hauptstadt Berlin keine Rede mehr von den zweistelligen Milionenzuschüssen zu einem Jugendprogramm der Philharmoniker und für die Sanierung der Staatsoper, die Sie in dieser Sprache in Aussicht gestellt hatten. Und so war es überall.

Die reich Beschenkten in all den Musentempeln – fühlten sie nun mit Ihnen? Nein, sie fühlten sich von Ihnen düpiert. Hatten sie doch die nächsten Geschenke schon fest eingeplant. Und fanden sich jetzt wieder auf einer Warteliste. Sie, Herr

Vilar, konnten ja schließlich nicht überall in »Naturalien«
ausweichen wie im Falle der Wiener Staatsoper, deren 2001
in Betrieb genommene, hochmoderne VILAR-TITEL-Anlage
von einer Firma hergestellt wurde, die Ihnen persönlich gehört. Man kann auf der Rückseite der Sitzlehne des Vorder-
mannes respektive der Vorderfrau nachlesen, mit welchen
Worten, ins Deutsche übersetzt, Boris Godunow oder Lady
Macbeth in ihren jeweiligen Wahnsinn verfallen. Der Wahnsinn moderner Börsenkräche harrt seiner Veroperung noch.
Der Kapitalmarkt, den Sie zu beherrschen glaubten, hatte
Sie, verehrter Mr. Vilar, aufs Kreuz gelegt. Wer auf dem Kreuz
liegt, hat in dieser Welt wenig Solidarität zu erwarten. Spon-
soren, die nicht mehr sponsern, bleiben öffentlich ungenannt
und werden heimlich verachtet. (Deshalb ist ja der – nunmehr
hoffentlich belohnte – treu gebliebene Herr Mölich-Zebhauser aus Baden-Baden so eine Ausnahme, gleichsam das personifizierte Kontrastprogramm! Es kann natürlich auch sein,
dass ihm außer Nibelungentreue nichts anderes übrig geblieben war; aber lassen wir das dahingestellt.)
Sie, der Sie schon immer darunter litten, im Schatten der Sän-
ger-, Dirigier- und Regiestars zu stehen und in den Foyers
oder Restaurants nicht einmal erkannt zu werden – wie müssen Sie die Undankbarkeit der letzten, schlimmen Jahre erlebt haben. Sie fänden es »einfach seltsam«, haben Sie selbst
in den besten Zeiten geklagt, »in einem Opernhaus herum-
zuwandern, in dem einen niemand kennt«. Aber damals
strahlte Ihr Ruhm durch alle Programmheftseiten. Noch hieß
jener Zuschauerrang in der Met »Alberto Vilar Grand Tier«,
noch war die Gedenktafel nicht entfernt, das geschah erst
im Juni 2003. Da hatte der Salzburger Musikverein seinen
»Gläsernen Saal«, der jetzt das »Magna Auditorium« heißt,
noch nach Ihnen benennen wollen. Da galt der künstlerische

Direktor der Oper von Los Angeles, der Tenor Placido Domingo, als einer Ihrer besten Freunde – angeblich soll er Sie wenige Jahre später wegen nicht eingehaltener finanzieller Zusagen verklagt, sich zumindest mit der Absicht getragen haben. Die Beispiele ließen sich fortsetzen. Jedenfalls kannten jetzt Häme und Undankbarkeit der einst Beschenkten kaum eine Grenze. Man darf gespannt sein, wie der eine oder andere, falls denn ein neuer Aufschwung kommt, nun die Kurve kriegen wird.

Sie haben sich stets als einen Philanthropen gesehen. Deutet, was Sie erlebt haben, auf eine Krise der Philanthropie? Es wäre schlimm. Lebt nicht im philanthropischen Verhalten der großen amerikanischen Stifter und Mäzene, so will es mir jedenfalls aus meiner europäischen Perspektive erscheinen, ein merkwürdiger Grundwiderspruch Ihrer Gesellschaft, der mit ihren Traditionen zu tun hat? Der Kult des Selfmademan, der die Freiheit hat, alles im Leben zu erreichen und sie buchstäblich gnadenlos nutzt, entsprach seit je der Praxis der schrankenlos »freien« kapitalistischen Markt- und Konkurrenzverhältnisse. Aber dieser Selfmademan wollte immer auch der spezifisch neuweltliche Citoyen sein und bleiben, der dem Gemeinwesen verpflichtete Bürger: der Sheriff, der Ordnung schafft, der redliche Geschworene vor Gericht, der regionale Aktivist im Rotary-Club, der selbstlose Feuerwehrmann – und der große Mäzen. Gewiss ist (verzeihen Sie, Mr. Vilar!) das amerikanische Großkapital auf nicht weniger brutale und ausbeuterische Weise groß geworden als das europäische, eher im Gegenteil, möchte man annehmen. Trotzdem ist wohl in der Regel im amerikanischen Emporkömmling – ich meine wirklich: in seiner Seele – viel mehr vom Citoyen zurückgeblieben als im europäischen Bourgeois. Wohltätigkeit scheint ihm häufig mehr zu bedeuten als lediglich Ideologie oder moralische Selbstentlastung. Klar: Steuerentlastung bringt sie auch. Aber wie sagten Sie mit entwaffnender Ehrlichkeit? »Die amerikanischen Mäzene lassen sich oft weniger Geld gutschreiben, als sie den Institutionen geben, damit der Fiskus nicht anfängt, in ihren Bilanzen herumzuschnüffeln.« Nein, ich bleibe dabei, und mehr können Sie von einem alten deutschen Linken nicht verlangen: Bei uns ist philanthropische Zuwendung eine Damenveranstaltung, bei Ihnen ein gesellschaftlich relevanter Faktor. Das jährliche Spendenaufkommen für Wohlfahrt, Bildung und Kultur beträgt in Ihrem Lande 200 Milliarden Dollar, das entspricht dem Bruttosozialprodukt Dänemarks, bei uns sind es zehn Milliarden. Würden denn, dies nur als Beispiel, in den Vereinigten Staaten trotz der hohen Studiengebühren mehr Kinder aus den unteren Einkommensschichten studieren als in Deutschland, gäbe es nicht die zahllosen privaten Stipendien und Förderprogramme?

Freilich verweist das Beispiel auf die Ausgangsfrage zurück, ob jene von Ihnen erlittene Undankbarkeit der musikalischen Großkopfeten eine Krise, einen prinzipiellen Wertverlust der Philanthropie anzeige. Sind Sie denn, wenn wir nur von der Oper reden, ein Philanthrop? Ist es nicht bloß die schon lang anhaltende Krise der reinen bürgerlichen Repräsentation, deren langer Schatten Sie da gestreift hat?

Das ist natürlich eine heikle Frage, da man ja als Theaterfreak (ich oute mich als solchen!) die Kunstgattung Oper nicht mit der bürgerlichen Repräsentationsfunktion gleichsetzen will, für die sie allerdings auf hochsymbolische Weise steht. Wenn ich sehe, verehrter Mister Vilar, wie konsequent Sie sich auf die größten, die repräsentativsten Häuser und Events (sprich: Festivals) konzentriert haben, wenn ich die Aufzählung Ihrer Lieblingskomponisten nachlese (»Puccini, Verdi, Donizetti und Wagner« – das absolute Kernrepertoire!), wenn ich mich Ihres ständigen Komplexes, ungenügend gewürdigt zu werden, erinnere – so ist die Feststellung nicht ehrenrührig: Kein Mensch wird Ihnen die Liebe zur Kunstgattung absprechen, aber Sie haben sich zugleich aufs Innigste mit der wohl gleichermaßen (oder noch mehr?) von Ihnen geliebten Symbol- und Repräsentationsfunktion der tradierten Opernkultur verbunden. Wird sich jedoch die Gattung von daher erneuern, wird sie so ihre Zukunft gewinnen können?

Oder wird da mit großem Aufwand die Zukunftsstraße vermauert, so dass sie zur Sackgasse wird? Der Vorgang wäre tragikomisch. Überhaupt hat meiner Ansicht nach die Depressionserfahrung, von der wir reden, diese Qualität des Tragikomischen. So wie fast alle menschlichen Grunderfahrungen der letzten einhundert Jahre, wenn Sie mir die weite Abschweifung für einen Moment gestatten. Da ist ja nichts, von dem wir uns mit überlegenem Grinsen verabschieden könnten. Und welche konkrete Utopie könnte uns noch eine halbwegs sichere Orientierung geben, welcher sonnige Zukunftshorizont? Wir leben mit der unreinen Wahrheit, der gemischten Empfindung. So vieles, das die letzten drei Generationen erlebt haben, wäre lächerlich bis grotesk, wäre es nicht so schrecklich gewesen. Der Verlust der Ersparnisse beim Börseneinbruch um die Jahrtausendwende war eine der letzten grausamen Tragikomödien für Millionen kleiner Leute. Für Sie auch, Herr Vilar, aber davon sprachen wir schon.

Doch lassen wir das, bleiben wir in der gemeinsam geliebten, kleinen großen Kunstwelt der Oper. Und ist es nicht auch ein bisschen tragikomisch, wenn die Chefs der berühmtesten Häuser nicht mehr allein um die öffentliche Subvention, sondern auch um die private zu bangen haben? Wenn sie ihre Kniefälle und/oder Proteste nun nach allen Seiten richten müssen, während sie doch gleichzeitig der Schönen und Reichen liebstes Kind geblieben sind? Hatte Ihre eigene Erfahrung mit der Undankbarkeit der Repräsentanten, so traurig sie war, nicht zugleich die immanente Komik jeglicher Desillusionierung? Und, so fasse ich zusammen: Ist es nicht ganz und gar tragikomisch, weit eher die reine kulturelle Repräsentation einer gesellschaftlichen Trägerschicht gefördert zu haben als die geliebte Kunstform, um die es einem ging? Als Philanthrop zwar generös gewesen zu sein, nicht aber zweifelsfrei philanthropisch? Ich breche ab ...

Leipzig, den 20. 3. 2004

Dear Mister Vilar,

ob Sie mir mein Faible fürs musikalische Theater noch abnehmen, wenn ich Ihnen sage, wovon ich, seit ich diesen Brief zu schreiben unterbrach, in den letzten zehn Tagen immer wieder geträumt habe? Davon, dass Sie die verlorenen Milliarden in allerkürzester Frist zurückgewinnen – und dann die nächsten vier- bis fünfhundert Millionen für etwas ganz anderes ausgeben als ausgerechnet die Oper! Sie können doch völlig sicher sein, dass die eh nicht untergehen wird. Niemals wird sich das europäische und außereuropäische Bildungsbürgertum seine Glitzersäle wegnehmen lassen. Nie werden sich auch die sogenannten politischen Klassen, mögen sie noch so viel vom Sparen reden, diese Blöße geben. Bayreuth ist sicherer als die Rente.

Wenn Sie also Ihre persönlichen Premierentickets bezahlen, haben Sie in Zukunft genug getan für die undankbare Mischpoke, und ungetrübt bleibt Ihr Genuss.

Mein allnächtlicher Traum besagt, dass der ganze gewaltige Rest nach Hoyerswerda geht. Eine halbe Milliarde Dollar nach Hoywoy, wie die Leute den Ort nennen! Hoywoy liegt im

167

Norden Sachsens, meiner engeren Heimat. Sachsen ist seit 14 Jahren eines der neuen deutschen Bundesländer. Das mit der Semperoper. Ich weiß gar nicht, ob Sie schon in der Dresdener Semperoper gewesen sind? Wenn nicht, würde es mich wundern. Wenn ja, werden Sie vielleicht meiner Vermutung zustimmen, das könnte das schönste Opernhaus auf diesem Erdenrund sein.

In Hoyerswerda freilich sieht es ganz anders aus. Nicht so festlich. Das war ein kleines Handwerker- und Ackerbürgerstädtchen mit 7000 Einwohnern, bevor in den sechziger Jahren das auf Braunkohlebasis arbeitende, riesige Energiekombinat »Schwarze Pumpe« entstand – ein Prestige-, vor allem aber ein Überlebensprojekt der DDR. Und eine bedeutende Aufbauleistung. Eine gewaltige Umweltbelastung natürlich auch, aber wen in Ost oder West interessierte so etwas damals schon? Mit dem Kombinat entstand die Neustadt von Hoywoy, die Bedingungen waren attraktiv für engagierte, entschlossene Menschen, die am Anfang standen – nirgendwo anders gab es bald so viele junge Familien, so viele Kinder, so viel Vitalität, es gab auch erstaunlich vielseitige kulturelle Interessen. In einer neueren soziologischen Studie heißt es: »Am Anfang bestand die Stadt für alle vor allem aus Hoffnung und Arbeit.« Hier ließ sich besser leben als an vielen anderen Orten unseres ziemlich tristen Landes. 1989 hatte Hoyerswerda 70 000 Bewohner. Im September 1991, gleich nach der ostdeutschen Revolution, wurde dann der Name der Stadt durch aggressiv ausländerfeindliche Ausschreitungen weithin negativ bekannt – der Dichter Volker Braun schrieb, die Leute seien in ein Loch gefallen. Die anschließende Stigmatisierung des Ortes hielt an und trug das ihre zur Abwärtsspirale bei. Heute ist die Einwohnerzahl auf wenig mehr als die Hälfte gesunken. Die Arbeitsplätze, die Perspektiven, die Hoffnungen, sie sind dahin. Trotzdem spricht die erwähnte Studie von einem »noch immer reichen Fundus kultureller Akteure«. So sieht's also aus in Hoyerswerda, anders, wie gesagt, als in Dresden.

Da würde, dear Mr. Vilar, wohl freilich auch eine halbe Milliarde nicht viel bewirken, flösse sie wie ein kurzer warmer Regen auf hundert ausgetrocknete Brachen, überallhin, in jede dringliche Bedürftigkeit: in die Infrastruktur, in die Sozialarbeit, in ein weiteres Gewerbegebiet oder direkt in die Hände der Ich-AG-Gründer (welch ein schreckliches Wort!), in die örtliche Alternativ-Kultur und so weiter. In gewissen Regionen Afrikas kann man beobachten, wie nach immer kürzeren Regenzeiten Ödnis und Unbewohnkarkeit immer weiter voranschreiten. Mein Vorschlag, so wie ich ihn nächtens träume, geht anders:

Stecken Sie das ganze Geld in ein in Hoyerswerda angesiedeltes Forschungszentrum für erneuerbare Energien. Eines, wie es noch keines gab. Mit großen zugehörigen, experimentellen, gleichwohl schon produzierenden Solar- und Windanlagen – diese beiden aussichtsreichen Energieformen sollten im Zentrum stehen –, in denen Tausende Arbeit fänden. Die besten Köpfe auf ihrem Gebiet müssten in einem aufs Beste ausgestatteten Institut in zwei Abteilungen, stelle ich mir vor, zwei strategische Ziele verfolgen. Das eine, die Aufgabe der Naturwissenschaftler: spätestens bis 2010 bei der Wind-, bis 2020 bei der Sonnenenergie nicht nur energetische, sondern auch wirtschaftliche Effektivität zu erreichen, konkurrenzfähig auf dem Markt. Die andere Abteilung mit ihren Soziologen, Medienspezialisten, Kommunikationsforschern, Ethikern, vielleicht sogar Religionswissenschaftlern würde das listige Kontrast- oder Gegenprogramm verfolgen: Wie kann man die geistige Akzeptanz für die neuen Energien und generell das Umdenken der Bevölkerung hinsichtlich des Umganges mit den natürlichen Ressourcen nachhaltig befördern – gerade auch jenseits der Zwänge des kapitalistischen Marktes mit seinen unvermeidlichen, profitorientierten Schwankungen und seiner angemaßten Allmacht? Und welche strukturellen Veränderungen der Gesellschaft wären dafür zu bedenken?

Sagen Sie bitte nicht, das sei ein spinnerter Gedanke, typisches Intellektuellengesäusel. Wir kennen doch die Macht der Ideologien über die Menschen, und eine Ideologie des Umdenkens wäre wirklich die einzige, die ich akzeptabel fände.

Jeden Morgen, verehrter Mister Vilar, wache ich auf mit einem seligen Lächeln auf den Lippen. Seit zehn Nächten. Und sehe noch für einen Augenblick, bevor er verschwindet im Nebel des Tages, den Glaspalast des Alberto-Vilar-Forschungszentrums zu Hoyerswerda, glitzernd in Wind und Sonne, schön wie das Opernhaus von Sydney. Was meinen Sie, soll ich mich mal erkundigen, ob es das große Kulturhaus in der Neustadt noch gibt und wie die technischen Bedingungen sind? Vielleicht, wenn etwas übrig bleibt, könnten Sie für die Bauleute und die Leute von Hoywoy ein Operngastspiel in diesem Hause sponsern? Ein hochkarätiges, versteht sich.

With best regards:
Gottfried Fischborn

Rupert Neudeck
An Oliver Kahn

Lieber Oliver Kahn,

wir kennen uns nicht und werden uns wahrscheinlich nie kennen lernen. Aber ich will Ihnen eine Geschichte zum Anwärmen erzählen.

Es war im März 2004 in Afghanistan, genauer im Westen Afghanistans. Dort bauen die Leute von der deutschen Nichtregierungsorganisation GRÜNHELME Schulen, Berufsausbildungswerkstätten und Kliniken. Wir saßen in einem Dorf mit dem schönen Namen Siad Kamarak. Das liegt nun wirklich am Ende der Welt. Von der nächst erreichbaren Stadt, in der es so etwas wie ein Telefon gibt, sind es 140 km. Man muss dann erst von Herat die sog. »russische« Straße fahren, über welche die Panzer bei der sowjetischen Invasion 1980 gedonnert sind, nach etwa 80 km biegt man auf eine Schotterpiste über Stock und Stein bis zur kleinen Ortschaft Qara Bagh ab, dann noch mal 40 km Serpentine durch die Hochebene – und dann sieht man den unscheinbaren Ort Siad Kamarak, in dem es nur Lehmhäuser gibt und wo man das Wasser aus einem Brunnen holen muss, der 5 km entfernt liegt.

Wir saßen am Mittag mit dem jungen Mullah zusammen, nachdem ich den jungen Dorfbewohnern einen Fußball und auch – man höre und staune – Trikots und Stutzen von Bayern München mitgebracht hatte. Wie ich zu diesen Trikots gekommen bin? Ganz einfach, ein lieber Kollege aus der Redaktion der *Süddeutschen Zeitung*, Stefan Klein, sagte mir am Telefon: »Ruf doch den Uli Hoeneß an, der hat Geld!« Und der habe ihm auch mal in den 80er Jahren geholfen, als es um

einen kleinen Verein in Kenya ging und Stefan Klein noch der
große Afrika Korrespondent der *SZ* war.

Jedenfalls lud uns der Mullah in eines der ganz einfachen
Lehmhäuser zum Mittagessen ein. Wir saßen nach afghani-
scher Sitte auf dem Boden, und es wurde auf dem Teppich das
Essen ausgebreitet, so wie man es in Afghanistan überall ser-
viert bekommt: Reis, Bohnen, Fleischsauce und Fleisch von
einer Ziege. Danach noch gab es wunderbar würzigen Tee.

Wir waren nun in so schöner angeregter Umgebung, hatten
für unsere beiden Baumeister auch ein Quartier zugewiesen
bekommen, dass ich mich etwas für die Tischgenossen zu
interessieren begann.

Ich fragte die hier in der äußersten Dorfwüste von Afghanistans Hochebene versammelten würdevollen Männer, was
sie denn von Deutschland wüssten? Ob ihnen irgendetwas
spontan einfallen würde zum Thema: Die Deutschen und
Deutschland?

Da kamen all die verquasten Geschichten hoch, die wir überall in Afghanistan hören: Ja, man wüsste, dass die Deutschen
auch »Arier« seien und dass sie mit ihnen, den Afghanen ver-
wandt seien. Dass es schon seit den Zeiten des deutschen Kai-
sers Wilhelm und später des afghanischen Königs Amanullah
gute Beziehungen gab zwischen Deutschland und Afghanistan. König Amanullah saß 1929 neben Hindenburg in der Ka-
rosse und fuhr durch das Brandenburger Tor. Wir hatten auch
danach immer ganz hervorragende, ja privilegierte Vereinbarungen mit den Afghanen.

Ob sie denn irgendeinen berühmten Deutschen kennen würden?, fragte ich weiter. Ich nannte auch einige Namen: Ade-
nauer und auch Willy Brandt. Keine Reaktion auf den Gesichtern! Oder: Einstein und Beethoven? Auf den Gesichtern
war nichts zu sehen.

Doch ein jüngerer, der auch im Schneidersitz an den Fleischtrögen saß, der sagte plötzlich:»Oliver Kahn.«

Er sprach es deshalb so leicht, weil der wichtigste und mächtigste Afghane in diesem Westlichen Afghanistan genau so heißt, Khan nämlich, anders geschrieben: Er trägt auch einen anderen Vornamen. Ismael Khan war und ist der wichtigste Widerstandschef der afghanischen Mujaheddin, also der afghanischen Freiheitskämpfer, die sich gegen die sowjetische Okkupation in den Jahren ab 1980 formiert hatten. Ismael Khan hatte sich seinerzeit schon 1980 im afghanischen Talab mit seinen Leuten verbündet und dort sein Untergrundhauptquartier aufgeschlagen.

Als ich Ihren Namen, Oliver Kahn, dort in dem 6000-Seelen-Dorf hörte und mir vorstellte, dass diese Leute nichts dringlicher brauchten als eine Schule, nichts Wichtigeres als eine Wasserleitung, um nicht täglich auf diese mühselige Art das Wasser holen zu müssen. Die nichts dringlicher brauchten als ein bisschen Licht in ihren zumal in der Winterzeit langen dunklen Nächten, die nichts dringlicher brauchten als eine kleine Stromversorgung, um eine Ambulanz und einen kleinen Kühlschrank für die Medikamente betreiben zu können – kurz, ich dachte mir, gut, dass die Afghanen nur den Namen von Oliver Kahn als den eines wunderbaren Weltmeisters im Fußball kennen und dass sie nicht wissen oder ahnen, dass Sie ein 5 Mio. Euro schwerer Mann sind.

Denn die Schule, Oliver Kahn, ahnen Sie, was die kostet? Eine Schule für 800 Schülerinnen und Schüler in diesem wilden Ort? Die kostet, halten Sie sich fest: 45 000 Euro. Mit allem, was so eine 12-Räume-Schule benötigt.

Und dann würden wir noch eine Werkstatt für die Berufsausbildung bauen, die kostet, wenn es eine Tischler-Werkstatt werden soll: 40 000 Euro.

Und Sie – Oliver Kahn – könnten mit einem Federstrich diese Summe einfach bewilligen und sagen: Ja, das machen wir. Und dann wären Sie hier in Siad Kamarak Ehrenbürger, es würde Ihnen hier diese Schule gewidmet, Ihr Name würde in Dari-Buchstaben kalligraphisch schon auf die Stirnwand der Eingangstür geschrieben, sogar in Stein gemeißelt. So wie die Afghanen uns immer wieder durch ihre ausnehmende Dankbarkeit bezirzen.

Also wenn ich überlege, dass Sie schon mit 45 000 plus 40 000 Euro dort die Schule und die Werkstatt finanzieren könnten. Mit weiteren 50 000 die Wasserleitung und die Pumpe, mit weiteren 65 000 das Equipment für eine Solaranlage für die Schule, dann wäre das so, dass sie mit einem Zehntel ihres Monatsgehaltes tatsächlich die Bewohner des Ortes Siad Kamarak glücklich und stolz machen könnten.

Aber bitte jetzt kein Missverständnis! Immer habe ich mich gewehrt, wenn es am Jahresende heißt: Brot statt Böller. Warum? Weil mir das so lustfeindlich aussieht. Und wohl auch wirklich ist. Zwischendurch muss man, muss der Mensch auch mal richtig unvernünftig sein dürfen. Deshalb bin ich immer vorsichtig, jemanden dafür zu kritisieren, dass er reich ist. Sie, Oliver Kahn, tragen doch keine Schuld daran, dass Sie dieses Supergehalt verdienen!

Nein, das ist zunächst mal etwas ganz Tolles. Und ich kenne auch tolle reiche Leute. Sogar solche, die es so weit gebracht haben, dass sie nicht mal genau wussten, dass sie reich sind. Jean-Paul Sartre – nein, kein Fußballspieler, aber Schriftsteller und Philosoph – war so jemand, der reich war, aber das gar nicht richtig wusste. Er ist schon seit 1979 tot. Ich kann deshalb über ihn reden. Er wohnte immer in einem Hotel, also teuer, aber er wollte eben auch von nichts abhängig sein. Seine Bücher haben sich hunderttausendfach – ja millionenfach verkauft. Und er hat dabei immer verdient. Ich besuchte ihn damals 1979 am Boulevard Edgar Quinet, kam in der dritten Etage mit dem Aufzug an: Da stand dieser von mir mehr als ein Bundespräsident verehrte Philosoph und Zeitgenosse. Er stand da in seiner einfachen Joppe, der kleine Mann, so groß wie Norbert Blüm, an den er mich merkwürdigerweise erinnerte, so klein war er.

Er hatte so unglaublich viel Geld und gab es mit vollen Händen weg. Er fragte nie danach, ob jemand sich das Geld nicht selbst verdienen könnte: Er kam immer sofort und holte sich das Geld aus der Schatulle oder schrieb einen Scheck. Nie fragte er nach den Abrechnungen, nie nach einem Verwendungsnachweis, nie fragte er – wie das in Deutschland mit jeder solchen Unternehmung verbunden ist – nach der Spendenquittung. Tue Gutes und informiere die Steuer darüber.

Sie, Oliver Kahn, sind nun ein phantastischer Spieler in der für mich schönsten Nebensache der Welt. Aber dass man mit dieser Nebensache so viel Geld machen kann, dass es alle Formate und Maße sprengt, macht die Nebensache eben doch wieder zu einer Hauptsache. Sie haben so phantastisch im Tor von Bayern München gestanden, wie wohl nur noch 1954 der Fußballgott Toni Turek aus der WM-Meistermannschaft von 1954. Oliver Kahn, Sie waren der, der diesem Fußballgott Toni Turek am nächsten kommt. Dem der Zimmermann sein »Gehalten, gehalten, Toni hat gehalten« zugejubelt hat.

Toni Turek aber war ein armer Schlucker und ist im Ruhm der Deutschen einfach viel höher als alle die, die später gekommen und verkauft oder gegen riesige Ablösesummen verscherbelt wurden. Uwe Seeler soll popelige 50 000 DM im Jahr bekommen haben.

Ich ärgere mich aber immer furchtbar, wenn ich erlebe, dass Reiche den Reichtum nur für sich, hinter Mauern mit Swimming-Pool benutzen. Asozial nenne ich das, jeder Mensch, jede Familie, die einen Swimming-Pool ihr Eigen nennt, ist für mich in diesem Sinne asozial. Ich habe das immer für einen furchtbaren Ausdruck unserer westlich-weißen-europäischen Asozialität gehalten: dass die Weißen in Südafrika sich alle in ihren eingemauerten Compounds einen Swimming-Pool gebaut haben, dass man in Kapstadt und Johannesburg, in Durban und Port Elizabeth kein Haus kaufen oder mieten kann ohne Swimming-Pool, spricht ja Bände. Wenn es wenigstens jetzt zur Abschaffung der rassistischen Apartheid-Lebensbedingungen eine deftige Steuer geben würde auf jeden Swimming-Pool in Südafrikas alten weißen Quartieren: Gibt es aber noch nicht!

Dieser horrende Abgrund zwischen denen hier und denen da unten, die im Dunkeln sind, der produziert auf Dauer Terror. Die zweihundert reichsten Menschen der Welt verdienen genauso viel wie die eine Hälfte, die ärmere, der gesamten Menschheit. Das muss, das kann nur Terroristen produzieren und gebären. Denn natürlich fällt der Terror nicht vom Himmel. Natürlich werden Mitmenschen nicht als Selbstmordattentäter geboren. Der horrende, an Unverschämtheit nicht zu überbietende Abgrund zwischen dem armen Schlucker in den Slums von Nairobi und Ihnen im Tor von Bayern München mit ihrem Jahresgehalt von 5 Mio. Euro – der schafft und produziert Terroristen.

Aber im Ernst: Macht Ihnen der Reichtum nicht Sorge, lieber Torwart des FC Bayern? Und wie, Oliver Kahn, verkraften Sie die Tatsache, dass Sie nur mal fünf Spiele total vergeigen müssten und schon sind Sie – weg vom Fenster?

Ich habe unheimlich gern Fußball gespielt, vielleicht gibt es in meinem Leben nichts, was ich mit so uneingeschränkter und fröhlicher Lust getan habe. Das war in der dritten Kreisklasse in Hagen in Westfalen. Ich war bei der DJK Saxonia Hagen, der Verein war von einem Franziskanerpater gegründet, den wir damals als Jungens sehr verehrten. Pater Justin hieß er. Im Fleyerviertel, auf dem Fußballplatz an der Lützowstraße spielten wir. In diesem Verein ging es um die wunderbare Ehre dabei zu sein, mitzuspielen und am Sonntagmorgen die zweimal 45 Minuten wirklich durchzuhalten. Auch bei Regen, auch bei Gegenwind, auch bei Kälte. Immer erst am Morgen, am Sonntagmorgen den eigenen inneren Schweinehund überwinden. Ich kann das Ihnen ja deshalb so laut sagen, weil es so weit unterhalb Ihrer Könnerstufe ist, dass mein Fußballspielen mit dem ihren wahrscheinlich so viel zu tun hat wie Gustav mit Gasthof.

Ich war in der dritten Kreisklasse, und unsere Wonne und Lust am Fußball bestand wirklich darin, dass wir spielen durften und von unserem Trainer in Hagen (Westfalen) für den Sonntag aufgestellt wurden.

Damals, so erinnere ich mich, war die Welt noch in Ordnung. Es gab sog. Werktage, und es gab den sog. Sonntag. Der Sonntag war für den Fußball reserviert und allenfalls für die, die wollten, auch für den Gottesdienst. Und es wollten damals ganz viele. Und das Fußballspiel, passiv oder aktiv, gehörte deshalb in den Sonntag, weil es mit Lust und Spaß, Freude und Wohlwollen zu tun hatte.

Der Weihnachtstag, Heiligabend genauer, 1948, war für uns fußballbegeisterte Kinder ein unvergesslicher Feiertag. Wir hatten plötzlich ein Radio!! Wir mussten nicht bis zum Dienstag der Woche warten mit den Fußballergebnissen, weil es damals die *Westfalenpost* nur dreimal die Woche gab, Dienstag,

Donnerstag und Samstag. Und erst am Dienstag, also 48 Stunden nach den Spielen erfuhren wir fußballhungrige Kinder etwas vom Ausgang der Spiele in der Oberliga West.

Jetzt hatten wir das Radio, und das brachte uns tatsächlich DIREKT-Übertragungen von den einzelnen Spielen am Sonntagnachmittag, und um 18 Uhr wussten wir schon alle Ergebnisse. Wir wussten, wie Borussia Dortmund, Preußen Münster, wie Rot-Weiß Essen und der Meidericher Spielverein, SV Hamm und FC Katernberg gespielt hatten. Damals war das noch eine Ehre, aufgestellt zu werden. Und ich kann mir kaum vorstellen, dass die Spieler damals etwas verdienten.

Seitdem wir diese Fernseh-Glotzapparate haben und wir nicht mehr wissen, ob uns da auf der Mattscheibe eine virtuelle oder wirkliche Realität vorgeführt wird, hat sich das alles kunterbunt geändert. Jeder Tag hat seine Fußball-TV-Plage. Es gibt nicht mehr den privilegierten Tag, an dem man auch mal selbst auf den Platz gehen konnte. Heute geht man nicht mehr zum Fußballspielen ins Stadion, die Fußballspiele werden einem kostenpflichtig (Pay-TV) oder per Gebühren ins Haus gebracht.

Die Spieler, also einer wie Sie, Oliver Kahn, werden ja immer reicher. So reich, wie ich mir das nicht vorstellen kann. Ich habe mit Geld zu tun gehabt, auf Grund des Glücksfalles, dass ich in eine humanitäre Organisation hineingewachsen bin. Einmal bekamen wir 58, 2 Mio. DM, das war 1999, als der Kosovokrieg tobte und wir mit der Organisation Cap Anamur schon vor Ort waren. Das war für uns eine unglaubliche Verantwortung, eine so große Summe so zu verwenden, wie wir es dem Publikum immer geschworen hatten. Mit der Eigenbeteiligung der Leute, mit der besessenen Hingabe, immer um die günstigsten Preise und Materialien zu fighten. Keine Sekunde verführt zu werden durch das große Geld, indem man einer Firma den Auftrag gibt, sie solle drei Hospitäler bauen und das hat sich dann.

Jetzt höre ich von den Einkommensverhältnissen, unter denen Sie stöhnen. Aber das kann doch nicht das ganze Leben gewesen sein?! Und, was machen Sie dann? Sie müssen doch tätig sein, sie müssen doch sehen, dass es für Sie irgendetwas zu tun gibt. Und dann – was machen Sie mit diesen wahnsinnigen Millionen? Die Steffi Graf hat ja so ein Problem gehabt damit, und der Boris Becker ebenfalls: Warum dann auf eine Insel gehen, um sich von der deutschen Steuer zu entlasten? Nein, ich weiß, die Fans nehmen das erstaunlicherweise nicht (noch nicht?) übel. Das verwundert, denn es gab noch in den siebziger Jahren die immerwährende Gagendebatte. Immer gab das Fernsehen zu viel Geld den Stars und Sternchen, den kleinen und den großen Stars, die Gagen der Fernsehunterhalter waren ein Dauerbrenner die ganze Zeit des Gebührenfernsehens hindurch. Vielleicht war dieser Neideffekt und -affekt gebunden an die Tatsache, dass wir – die Bürgerinnen und Bürger als Gebührenzahler – die Financiers dieses Fernsehens, Erstes und Zweites Programm, waren.

Ich finde ja schon, lieber Oliver Kahn, dass man mit der Gerechtigkeit immer vorher beginnen muss. Ich bekam als Redakteur im Deutschlandfunk satt bezahlt. Und es gab auch einige Mit-Redakteure, die sind mit ihren Fremdbeiträgen durch die ARD getingelt und haben sich zusätzlich noch die Hucke voll verdient. Auch die Institution des Arbeitsessens ist eine ziemlich komische Kiste.

Da riecht es schon danach, dass jemand, der zu viele Arbeitsessen sich genehmigt, dann auch mit den Millionen so umgehen würde: Außer Spesen nichts gewesen. Nicht im Sinne des klarsten aller Grundgesetz-Paragraphen: Eigentum verpflichtet.

Es verpflichtet eben nicht. Im Gegenteil: Dieser Paragraph ist so schwammig und wenig sanktionierbar wie der andere, den unsere Politiker in allen Sonntagsreden uns mit Pathos wiedergeben – wie der Pfarrer in der evangelischen Kirche das VATER UNSER: Die Würde des Menschen ist unantastbar.

Die kleinen Leute, diejenigen, die es nicht dicke haben, geben uns das Geld. Aber das ist ja schließlich kein Gesetz. Oliver Kahn, brechen Sie mal dieses Gesetz: Überweisen Sie uns mal die 200 000 Euro für die Schule in Sang Kutal in West Afghanistan, für die Installateur-Werkstatt in Siad Kamarak, für die Wasserleitung plus Pumpe in Totechi und die kleine Ambulanz in Qara Bagh! Was meinen Sie, was diese Dorfmenschen Ihnen für Denkmäler setzen werden!! Da geht in Deutschland nichts drüber. Dieser Gesetzesbruch oder diese Regelverletzung wird Ihnen gut tun. Ich verspreche es Ihnen!

Rupert Neudeck

Geht auf meine Rechnung

Salomon sagte: »Labt mich mit Äpfeln, denn ich bin krank
    von L'amour –«
Aber ich sage: Mich machen die Reichen krank, die reisen auf
    die arme Tour.

Noch nie traf ich Reiche, nicht einmal mindere Millionäre,
Deren Portemonnaie nicht gähnte von innerer Leere.

Noch nie war ich bummeln mit einem Nabob in Manhattans
    glitzernden Schächten,
Wo nicht des Nabobs arme, aber stolze Begleiter für alles
    blechten.

Ein Faktum; das jedes unreiche Kind baldmöglichst kapiere:
Kein großes Tier gibt Geld aus, außer für andere große Tiere.

Reiche Leute, das sind Leute, denen du was schuldest, und du
    gehst mit ihnen speisen und ins Theater und auf den Ball
    und zu allem, was gut und teuer ist, weil du weißt, dass sie
    nur ans Beste gewohnt sind, und infolgedessen robbst du
    den nächsten Monat in Zinssklaverei,
Und für dich war's ein dicker Abend, aber für sie einer wie
    jeder andere, und entsprechend erwidern sie die Gast-
    freundschaft: »Kommen Sie doch am Sonntag mal auf
    einen Schnaps vorbei!«

Reiche Leute verschwenden auch eine Menge Zeit aufs
    Schimpfen über die Einkommensteuer als eine der uner-
    träglichsten Lebensqualen,

Bis man merkt, dass sie seit 1929 keine mehr bezahlt haben,
weil ihr Einkommen auf fünfzigtausend pro Jahr ge-
schrumpft ist, und durch Schuldabschreibungen sind sie
eh in den roten Zahlen.

Und dein Einkommen ist überhaupt kein Einkommen, es ist
ein Gehalt, das sofort aufhört, wenn du aufhörst, physisch
oder geistig zu malochen,
Aber du entrichtest deine Steuer termingemäß jedes Jahr
oder sogar alle paar Wochen.

Wie sich doch Steuerlandschaft und Freizeitlandschaft
gleichen:
Die Kreuzer der Armen zahlen den Eintritt für die Reichen.

Denn es ist eine Grundwahrheit: Sobald jemand genug Cou-
pons im Depot hat oder in der Keksdose auf dem Schrank,
Zahlt er überhaupt nichts mehr, und alles bleibt in der Bank.

Und das stimmt ja auch aus ihrer Sicht:
Die Armen sind zu stolz, sich was schenken zu lassen, die
Reichen überhaupt nicht.

Also auf zum Gegenangriff mit kaltem Blut und heißem
Esprit:
Ich schlage einen Zweiundzwanzigsten Verfassungszusatz vor,
der festlegt, dass die Reichen so viel Kohle an uns Arme
rüberschieben müssen wie wir an sie.

Ogden Nash, »Let me buy this one«
(Übersetzt von Carl Amery)

Therapien

Hans Olbrich
An einen jungen Freund

Lieber Markus,

ich danke Dir für Deinen freundlichen Brief, den ich sehr
aufmerksam gelesen habe, vor allem Deine Berichte über bestimmte Freizeiterlebnisse, und dann natürlich ganz besonders Deine Frage, wie es mir »eigentlich wirklich« ging in der
Zeit, als ich so alt war wie Du jetzt. Ich glaube, nicht nur die
Frage gut verstanden zu haben, sondern auch den Grund für
diese Frage.

Dass Du dies alles nicht Deinem Vater, sondern seinem (und
wohl auch Deinem) ältesten Freund geschrieben hast, ehrt
mich. Ich will nun versuchen, Dir eine Antwort zu geben, die
Dein Vertrauen zu mir rechtfertigt.

Lass mich mit einer Erinnerung beginnen, die wir gemeinsam
haben. Als Dir Deine Eltern vor fünf Jahren an Deinem ein-
undzwanzigsten Geburtstag eröffneten, dass sie Dir den größten Teil ihres Vermögens überschreiben wollten und Deine
Freude sich geradezu überschlug, sagte Deine Mutter plötzlich zu Dir: »Behalte Abstand, Junge.« Du hast mit einem Lächeln geantwortet, bei dem Dein Gesicht wie ein einziges Fra-
gezeichen aussah. Als ich jetzt Deinen Brief las, sah ich dieses
Fragezeichengesicht wieder vor mir.

Und jetzt also zurück in die sechziger Jahre oder in meine
zwanziger und dreißiger Lebensjahre. Damals führte ich ein
ähnlich luxuriöses Leben wie Du jetzt. Ich hatte zwar nicht
geerbt, aber frühes berufliches Glück, verdiente großartig,
fühlte mich ganz großartig und lebte auch ganz großartig
drauflos. Aber das hatte einen Preis, den ich damals nicht

wahrnehmen wollte: exzessiv viel Arbeit, Zeit für alles und jede(n), nur nicht für mich selbst. Natürlich brauchte ich dann meine »Belohnungen«. So entstanden unter anderem diese lustigen Geschichten, die Du ja zum Teil kennst. Und inzwischen kennen wir ja auch solche Geschichten von Dir. Ich war oft verblüfft, wie ähnlich sich das alles anhört.

Spätestens nach Deinem Brief nun komme ich nicht mehr darum herum, auch auf eine andere mögliche Ähnlichkeit zwischen Deinen und meinen Geschichten einzugehen, genauer: auf »die andere Seite des erfolgreichen Mannes«, wie es einmal unter dem Titel »Die stille Verzweiflung« auf einem Buch stand, das eine amerikanische Psychologin und Unternehmensberaterin über ihre Arbeit mit großen Bossen geschrieben hatte.

Als »repräsentatives Beispiel« aus Deinem Brief und für meine Gedanken zu Deinem Brief möchte ich Deinen Gardasee-Abend herausgreifen. Kürzlich bist Du also zusammen mit Fabienne (bestimmt wieder mit ihren aparten Häkelhandschuhen?) von München aus »schnell mal zum Abendessen an den Gardasee gebraust«, wie Du so flott formulierst. Das ist ja keine Kleinigkeit, auch mit einem neuen Jaguar nicht. Dazu hast Du mir geschrieben, dass Ihr »prominente Freunde« dort getroffen habt und dass es »lustig« war.

Ich glaube, dass es vor allem anstrengend war, vor allem die Rückfahrt. Ich weiß, wie die Stimmung des Fahrers spätestens dann erodieren kann, wenn die Begleiterin eingeschlafen und München noch weit ist. Ich weiß, wie weit entfernt von dem Mädchen auf dem Beifahrersitz und wie weit entfernt von sich selbst die Gedanken ins Rasen kommen können, um einem ganz bestimmten Gefühl auszuweichen, das sich in solchen Situationen einstellen kann. Ich glaube aus Deinem Brief entnehmen zu können, dass Du solche Gefühle kennst, sonst

186

hättest Du nicht direkt im Anschluss an Deine Schilderung der Gardaseegeschichte die Frage folgen lassen, ob ich meine Erlebnisse solcher Art »immer nur toll« fand.

Meine Antwort: Nein.

Ich glaube zu wissen, was es ist, das Du da angedeutet hast. Lass es mich aus meiner eigenen Erfahrung zu beschreiben versuchen. Zuerst freute ich mich auf einen romantischen Platz in der Toskana oder einen rauschenden Opernabend in Mailand oder Wien (es musste ja immer was »Prominentes« sein) – und dann stellte sich nach aller Euphorie plötzlich eine leise, subtile Art von Enttäuschung ein. Die ließ sich dann mit diesem oder jenem Detail »begründen« oder rationalisieren, wie die Psychologen das nennen. Das wiederholte sich, und irgendwann fing es an wehzutun. Aber weil das erstens gar nicht zu den Erwartungen passte, die ich an solche Orte und Ereignisse geknüpft hatte, und weil das zweitens überhaupt nicht in das Bild passte, das ich mir von einem erfolgreichen und stets souveränen jungen Herrn gemacht hatte, habe ich diese Gefühle »bekämpft« – paradoxerweise immer wieder mit genau den »Mitteln«, die solche Gefühle auslösten. Ich erhöhte sogar die »Dosis« der Mittel, die immer aufwändiger und teurer wurden. Aber auch eine glanzvolle Silvester-Gala in Wien brachte keine »Besserung«. Im Gegenteil, auf der Rückfahrt blitzte erstmals Verzweiflung in mir auf: Warum kann ich diese Begeisterung und dieses Wohlgefühl, das dieser großartige Abend und das Neujahrskonzert am nächsten Tag mir gegeben hatten, nicht »behalten«, nicht »mitnehmen«? Eine heimliche Traurigkeit wurde zu meinem ständigen Begleiter, während ich immer mehr zu »machen« begann.

Heute weiß ich, dass dieses »Machen« und »Dabei sein wollen« vor allem ein Kompensieren unangenehmer Gefühle war.

Heute weiß ich auch, dass solche Kompensationsnot zu großen Leistungen antreibt. Bei mir war es die Agentur, die ich als Zweiunddreißigjähriger ins Handelsregister eintragen ließ, worauf ich furchtbar stolz war, ganz im Sinn des »Weisheitsspruches« altpatriarchalischer Provenienz: »Hast du was, so bist du was.«

Heute denke ich, dass dieser Spruch im doppelten Sinn des Wortes lebensgefährlich sein kann. In einem Buch, das ich kürzlich für einen Freund geschrieben habe, steht dazu: »Aus solchem Weisheitsholz werden die zackigen Männer und die zickigen Frauen geschnitzt, an denen Kinder zerbrechen. Aus solchen Dummheiten entstehen Lebensläufe, die zu Lebenswettläufen geraten, deren Ergebnisse dann in den versteinerten Gesichtern alter Menschen nachzulesen sind.«

Verstehst Du, was ich damit meine? Jetzt sehe ich wieder Dein Fragezeichengesicht vor mir wie damals, als Deine Mutter »Behalte Abstand« zu Dir gesagt hatte. Ich meine die in diesen alten Gesichtern eingegrabene Enttäuschung nach einem Leben, das diese Menschen für ihres gehalten, aber nicht selbst gestaltet haben. Gestaltet wurde es von Glaubenssätzen, die von Generation zu Generation weitergereicht werden, ohne auf nennenswerten Widerstand zu stoßen. Wie auch.

Wie auch soll ein Kind Widerstand leisten, wenn es bei jeder Gelegenheit hört: »Hänschen, was sollen denn da die Leute denken?« Und wie soll dieses Kind später sein eigenes Leben gestalten, wenn dieses Drohungsmuster unbewusst verinnerlicht wurde und dann ähnlich einem inneren Betriebssystem alle Entscheidungen beeinflusst oder gar bestimmt?

Oder wie soll ein in Ehren alt gewordener Arzt sich fühlen, der erst am Ende seiner Berufszeit begreift, dass er Handlanger einer mächtigen Industrie gewesen war, die – wie alle In-

188

dustrien – statt ausschließlich dem Menschen ausschließlich der Rendite verpflichtet ist?

Oder wie soll sich mal ein siebzigjähriger Markus fühlen, wenn er dann erst – und dann wahrscheinlich angesichts weit größerer Katastrophen als heute – begreift, dass er sich zu wenig Gedanken darüber gemacht hatte, wofür das Geld verwendet wurde, das er geerbt und dann immer wieder neu angelegt hat?

An dieser Stelle möchte ich Dich fragen: Worum soll es in Deinem Leben denn wirklich gehen? Macht es Dir denn wirklich Freude, aus Geld immer mehr Geld zu machen, genauer: machen zu lassen? Oder macht es nur »Spaß«? Oder auch das nicht mal?

Nein, lieber Markus, ich habe nicht den roten Faden dieses Briefes verloren. Meine Schmerzen damals und Deine möglicherweise ähnlichen Gefühle heute waren und sind nämlich Wegweiser, die einen Menschen vor dem unsäglichen Elend der Selbstentfremdung und ihren unsäglichen Folgen bewahren können.

Um Dir das nicht theoretisch, sondern ganz bildhaft zu erklären, erzähle ich Dir eine sehr persönliche Begebenheit aus meinem sechsundzwanzigsten Lebensjahr.

Als jene unangenehmen Gefühle sich bei mir einstellten, nahm ich mir das Problem vor wie eine Beratungsaufgabe in meinem damaligen Beruf. Ich analysierte und konzipierte und wollte »die Sache auf den Punkt bringen«. Am Ende stand eine Frage. Es war diese eine und aus meiner heutigen Sicht nicht besonders kluge Frage, wenngleich die »Richtung« stimmte:

»Was ist wichtiger: Gefühl oder Verstand?«

Ich war damals gerade frisch verheiratet. Neben meiner Frau

lag ich viele Nächte wach und versuchte, die richtige Antwort zu finden. Ich erinnere gerade jetzt wieder, dass ich mit »Gefühl« eher das Private und mit »Verstand« eher das Berufliche, die Karriere, das Geld verbunden hatte. Naiv, aber wahr. Und so naiv war auch meine Entscheidung: Verstand.

Die Folgen:

Vier Jahre danach war die Ehe geschieden.

Zehn Jahre danach fühlte ich mich wie von mir selbst geschieden.

»Bonjour tristesse.«

Die Autorin dieses Erfolgsbuches der fünfziger Jahre hatte einmal in einem Interview gesagt: »Ich vergieße meine Tränen lieber in einem Jaguar als in der Met.« Sie meinte die U-Bahn in Paris, nicht die Oper in New York. Mit solchem Unsinn versuchte ich mich zu trösten. Und kaufte den nächsten Porsche.

Und dann – ich war um die vierzig – war es doch ein Buch, das mich buchstäblich »in Bewegung« brachte, obwohl ich damals nur Zeitungen und Zeitschriften las. Aber in einer davon gab es diese Bestseller-Liste. Und darin sah ich einen Titel, der mich elektrisierte: »Haben oder Sein.« War das nicht »meine« Frage gewesen damals? Ich verließ sofort mein Büro, kaufte das Buch, ging in meine Wohnung – und erlebte ein Wunder. Ich empfand das ganze Buch wie einen persönlichen Brief des Autors an mich, der mir ebenso einfach wie plausibel erklärte, dass und warum mein Lebenszug über falsch gestellte Weichen gefahren war und dass ich alle Warnsignale übersehen hatte.

Das, mein lieber Markus, war der Anfang davon, dass ich mir heute überhaupt zutrauen kann, Dir diesen Brief zu schreiben, der eigentlich jetzt erst richtig beginnt. Du hast mich gefragt, ob ich »das alles wirklich so toll fand«, was Du an »lustigen Geschichten« aus meinen zwanziger und ersten dreißiger Lebensjahren kennst. Kurz nach dieser Frage steht auch das Wort »Sinn« in Deinem Brief. Ich sehe darin die Andeutung einer weiteren Frage von Dir, vielleicht so: Hatte das alles denn einen Sinn?

Meine Antwort: Ja.

Die einfachste, kürzeste und platteste Erklärung dazu wäre das bekannte »Aus Fehlern lernen« und Punkt und tschüss. Aber dann bliebe das »Wie lernen« und das »Was lernen« offen. Das »Wie« mache ich ganz kurz, weil das »Was« weit wichtiger für Dich sein könnte.

Das »Wie« nahm ich mit gleicher Konsequenz in Angriff, wie ich meine Entscheidung für den »Verstand« umgesetzt hatte, wobei »Verstand« ja nur deshalb so dumm war, weil ich ihn in Gegenposition gesetzt hatte zu »Gefühl«. Diesen Begriff richtig zu verstehen und zu verwenden ist wichtig. Auch die Menschen, die von Goebbels gefragt wurden, ob sie den »totalen Krieg« wollten und »Jaaa« schrien, hatten ja ein Gefühl dabei.

Also als erstes verkaufte ich umgehend meinen »Laden«, wie ich die Agentur immer nannte. Es war wie eine Erlösung. Erstmals in meinem Leben hatte ich keinen Stress mehr – ich meine wörtlich mein ganzes Leben bis dahin einschließlich Kindheit und Jugend – und konnte tun und lassen, was ich wollte. Eine neue, ganz andere Art von Neugier als vorher trieb mich zum Lesen ganz anderer Literatur als vorher und zum Diskutieren und Studieren und Experimentieren mit ganz anderen Menschen als vorher. Nach einem handfesten Rückfall ins Spektakuläre der alten Art – die »römische Romanze« – hatte ich dann endgültig neue Inhalte und neue Ziele, auch in meiner Arbeit.

So viel zum »Wie«. Jetzt zum »Was«.

Die Angst um die Liebe und Anerkennung von anderen ist in den ersten Lebensjahren das Überlebensmotiv und später ein Lebensmotiv aller Menschen. Dafür muss man es zuerst den Eltern recht machen wegen der Geborgenheit, dann den Lehrern wegen der Noten, dann dem Lehrherrn wegen der Karriere, dann der Karriere wegen des Geldes, dann dem Geld wegen des Lebensunterhalts. Hier scheiden sich nun die Geister: Den einen reicht das, den anderen reicht das nicht. Und die befinden sich dann auf der unendlichen Jagd nach »mehr«. Mehr was?

Wollt Ihr mehr Geld? Wollt Ihr mehr Macht? Wollt Ihr mehr Liebe? Wieder würden alle »Jaaa« schreien, ohne zu wissen, was der totale Krieg ist, auf den sie sich (auch da) einlassen.

Jetzt, mein lieber Markus, musst Du bitte mehr hindenken als ich hinschreiben kann. Also gleich die Essenz: Es geht nicht wirklich um mehr Geld, nicht wirklich um mehr Macht, nicht wirklich um mehr Liebe. Es geht in Wirklichkeit um etwas ganz anderes: Es geht um weniger Angst. Nicht Geld, sondern Angst regiert die Welt. Wer kein Geld hat, fürchtet sich davor, immer ohne Geld zu sein. Wer Geld hat, fürchtet sich vor dem Verlust dieses Geldes – und hortet oder spekuliert, um noch mehr Geld zu haben. Haben und haben wollen ist immer mit Angst verbunden, genauer: von Angst beherrscht, noch genauer: von Angst getrieben. Mit der Macht und der Liebe ist es nicht anders. Wer keine Macht hat, ist ohnmächtig. Ohnmacht macht Angst. Wer Macht besitzt, hat ständig Angst, sie zu verlieren. Bei der Liebe ist es noch deutlicher: Das Gegenteil von Liebe ist nicht Hass, sondern Angst. Wer ohne Liebe lebt, ist nicht hasserfüllt, sondern angsterfüllt. Hass und alles Hässliche entstehen aus Angst.

Angst verhindert Liebe, und damit meine ich nicht »die Liebe« wie Deine Liebe zu Fabienne, sondern die Liebe zum

Leben und zu allem Lebendigen einschließlich zu sich selbst. Aber weil »Liebe« heute fast immer gleichgesetzt wird mit etwas, das man »kriegen« und »haben« will (und in das man sogar »investiert«), glaubt man sie wie Unternehmensanteile erwerben oder erkämpfen zu können. Und weil das nicht immer so einfach ist, muss es mit Macht erreicht werden. Und wenn Macht (auch »Image« gehört dazu) nicht so einfach zu erreichen ist, muss Geld her. Und wenn Geld und Macht da sind, muss wieder was gemacht werden, weil haben wollen ein Vorgang ohne Ende ist. Und so rackern und rasen die unermüdlichen Jäger wie Gejagte durch die Welt, als hätten sie irgendwo ihre goldene (Lebens-)Uhr verloren, die sie wiederhaben wollen. Und so reitet der Ritter in der schimmernden Rüstung und mit dem schimmernden Schwert von Turnier zu Turnier auf der Jagd nach Trophäen, auch wenn die Königstochter längst eine der Trophäen war. Wie mag sich dieser ehrgeizige Rittersmann nur fühlen? Und wie fühlte sich der junge Ritter in seiner im Mondlicht schimmernden, britannischen Rüstung kürzlich nachts auf der Brennerautobahn? Oder viel besser: Wie fühlte es sich für ihn an?

Diese Art des Fragens nach dem »es« kann mehr Klarheit ins Leben bringen als jedes noch so perfekte Analysieren, Konzipieren und Realisieren. Diese Art des Hinterfragens liefert die Wegweiser für den Weg zu sich selbst. Wer dort einmal angekommen ist, kann auch mal richtig »nichts« tun, ohne gleich unruhig zu werden, oder allein sein, ohne gleich Angst zu bekommen und etwas »machen« zu müssen. Wie sonst hätte ich mein Eremitenleben der letzten Jahre gutfinden können?

Ein autonomes Selbst ist nicht mit dem Kopf allein zu erwerben und kommt auch nicht aus dem Kopf, sondern vor allem von dorther, wo die Täuschungen zu Enttäuschungen mutieren, damit ein Leben ohne Täuschungen möglich wird.

Noch mal, lieber Markus: Stelle diese Frage nach dem »es«, wann immer etwas zu klären oder zu entscheiden ist und folge dem Ergebnis, das Du dann nicht nur erdenken, sondern auch erfühlen wirst. Es würde nicht lange dauern, bis Du den Unterschied zum »nur Denken« bemerkst, genauer: bis Du Deine wirklichen Motive erkennst und Deine Entschlüsse hier und da entsprechend korrigierst. Auch nach ganz kleinen »Berichtigungen« dieser Art (sogar beim Schreiben eines Briefes) kann dann eine wärmende Berührtheit in Dir aufsteigen, die beglückender ist als alles andere auf der Welt. Ich könnte mir vorstellen, dass Du dann auch Deine Geschäfte anders betreiben würdest, zum Beispiel dass Du nicht zuerst darauf schaust, welche Rendite Du bekommst, sondern darauf, was für das Leben anderer Menschen dabei herauskommt – und damit meine ich nicht nur Fabienne und vielleicht einmal Eure Kinder. Wahrscheinlich erlebst Du dann eines Tages sehr bewusst den Unterschied zwischen billigem Triumph und echter Freude. Für diesen Fall und an diesem Tag wünsche ich mir einen Anruf von Dir.

Lieber Markus, Du trägst den Namen des Evangelisten, der in seinem zehnten Kapitel die Geschichte von dem reichen Jüngling erzählt (dass er jung war, hat ein Kollege des Markus berichtet), der den »guten Meister« fragte, wie man das »ewige Leben ererben« könne und daraufhin zu hören bekam, dass er alles, was er habe, den Armen geben solle. Was tat der junge Herr? »Er ging traurig davon, denn er hatte viele Güter.« Es steht nicht geschrieben, dass er seine Güter geerbt hatte, aber es gibt ein Indiz dafür: Er wollte ja auch das ewige Leben »ererben« statt erwerben.

Du hast mich in Deinem Brief zwar nicht nach dem ewigen Leben gefragt, sondern nach etwas aus diesem Erdenleben. Wenn Du aber das »ewige Leben« in dieser Markus-Geschichte zum Beispiel durch »liebende Hinwendung zu allem Lebendigen« ersetzt und das »alles den Armen geben« zum Beispiel durch »alles dem Leben widmen«, dann ist dieser Text immer noch lesens- und lebenswert.

Ich glaube, dass es in diesem Leben etwas zu erwerben gilt, das sich nicht ererben lässt, nämlich das Glück, sich selbst zu haben, statt abhängig von den »Gütern« zu sein. Oder kürzer: Behalte Abstand, Junge.

Ermunternde Grüße vom »es«

Margrit Kennedy
An eine Erbin

Liebe Katrin,

ich bin froh, dass wir uns im Rahmen Deiner Qi Gong-Kurse ab und zu sehen und austauschen können. Natürlich freue ich mich auch darüber, dass Du Dich seit langem für die Entwicklung von Alternativen zum herkömmlichen Umgang mit Geld interessierst, und bin dankbar für Deine offene und kritische Haltung zu diesem Thema.

Du sagtest bei unserem letzten Zusammentreffen in der Erbinnengruppe im Mai dieses Jahres, Du könntest Dich noch nicht entscheiden, ob Du Dich an der »Anschub-Einlage« für ein deutsches JAK-Modell beteiligen würdest, weil Du das Konzept oder das Besondere an der Mitgliedsbank noch nicht richtig verstehst. So wie Dir geht es sicher auch anderen Frauen in der Gruppe, und anderen Erbinnen und Erben, die wir nicht kennen. Und deshalb möchte ich hier für Dich – und gleichzeitig für andere, die das interessiert – versuchen die Argumente zusammenzutragen, die mir eine Unterstützung dieses Modells in Deutschland sinnvoll erscheinen lassen.

Damit verständlich wird, warum wir ein solches Bank-Modell brauchen, werde ich

- zuerst einmal einige grundlegende Gedanken zum monetären und wirtschaftlichen Hintergrund skizzieren.
- Danach will ich zeigen, wie sich das JAK-Modell von der Arbeitsweise anderer Banken unterscheidet und damit einen Beitrag zur Lösung wesentlicher Probleme im Geldbereich leistet.

– Und zum Schluss möchte ich die Gründe aufführen, die eine Unterstützung des Systems für die Erbinnengruppe interessant machen.

Wie Du weißt, befasse ich mich nun seit über 20 Jahren mit dem Thema »Geld«, weil ich in den 8oer Jahren – schon bevor wir uns kennen lernten – herausgefunden hatte, dass sich im herkömmlichen Geldsystem Ökologie und Ökonomie in einem unauflösbaren Widerspruch befinden. Und zumindest was das Thema Ökologie anbelangt, hatten wir zu dieser Zeit ganz ähnliche Interessen.

Du erinnerst Dich vielleicht, wie ich schon damals mit Dir über die Konstruktion unseres Geldsystems sprach und wie es Werte und Verhaltensweisen stützt, die dazu führen, dass wir unsere eigenen Lebensgrundlagen zerstören. Das Wichtigste an dieser Entdeckung war für mich, dass es eine Lösung gibt. Sie ist zwar verhältnismäßig einfach zu verstehen, aber aufgrund eines herrschenden »Geld-Tabus« schwierig umzusetzen, weil die meisten Menschen – ebenso wie die Fachleute – weder das Problem noch die Lösung verstehen (können oder wollen?).

Im Unterschied zu den letzten zwanzig Jahren beobachte ich nun seit zwei Jahren eine ganz andere Offenheit für dieses Thema. Die meisten Menschen sind inzwischen bereit, radikal neue Lösungen in Betracht zu ziehen. Und nicht nur das. Sie sind bereit zu handeln. Das ist wirklich neu und macht mir Hoffnung. Denn nachdem ich zwei Bücher zu dem Thema geschrieben habe,[1] bin ich inzwischen zu der Überzeugung gelangt, dass nur *praktische* Ansätze und Schritte uns wirklich weiterhelfen können.

Zu den wichtigsten praktischen Ansätzen gehört für mich das schwedische JAK-Modell des zinsfreien Leihens und Sparens.

Doch bevor verständlich werden kann, warum dieses Modell so wichtig ist, braucht es hier noch einige grundlegende Gedanken zum herkömmlichen Geldsystem.

1. Zum monetären und wirtschaftlichen Hintergrund

Darin sind wir uns sicher einig: Geld ist eine der genialsten Erfindungen der Menschheit und die Grundlage jeder Zivilisation, denn Geld macht eine differenzierte Arbeitsteilung möglich. Gleichzeitig wird diese segensreiche Wirkung dadurch in ihr Gegenteil verkehrt, dass die meisten Investitionen nur nach dem zu erzielenden Kapitalertrag vorgenommen werden. Dieser muss:

– erstens die erforderlichen Schuld-Zinsen erwirtschaften können und
– zweitens einen Gewinn erzielen, der über die Zinsen hinausgeht, die die Bank erhält.

Dies erschwert aber den Austausch aller Güter, die den Zins nicht erwirtschaften können, und reduziert die Liquidität oder Fließfähigkeit des Geldes. Unser herkömmliches Geld ist hortbar, und damit ist es dem Geldbesitzer möglich, Zinsen, d. h. eine Belohnung für die Weitergabe des Geldes, zu verlangen.

Der blinde Fleck in unserer Sichtweise ist, dass neben den vielen Vorteilen, die uns dieses Geld bietet, der Zins- und Zinseszinseffekt schwerwiegende Folgen hat:

Erstens verursacht er ein exponentielles, d. h. krebsartiges pathologisches Wirtschaftswachstum, im Gegensatz zum natürlichen biologischen Wachstum im physischen Bereich. Dieses

198

endet bei Menschen, Tieren und Pflanzen ab einer optimalen Größe und weicht einem qualitativen Wachstum. Jede Geldanlage verdoppelt sich jedoch mit Zins und Zinseszins in regelmäßigen Abständen. Bei 3 Prozent dauert es vierundzwanzig Jahre, bei 6 Prozent zwölf Jahre und bei 12 Prozent sechs Jahre. Mit diesem krebsartigen Wachstum der Zinsen kann jedoch in der Natur auf Dauer nichts mithalten: weder das Wachstum eines Baumes, eines Tieres oder eines Menschen, noch der Ertrag, den Menschen erwirtschaften können. [2]

Zweitens gibt es einen versteckten, von den wenigsten Menschen wahrgenommenen Anteil von Zinsen in allen Preisen. Das ist der Zins, den die Produzenten für Kredite zahlen, und dieser ist unterschiedlich hoch. Er beträgt z. B. bei den Müllabfuhrgebühren nur ca. 12 Prozent, beim Trinkwasser sind es schon ca. 38 Prozent und in der Kostenmiete im sozialen Wohnungsbau[3] ca. 77 Prozent. Durchschnittlich beträgt er in allen Preisen, die wir zum Lebensunterhalt bezahlen, etwa 30 bis 40 Prozent. Das heißt, die meisten Menschen könnten mit Hilfe einer intelligenteren Umlaufsicherung um den Teil reicher sein, den sie heute an Zinsen zahlen – oder entsprechend weniger arbeiten.

Drittens profitiert von dem Zins-System nur eine kleine Minderheit von etwa 10 Prozent der Bevölkerung, die ihr »Geld für sich arbeiten« lässt, während die große Mehrheit von 80 Prozent, die für ihr Geld arbeitet, ständig ärmer wird. Die Folgen: soziale Revolutionen, Kriege und finanzielle Zusammenbrüche, denn langfristig zahlen auch die, die kurzfristig von dem System profitieren. Die damit einhergehende soziale Polarisierung der Gesellschaft hat – im Verlaufe der Geschichte – nicht nur den Feudalismus abgeschafft, sondern auch die Demokratie zur Farce werden lassen. Denn was nützt uns die »Gleichheit vor dem Gesetz«, wenn die »Gleichheit vor dem Geld« auf Dauer nicht gegeben ist?

Der vierte Effekt betrifft die Umwelt: Zins und Zinseszins verhindern, dass Investitionen im notwendigen Umfang unter langfristigen sozialen und ökologischen Gesichtspunkten getätigt werden können. Eine Million Euro sind mit 12 Prozent »abgezinst« in zehn Jahren etwa dreihunderttausend Euro wert. Diese Rechnung bestimmt alle größeren Investitionsentscheidungen in der Wirtschaft. Jede Investition muss sich in fünf bis zehn Jahren »amortisieren«. Alles, was zeitlich darüber liegt, hat auf das Ergebnis praktisch keinen Einfluss mehr.[4] Keine Führungskraft in Politik oder Wirtschaft kann sich diesem Zwang zur kurzfristigen Gewinnmaximierung entziehen und langfristig denken und handeln, sonst wird sie sehr bald ihres Postens enthoben. Umweltschutz kann dann nur noch genehmigt werden, wenn er fast nichts kostet. Und die Folgen dieses Denkens und Handelns haben natürlich unsere Kinder zu tragen.

Besonders deutlich wird der Zinseszinseffekt jedoch an unserer Staatsverschuldung. Da der Staat der größte Einzel-Schuldner auf dem Finanzmarkt ist, zahlt er natürlich auch die meisten Zinsen. Und diese Zinslast frisst Jahr für Jahr einen größeren Teil der Steuereinnahmen auf, und nimmt dem Staat jeden Handlungsspielraum. Hochrechnungen zeigen: Wenn der Schuldenberg weiterhin so schnell wächst, wird Deutschland im Jahr 2064 seine gesamten Steuereinnahmen für Schuldenzinsen ausgeben müssen. Pleite ist der Staat allerdings schon früher – nämlich dann, wenn er seinen vertraglichen Pflichten nicht mehr nachkommen kann.[5]

Nun ist Finanzminister Eichel, der angetreten war, den Schuldenberg abzubauen, wie alle Finanzminister vor ihm – angesichts der wachsenden Zahl von Firmenpleiten und der

Massen-Arbeitslosigkeit –, rückfällig geworden. Doch wird ihm weder der ungebremste Schuldenkurs noch der Verkauf des Tafelsilbers, wie der Telekom- und Post-Aktien aus dem Staatsbesitz, helfen. Der Bund – und damit wir alle – steckt in der Schuldenfalle, und die Staatspleite ist – wenn sich nichts Grundlegendes ändert – nur noch eine Frage der Zeit.

Dies ist der sehr einfach nachzuvollziehende Hintergrund für die neo-liberale Wirtschaftspolitik, die allenthalben als das einzig vertretbare Modell gilt, mit den anstehenden Problemen der »Geldverknappung« fertig zu werden. »Wachstum« und »Kürzung der Sozialausgaben« heißt die Zauberformel, die gebetsmühlenartig landauf landab von allen, die sich mit dem Thema Wirtschaft beschäftigen, wiederholt wird. Wachstum wofür eigentlich? Um die exponentiell wachsenden Zinsen zu bedienen, heißt die Antwort, die keiner gibt, weil das Thema tabu ist.

Überall – so wird behauptet – fehlt das Geld. Betroffen sind hauptsächlich soziale, kulturelle und ökologische Projekte. Denn diese können normalerweise die erforderlichen Zinszahlungen nicht aufbringen. Andererseits weiß jede/r, dass von wirklicher Geldverknappung keine Rede sein kann. Geld gibt es tatsächlich in Hülle und Fülle, eben nur nicht dort, wo es wirklich gebraucht wird, sondern dort, wo es bereits im Überfluss vorhanden ist. Täglich werden an den internationalen Finanzmärkten Transaktionen von ca. 2 Billionen US $ getätigt. Davon dienen 97 Prozent nur noch spekulativen Zwecken. Mit 3 Prozent dieser Menge können alle realen grenzüberschreitenden Austauschvorgänge (Güter, Dienstleistungen, Tourismus usw.) abgewickelt werden.

Unser wirkliches Problem ist nicht die Menge des Geldes, sondern:

- erstens die einseitige Zielsetzung, aus Geld – über den Zins – noch mehr Geld zu machen,
- zweitens die ungleiche Verteilung – 300 Menschen in der Welt besitzen so viel wie die Hälfte der Weltbevölkerung –, und
- drittens – in zunehmendem Maße – seine Mobilität, die alle Staaten zwingt, an dem Wettbewerb um den günstigsten Standort für die Industrieansiedlung von Multinationalen Konzernen teilzunehmen.

Zur Zinsproblematik ist nämlich im Rahmen der Liberalisierung der Kapitalmärkte ein weiteres Problem hinzugekommen: der Abfluss des Geldes aus allen Regionen der Welt in diejenigen Regionen mit den höchsten Wachstums- und Profiterwartungen. Hier ist z. Z. an erster Stelle China zu nennen (die Volksrepublik China, Hongkong und Taiwan). Im Jahr 2003 wurde dort wahrscheinlich etwa 40 Prozent des gesamten weltweit Anlage suchenden Kapitals investiert.[6] Auf Grund der niedrigen Löhne sind in diesem Raum durchschnittliche Gewinnspannen von 8–10 Prozent möglich, während die Investoren in hochentwickelten Industrieländern mit weitgehend gesättigten Märkten nur Gewinnspannen um 2–3 Prozent erreichen.

Da auch unsere Spareinlagen und Lebensversicherungen wenigstens teilweise dort investiert werden, wo sie die höchste Rendite erwirtschaften, finanzieren wir ironischerweise den eigenen wirtschaftlichen Niedergang mit. Denn sind unsere Spareinlagen erst einmal über den mahagonifarbenen Bankschalter gewandert oder virtuell als Bits und Bytes einem Investor übergeben, kehren sie zu uns oder in unsere Region nur noch zu Konditionen zurück, die auf dem Weltmarkt festgelegt werden.

Nun fragt sich jeder, der die Gefahr begreift, wie wir diesem Widersinn begegnen können. Die rein technischen Lösungen dieser Probleme – sowohl des Zins- wie auch des Mobilitäts-problems – sind eigentlich sehr einfach zu verstehen. Aber sie sind deshalb schwierig umzusetzen, weil wir uns bereits in einer Krise befinden, die bei den meisten Menschen Angst er-zeugt, weil das Wissen um mögliche Auswege fehlt.

Eine Lösung, die technisch einfach umzusetzen wäre, ist, die Weitergabe des Geldes über eine Gebühr zu sichern, die auf das Festhalten oder Horten des Geldes erhoben wird. Sie würde in ihrer Wirkung einer »Parkgebühr« (im Fachjargon »Demurrage«) auf Geld entsprechen und eine zu vernachläs-sigende Größe im Budget des Geldhalters darstellen. Ähn-lich wie ein einziger Euro im Einkaufswagen dafür sorgt, dass die Kunden die Wagen nicht einfach auf den Parkplätzen abstellen und davonfahren, sorgt eine winzige Gebühr auf Geld dafür, dass das Geld weitergegeben wird und seine Hauptfunktion – den Austausch von Gütern und Dienstleis-tungen zu ermöglichen – optimal erfüllen kann. Wer Geld hat, was nicht gebraucht wird, transferiert es auf ein Spar-konto, wo es nicht an Wert verliert, weil es wieder als Kredit weitergegeben werden kann an andere, die das Geld brau-chen.

Diese gedankliche Umstellung von einer Belohnung (sprich Zins) auf eine Strafe (sprich Kosten) ist für die meisten Men-schen in etwa so schwierig nachzuvollziehen, wie die Umstel-lung von der Annahme, dass die Sonne sich um die Erde dreht, zum Wissen, dass die Erde sich um die Sonne dreht. Diese Schwierigkeit hat diesem Lösungsansatz, der seit hun-dert Jahren bekannt ist, zwar viel Zustimmung in der Litera-tur beschert, aber mit der praktischen Umsetzung hat es bis zum heutigen Tage Probleme gegeben.[7]

Die Einführung eines JAK-Systems kann helfen, diese Schwierigkeiten zu beheben, denn es beweist praktisch, dass zinsfreies Leihen und Sparen für alle einen Gewinn darstellt. Und wenn etwas einmal praktisch funktioniert, ist die Theorie für viele einfacher nachzuvollziehen.

2. Das Besondere am JAK-Modell

Das Besondere am JAK-Modell ist, dass es keiner profunden technischen Änderungen im herkömmlichen Geldsystem bedarf, sondern »nur« eines anderen Umgangs mit dem herkömmlichen Geld. Und deswegen ist es meines Erachtens geeignet als »Eisbrecher« für unsere festgefahrenen Vorstellungen davon, wie Geld zu funktionieren hat.

Das ursprüngliche Ziel des JAK-Modells in Schweden war die Stärkung der ländlichen Gebiete, die durch den Abfluss von Kapital in die städtischen Zentren immer ärmer wurden. Heute wird das System auf dem Land und in den Städten vom gesamten sozialen Spektrum genutzt. Die JAK-Mitgliedsbank – »J.A.K.« steht für Jord, Arbede, Kapital – also Land, Arbeit, Kapital – kann auf eine lange Geschichte und einen andauernden und immer noch wachsenden Erfolg zurückblicken. Seit 1965 ist die Mitgliederzahl auf 25 000 angewachsen. Pro Jahr kommen seit 1997 etwa tausend neue Mitglieder hinzu. Die Einlagen wachsen um zirka 10 Prozent pro Jahr und beliefen sich Ende 2002 auf 625 Millionen Schwedische Kronen (SEK), das sind etwa 64 Millionen Euro.

Während die meisten Banken profitorientierte Unternehmen sind, ist die JAK-Bank eine gemeinnützige Mitgliedsbank. Obwohl sie eine Genossenschaftsbank ist, bevorzugen die JAK-Banker in Schweden den Begriff »Mitgliedsbank«, um den damit verbundenen sozialen Anspruch und ihre Herkunft aus einem Spar- und Leihverein sowie die enge Zusammenarbeit mit den Mitgliedern deutlich zu machen. Mit dem Begriff Mitgliedsbank unterscheidet sie sich auch von den vielen Genossenschaftsbanken, die ähnlich wie herkömmliche Banken arbeiten.

Normalerweise benötigen Banken eine erhebliche Zinsmarge – für die Guthabenverzinsung ihrer Einleger, zur Risikovorsorge der Bank, dazu kommen erhebliche Sach- und Personalkosten sowie hohe Renditen für die Eigentümer. Mit dem Konzept der JAK-Mitgliedsbank (die seit 1997 offiziell als Bank anerkannt ist) können alle diese Kosten reduziert werden. Das Ergebnis ist, dass sie mit außerordentlich niedrigen Gebühren oder Zinsen für Kredite auskommt.[8] Im Durchschnitt bewegen sich diese Kosten seit vielen Jahren um 2 Prozent herum und sind – anders als die meisten Bankkredite – festgeschrieben. Das heißt, die Gebühren werden weder angehoben noch gesenkt, weil sie nur die Arbeit der Bank bezahlen. Die Kreditnehmer haben damit eine ganz andere Sicherheit in der Planung ihrer Zukunft als bei einer »normalen« Bank.

Alle, die hier ein Konto eröffnen, werden Mitglieder der Genossenschaft, haben bei Abstimmungen eine Stimme – unabhängig von der Höhe ihrer Einlagen – und praktizieren anstelle des »Shareholder Values« einen »Careholder Value« (anstatt die Rolle eines »Teil-Habers« auszuführen, geschieht eher ein »In-Obhut-Nehmen«). Trotz dieser ethischen und sozialen Ausrichtung macht die Mitgliedschaft – zumindest solange man Kredite braucht – auch ökonomisch Sinn, das heißt, »sie rechnet sich«. Die meisten JAK-Mitglieder bleiben – auch über den Zeitraum hinaus, in dem sie Kredite brauchen – Mitglieder, weil sie einen Lernprozess durchlaufen haben, der es ihnen ermöglicht, die Vorteile zu erkennen, die ein solches gemeinwohlförderndes, zinsloses Geldsystem hat.

Um Kosten zu sparen, unterhält die JAK-Mitgliedsbank keine Filialen in den Orten, in denen sie arbeitet, sondern benutzt das Postgiro-System oder elektronische Überweisungen für Ein- und Auszahlungen. Etwa 20 MitarbeiterInnen inklusive der Führungskräfte erhalten etwas unter dem Durchschnitt liegende Gehälter. Ihre Motivation beziehen sie aus dem Verständnis, eine wichtige Aufgabe zu haben, nämlich nachzuweisen, dass über ein zinsfreies Spar- und Leihsystem Werte wie Solidarität und Nachhaltigkeit auch im Geldgeschäft einen Platz haben können. Ehrenamtliche Mitglieder – die jährlich eine kostenlose Schulung erhalten – betreuen die meisten Kunden vor Ort.

An einer Graphik und einem Rechenbeispiel können die Besonderheiten des Systems verständlich gemacht werden.

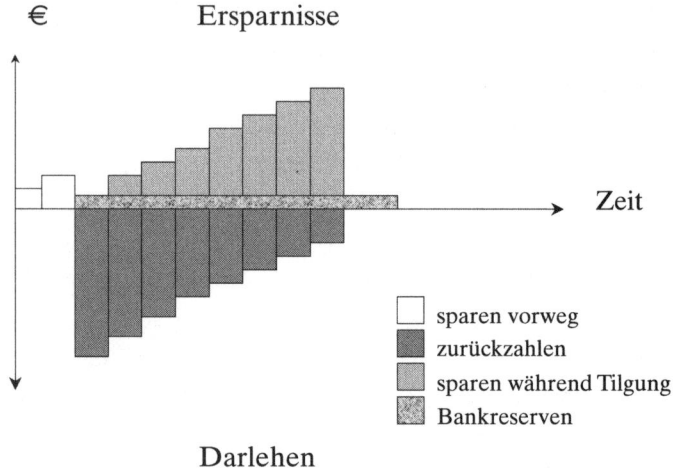

Quelle: Mark Anielski, Kanada

Die Graphik zeigt, dass das JAK-System ähnlich wie unsere Bausparkredite mit dem Ansparen einer – je nach Höhe des Kredits unterschiedlich großen – Summe Geldes beginnt. Damit erwirbt der Kunde die Mitgliedschaft und »Bonuspunkte«, die zu einem zinsfreien Kredit berechtigen. (Sie sind unverkäuflich, können aber verschenkt werden, wenn man/frau sie nicht braucht.)

Aber anders als bei unserer Bausparkasse wird kurz nach der Auszahlung des Kredits bereits ein Sparguthaben aufgebaut, welches sich – nach Abzahlung des Kredits – auf etwa 90 Prozent der Höhe des Kredits beläuft. Dieses Sparguthaben kann nach 6 Monaten – nach der vollständigen Abzahlung des Kredits – abgehoben werden. Es kann aber auch weiterhin auf dem Konto verbleiben. Dieses wird erneut mit Bonuspunkten belohnt, die dann wiederum für einen neuen Kredit benutzt oder verschenkt werden können. Davon profitieren häufig gemeinnützige Projekte, die einen zinsfreien Kredit brauchen, junge Leute, die eine Ausbildung finanzieren möchten oder sich ein Haus bauen wollen.

An einem rechnerischen Vergleich, welcher die Finanzierung eines Kredits von 200 000,– Schwedischen Kronen über einen Zeitraum von 25 Jahren durch eine Bank und im JAK-System darstellt, wird noch einmal an Zahlen deutlich, wie das System funktioniert.

Vergleich zwischen Bank-Kredit und JAK-Kredit

	Bank	**JAK**
Kredit	200 000 SKr	200 000 SKr
Zeit	25 Jahre	25 Jahre
monatliche Rückzahlung	1 568 SKr incl. durchschnittliche Zinsen von 8 Prozent	667 SKr
Gebühren		190 SKr
Sparbetrag		654 SKr
Gesamtbetrag monatlich	1 568 SKr	1 511 SKr
Gesamtbetrag 25 Jahre	470 400 SKr	453 300 SKr
Guthaben	0	196 200 SKr

Genossenschaftsanteile in JAK 6 Prozent = 12 000 SKr im folgenden Jahr abhebbar, wenn kein Verlust
600 000 Bonuspunkte = 2 Jahre × 2000 SKr/Mon.

Das zuerst einmal Verblüffende an diesem Vergleich ist: Die monatliche Belastung – Rückzahlung des Kredits im JAK-System plus der Spareinlage und den Kosten für die Arbeit der Bank – ist zwar ähnlich wie bei einer konventionellen Bank. Im JAK-System bleibt jedoch am Ende ein Sparguthaben von 90 Prozent des Kredits übrig, während bei der Bank nichts übrig bleibt. Diese Differenz zwischen den beiden Systemen ist natürlich um so größer, je höher die Zinsen für herkömmliche Bankkredite sind. Bei niedrigeren Zinsen dagegen fällt die Differenz weniger deutlich aus. Was im JAK-System jedoch immer bleibt, ist der Vorteil der Planungssicherheit durch die festgeschriebenen niedrigen Gebühren.

Ein weiterer grundsätzlicher Unterschied zum herkömmlichen Bankkredit ist, dass der Kreditnehmer nicht nur das gleichzeitige Sparen und Leihen akzeptiert, sondern auch, dass die Risikokosten vom ihm selbst, statt von einer anderen Institution (Bank oder Versicherung) getragen werden. Sie werden in der Form von Genossenschaftsanteilen, in Höhe von 6 Prozent des Kredits – bei 200 000,– SKr beträgt das 12 000,– SKr – erworben, und stehen im Folgejahr, nach Abzahlung des Kredits, dem Kreditnehmer wieder zur Verfügung.[9]

Damit beruht das JAK-Konzept im Grunde auf der Balance zwischen Leihen und Sparen – sowohl für jede/n Einzelne/n wie auch im Gesamtsystem – und der Übernahme des Risikos durch die Kreditnehmer selbst. Während Kreditnehmer bei der normalen Bank anderen Menschen, die ihnen ihr Geld leihen, Zinsen zahlen, bauen sie im JAK-System ein eigenes Sparvermögen auf, was zeitverzögert in die eigene Tasche fließt, und in der Zwischenzeit anderen einen zinsfreien Kredit ermöglicht.

Das Entscheidende ist dabei, dass dieses System nachhaltig ist (und je größer die Beteiligung, um so mehr Nachhaltigkeit wird natürlich gesamtgesellschaftlich möglich), weil es keinem exponentiellen Wachstumsdruck unterliegt. Damit können Preise günstiger kalkuliert werden. Statt 40 Prozent Zinsen, die heute im Durchschnitt in allen Preisen enthalten sind, kann der Anteil vermutlich auf etwa ein Viertel sinken, was eine enorme Entlastung gerade der einkommensschwächeren Bevölkerungsschichten bedeuten würde. Außerdem findet keine Umverteilung von 80 Prozent der Bevölkerung, die für ihr Geld arbeiten müssen, zu 10 Prozent der Bevölkerung, die ihr Geld für sich »arbeiten lassen« können, statt, und damit entfällt die im heutigen Geld-System vorprogrammierte soziale Polarisierung.

Im großen Umfang angewandt, würde ein solches Modell

die Inflation stark dämpfen, vielleicht sogar überflüssig machen.[10] Welch ein Vorteil für alle!

Verfolgt man die Ursprünge der Volksbanken, Raiffeisenbanken und Sparkassen zurück zu ihren Anfängen, so waren oft ganz ähnliche Ziele mit ihrer Gründung verbunden. Da sie allerdings inzwischen alle Zinsen auf die Einlagen der Mitglieder zahlen, ist für sie die Einführung eines solchen Modells mit »ideologischen« Schwierigkeiten verbunden.

Inwieweit in Zukunft an diese Tradition wieder angeknüpft werden kann und ähnliche Modelle, wie sie die JAK-Mitgliedsbank entwickelt hat, auch von lokalen und regionalen Banken wieder angeboten werden können, hängt sowohl von der Bereitschaft der Kunden ab, solche Modelle einzufordern und selbst zu unterstützen, wie auch vom sozialen Engagement der jeweiligen Führungskräfte.

3. Gründe für Erbinnen und Erben,
sich an dem JAK-Modell zu beteiligen

Wie du weißt, Katrin, war eines der zwei Hauptthemen bei der Jahrestagung der Erbinnengruppe im Mai 2004 »Der Umgang mit Geld in aller Welt« und unter diesem Aspekt speziell der Relevanz dieses zinsfreien Spar- und Leihmodells für Deutschland.

Warum das Modell für alle einen Gewinn bedeutet – auch für die, die sparen – erklärte Eva Stenius. Sie war als ehrenamtliche Kundenbetreuerin von Anfang an dabei und hat den steilen Aufstieg der Bank in Schweden seit den 90er Jahren miterlebt.

Eine Bankerin mit einigen Jahrzehnten Erfahrung in einer deutschen Großbank, die eingeladen war, um die Relevanz des Modells für Deutschland mit den Erbinnen zu diskutieren, bestätigte die Meinung der meisten Anwesenden, dass es sich hier um eine hochinteressante Idee besonders für die Finanzierung von gemeinnützigen Projekten handelt, und nannte das Modell später »nobelpreisverdächtig«.

Im letzten Monat sprachen sechs Erbinnen mit Vorstandsmitgliedern der GLS-Bank in Stuttgart und Bochum, die als genossenschaftlich organisierte Mitgliedsbank eine ganz ähnliche Grundstruktur wie die JAK-Mitgliedsbank in Schweden aufweist, um herauszufinden, ob es dort ein Interesse an der Einführung des Modells in Deutschland gibt. Das Ergebnis war sehr positiv. Leider dauert jedoch die Klärung von praktischen Detailfragen einige Zeit. Es scheint jedoch möglich, relativ bald, zusammen mit der Gruppe von etwa 20 Erbinnen, die bereit sind, sich mit einer »Anschub-Einlage« zu beteiligen, das Konzept in Deutschland umzusetzen.

Was den meisten am JAK-Modell gefällt, ist, dass diejenigen, die Nutznießer des Modells sind, während sie ihren Kredit zurückzahlen, selbst zu Anteilseignern der Bank werden und durch das Ansparen die Vergabe neuer Kredite erleichtern. Darin erkennen sie tatsächlich Solidarität. Es ist legitim, Leute, die kostengünstige Kredite bekommen, auch insofern zu binden oder zu verpflichten, dass sie später ebenfalls anderen zu kostengünstigen Krediten verhelfen. So wird der Unterschied zwischen den GeldgeberInnen einerseits und den GeldnehmerInnen andererseits im JAK-Modell sukzessive aufgehoben, weil jede/r – zeitlich versetzt – beide Rollen einnimmt.

Das JAK-Modell ist eine Alternative zum herrschenden Geldverleihsystem, das vom Streben nach möglichst hohen Zinsen bestimmt wird. Und wer an einer grundlegenden strukturellen Veränderung interessiert ist, und mehr Geld hat als er/sie zum Leben braucht, wird das System unterstützen. Ähnlich wie reiche Menschen zur Zeit der Sklavenhaltung Sklaven freigekauft oder freigelassen haben, kaufen sie hier das Geld von seiner Zinsverpflichtung frei. Indem sie selbst den Inflationsverlust in Kauf nehmen, können sie damit eine »Lawine« in Gang setzen.

Das Modell bietet insofern eine Alternative zur Stiftertätigkeit als Ausdruck mäzenatischen Engagements an, weil es hilft, einen nachhaltigen Umgang mit Geld im jetzigen System zu realisieren. Auch hier lassen sich gemeinwohlorientierte Anliegen realisieren. Die nicht verkäuflichen, aber verschenkbaren Bonuspunkte können genutzt werden, um eigene Förderziele zu erreichen, direkt und persönlich oder indirekt über die Bank.[11]

Doch eröffnet dieser Weg – im Gegensatz zur Stiftertätigkeit, die das Zinzsystem eher stärkt – zum ersten Mal die Möglichkeit einer Richtungsänderung. Auch wenn diese klein beginnt – im Verhältnis zu den Problemen, die die falsche Konstruktion unseres Geldsystems erzeugt hat – so werden hier doch Schritte in die richtige Richtung getan.

Für viele der anwesenden Frauen bei der Jahrestagung der Erbinnen war es das erste Mal, dass sie ein Konzept sahen, welches eine praktische Lösung der zinsbedingten Probleme bietet. Und dies führte bei einer ersten Umfrage zu einer großen Bereitschaft, die Einführung eines solchen Modells in Deutschland zu unterstützen.[12] Jede Frau konnte den Betrag, den sie möglicherweise zur Verfügung stellen würde, wenn sich eine Bank bereit erklären würde, ein JAK-Modell einzuführen – ohne namentliche Verpflichtung –, auf einen Zettel schreiben. Zusammen genommen waren das 1,25 Millionen Euro, immerhin eine beträchtliche Summe für eine Gruppe dieser Größe. Die GeldgeberInnen verlieren damit ihr Geld nicht, sondern verzichten »nur« auf den Zins über einen fest-gelegten Zeitraum von mehreren Jahren.

Liebe Katrin, nun ist der Brief doch etwas länger geworden als geplant. Ich hoffe, er bietet Dir die notwendigen Informationen, die Du für Deine Entscheidung brauchst, und wir können im Detail darüber weiter sprechen, wenn wir uns das nächste Mal sehen.
Ich freue mich darauf, von Dir zu hören.

Herzliche Grüße
Margrit

Anmerkungen

[1] Kennedy, 1991 und Kennedy und Lietaer, 2004

[2] Das Beispiel des Josephspfennigs zeigt diese Unmöglichkeit drastisch: 1 Cent zur Zeit der Geburt von Jesus angelegt, wäre im Jahr 1990 134 Milliarden Kugeln von Gold vom Gewicht dieser Erde wert gewesen – zum Goldpreis im Jahr 1990.

[3] Über 100 Jahre gerechnet, was die durchschnittliche »Lebensdauer« einer Wohnung ist.

[4] Die »Wirtschaftlichkeit« einer Investitions-Entscheidung richtet sich immer nach der erwarteten Zinshöhe. Bei 12 Prozent Zinsen sind € 1 Million in 10 Jahren nur noch € 321.973 wert, in 50 Jahren nur noch € 3460 und in 100 Jahren nur noch €12. Die erschreckende Konsequenz: Egal bei welchem Zinssatz – wir brauchen die Rechnung nur für 5–10 Jahre aufzumachen. Alles, was danach passiert, wirkt sich auf das Ergebnis kaum noch aus.

[5] Focus (Nr.27/2004 S. 24): »Die Staatspleite ist nur eine Frage der Zeit.«

[6] Diese Angabe wurde mir von Geschäftsleuten übermittelt, die zur Zeit in China investieren, und von mehreren Bankern bestätigt. Auf eine wissenschaftlich abgesicherte Aussage kann ich im Moment nicht verweisen.

[7] Kennedy, 1991, Creutz, 1993 und 2004

[8] Die Arbeit der Bank ist ja normalerweise mit durchschnittlich 1,7 Prozent in den Zinsen enthalten, ebenso wie die Risikoprämie mit 0,8 Prozent, die Liquiditätsprämie mit 1,5–3,0 Prozent und ein Inflationsausgleich mit 1,5–2,0 Prozent. Da aber alle diese zusätzlichen Kosten im JAK-System entfallen, sollte hier eigentlich von Bankgebühren statt von Zinsen gesprochen werden.

[9] Um einen genauen Vergleich zum herkömmlichen Bankkredit zu erstellen, müssten hier die Zinsen, die dieses Geld neben einer Rückzahlung des Bankkredits erbringen würde, vom Sparvermögen im JAK-System abgezogen oder einem potenziellen Sparvermögen im herkömmlichen Kredit zugerechnet werden. Aber ein Vergleich ist sowieso äußerst schwierig. Wie wäre zum Beispiel die Planungssicherheit – dass im JAK-System keine Anpassung der Gebühren an Marktzinsfluktuationen vorgenommen werden – zu bewerten. Diese müsste im herkömmlichen Bankkredit extra bezahlt werden und würde sich natürlich nach den Erwartungen in Bezug auf steigende oder fallende Zinssätze richten, das heißt von Jahr zu Jahr variieren.

[10] Sinkende Kreditkosten – wenn diese in den Produkten weitergegeben werden – verursachen sinkende Preise, und diese nehmen wir als sinkende Inflation wahr. Bezogen auf die DM, die stabilste Währung der Welt, hätte das z. B. bedeutet, dass ihr Wert zwischen 1950 und 2000 nicht von 1,– DM auf 20 Pfg, d. h. um 80 Prozent geringer geworden wäre – wie das tatsächlich geschehen ist – sondern dass 1,– DM 1,– DM geblieben wäre.

[11] Die Bank muss natürlich in jedem Fall überprüfen, ob die Rückzahlungen plus Ansparsumme von denjenigen, die in den Genuss zinsfreier Kredite gelangen, zu erwarten sind. Und in diesen Entscheidungen muss sie ein sehr hohes Maß an Autonomie besitzen.

[12] Womit Marita Haibachs Entdeckung, dass Frauen anders erben, wieder einmal unter Beweis gestellt wurde. S. Haibach, 2001

Einige Literaturhinweise

Brunnhuber, Stephan und Harald Klimenta: Wie wir wirtschaften werden – Szenarien und Gestaltungsmöglichkeiten zukunftsfähiger Finanzmärkte. Ueberreuter Verlag, Frankfurt 2003

Creutz, Helmut: Das Geldsyndrom. Wirtschaftsverlag Langen Müller/Herbig, München 1993 (3. Auflage 2001)

Creutz, Helmut: Die 29 Irrtümer rund ums Geld. Signum Wirtschaftsverlag 2004

Haibach, Marita: Frauen erben anders. Ulrike Helmer Verlag, Königstein/Taunus 2001

Kennedy, Margrit: Geld ohne Zinsen und Inflation. Goldmann Verlag, München 1991 (7. Auflage 2003)

Kennedy, Margrit und Bernard A. Lietaer: Regionalwährungen – Ein neuer Weg zu nachhaltigem Wohlstand. Riemann Verlag, München 2004

Lietaer, Bernard A.: Das Geld der Zukunft – Über die destruktive Wirkung des existierenden Geldsystems und die Entwicklung von Komplementärwährungen. Riemann Verlag, München 1999

Lietaer, Bernard A.: Mysterium Geld – Bedeutung und Wirkungsweise eines Tabus. Riemann Verlag, München 2000

Soros, George: Die Krise des globalen Kapitalismus – Offene Gesellschaft in Gefahr. Alexander Fest Verlag, München 1998

Danksagung

Ich möchte an dieser Stelle besonders drei kritischen Stimmen – Susanne Bächer, Eva Stenius und Oscar Kjellberg – für ihre konstruktive Kritik zu diesem Artikel danken.

Ulrich Duchrow
Ein Briefwechsel zwischen Arm und Reich
und seine Folgen

Teofilo Lucano   Buenos Aires
Comunidad Kairos   Calle de la solidaridad, 3
                                  1. Oktober 2004

Bischof Justus Zumkehr
Ev. Landeskirche Terra Nova
Hoffnungsstr. 1
00001 Freudenberg

Sehr verehrter Herr Bischof, lieber Bruder Zumkehr,

gern erinnere ich mich an unsere letzte Begegnung auf der
ökumenischen Konferenz vor zwei Jahren. Wir waren damals
beide sehr froh, dass der Ökumenische Rat der Kirchen, der
Reformierte und der Lutherische Weltbund seit 1997/98 auf
allen Kontinenten einen kritischen Prozess begonnen hatten,
um gemeinsam herauszufinden, wie die Kirchen auf die wirtschaftliche Globalisierung nach neoliberalem Modell antworten müssen und können. Deren Wirkung auf Menschen
und Natur ist in allen Ländern so zerstörerisch, dass niemand
mehr davor die Augen verschließen kann – am wenigsten die
Kirchen, die ja den Menschen gute Nachricht bringen sollen.
In diesem Prozess fordern nun vor allem die Kirchen des Südens, dass die weltweite Christenheit gemeinsam gegen den
Neoliberalismus und für eine Wirtschaft im Dienst des Lebens Stellung beziehen muss.

216

Bei den Lutheranern z. B. ereignete sich folgende Kuriosität:
Im Sommer 2003 hatten sie ihre Vollversammlung in Winni-
peg und verabschiedeten eine respektable Erklärung zur
Globalisierung. Die schien dem Deutschen Nationalkomitee
des Lutherischen Weltbundes offenbar so brisant, dass es folgende Sätze bei der Publikation der Erklärung wegließ:
»In unseren vielfältigen Lebenssituationen sind wir alle mit
denselben negativen Konsequenzen neoliberaler Wirtschaftspolitik (dem sog. »Washington Consensus«) konfrontiert, die
zu wachsender Not, vermehrtem Leid und größerem Unrecht
in unseren Gemeinschaften führen ... Diese falsche Ideologie gründet auf der Annahme, dass der auf Privateigentum,
ungezügeltem Wettbewerb und der unabänderlichen Gel-
tung von Verträgen aufgebaute Markt das absolute Gesetz
ist, das das menschliche Leben, die Gesellschaft und die Umwelt beherrscht. Hier handelt es sich um Götzendienst. Er
führt dazu, dass die, die kein Eigentum besitzen, systematisch
ausgeschlossen werden, die kulturelle Vielfalt zerstört wird,
instabile Demokratien demontiert werden und die Erde ver-
wüstet wird ... Die weltweiten negativen Auswirkungen der
wirtschaftlichen Globalisierung sind in allen Teilen unserer
Gemeinschaft spürbar, aber doch besonders im Süden sowie
in Mittel- und Osteuropa ... Luther erinnert die Geistlichen
auch daran, dass sie verpflichtet sind, verborgenes Unrecht
einer wirtschaftlichen Praxis, die die Schwachen ausbeutet,
aufzudecken.«
Haben wir hier die Schlagwörter dessen, wovor die westeuro-
päischen Kirchen Angst haben?

1. Haben sie Angst davor, zuzugestehen, dass alle – wenn auch
   in unterschiedlichem Maß – von der neoliberalen Wirtschaftspolitik negativ betroffen sind und dass sie deshalb

auch gemeinsam mit dem Süden, der besonders betroffen ist, ein klares Nein dazu sprechen und entsprechend handeln müssten?

2. Haben sie Angst davor, die dahinter stehende Ideologie zu verurteilen, die offenbar ihre gesamte Gesellschaft beherrscht?

3. Haben sie Angst davor, diese Ideologie als »Götzendienst« zu erkennen, was hieße, dass sie gerade als Kirchen Verantwortung übernehmen müssten, ohne diese an die so genannten Wirtschaftsfachleute abschieben zu können?

4. Haben sie Angst, den Götzen beim Namen zu nennen: Privateigentum – nicht im Sinn von Gebrauchseigentum, sondern den um der Vermögensvermehrung willen in den Markt eingebrachten, in Geld gemessenen Tauschwert des Eigentums, das Kapital?

5. Und haben sie Angst davor, die theologischen Quellen ihrer eigenen Tradition als Orientierungshilfe zu befragen: die Bibel und die Reformatoren, deren Hauptanliegen es war, mit der befreienden biblischen Botschaft die kirchliche Manipulation Gottes und der Gläubigen zu bekämpfen?

So wie ich Sie kennengelernt habe, kann ich mir nicht vorstellen, dass Sie in Deutschland und in Westeuropa diese Angstblockade mitmachen. Ich habe Sie als einen mutigen Mann erlebt. Sie sind sicher bereit, den Konflikt mit den Reichen und denen, die es werden wollen, zu wagen – auch den Konflikt mit Ihren Kollegen in den Kirchenleitungen, die offenbar fürchten, dass reiche Kirchensteuerzahler abspringen. Diese Anpassung der Kirche an Reich und Reichtum hat ja eine lange Vorgeschichte. Schon der römische Kaiser Konstantin im 4. Jahrhundert nach Christus kam bekanntlich auf die sehr erfolgreiche Idee, die jüdisch-christliche Tradition des Widerstands gegen Unrecht und Machtvergottung in die Ideologie des Imperiums zu verwandeln. Aus dem Kreuz des Mitleidens mit den Unterdrückten wurde das Siegeszeichen der Unterdrücker.

Damit muss Schluss sein. Schon seit den 60er Jahren des vorigen Jahrhunderts hatten Befreiungstheologen besonders bei uns in Lateinamerika, aber auch in Asien und Afrika und sogar einzelne im Westen darauf hingewiesen, dass man im Sinn der Bibel nur Christ sein kann, wenn man sich klar an die Seite der Armen stellt. Die katholische Bischofskonferenz Lateinamerikas schloss sich zunächst dieser Linie an. Das ist jedoch schon Geschichte. Seit der Neoliberalismus in den 80er Jahren an Boden gewann, wurden diese Stimmen immer mehr zurückgedrängt – nicht zuletzt auch durch die Abwendung des Vatikans vom 2. Vatikanischen Konzil. In der protestantisch-orthodoxen Ökumene vollzog sich diese Restauration vor allem nach dem Zusammenbruch des staatskapitalistischen Sozialismus.

Nun kam, wie Sie ja wissen, 1995 ein neuer Anstoß aus Afrika, als Vertreter reformierter Kirchen im südlichen Afrika sagten:

»Es ist unsere schmerzhafte Schlussfolgerung, dass die afrikanische Realität der Armut, die durch eine ungerechte ökonomische Weltordnung verursacht wird, nicht einfach ein ethisches Problem ist. Vielmehr ist sie ein theologisches Problem. Sie begründet nun einen *status confessionis*. Mit den Mechanismen der globalen Wirtschaft steht heute das Evangelium selbst, die gute Nachricht für die Armen, auf dem Spiel.«

Das bedeutet, die Afrikaner stellten die gegenwärtige neoliberale Weltwirtschaft aus biblisch-kirchlicher Perspektive auf die gleiche Stufe wie die ebenfalls total pervertierten Systeme des Nationalsozialismus und der Apartheid. Das heißt, sie sehen eine Bekenntnissituation gegeben, in der die Kirche eindeutig »Ja, ja«, »Nein, nein« sagen muss, wenn sie nicht ihr Kirchesein verlieren will. Darauf rief die Generalversammlung des Reformierten Weltbundes in Debrecen 1997 die Mitgliedskirchen zu »einem verbindlichen Prozess der wachsenden Erkenntnis, der Aufklärung und des Bekennens *(processus confessionis)* bezüglich wirtschaftlicher Ungerechtigkeit und ökologischer Zerstörung« auf. Inzwischen haben sich auch der Ökumenische Rat der Kirchen (ÖRK), der Lutherische Weltbund (LWB) und alle regionalen Kirchenräte diesem Prozess verpflichtet und versuchen, die Mitgliedskirchen weltweit auf allen Ebenen daran zu beteiligen.

Wie Sie sich denken können, waren wir in Argentinien sehr froh, dass dieser Prozess in Gang kam. Hatten wir doch unsere einschlägige Erfahrung mit dem, was mit den Stichworten neoliberale Globalisierung oder neoliberaler Kapitalismus bezeichnet wird. Eingeführt wurde er bei uns in Lateinamerika durch von den USA eingesetzte und geförderte Militärdiktaturen. Sie hatten ja die Aufgabe, unsere Märkte und Industrien für das transnationale Kapital zu öffnen, vor allem aber Schulden zu machen. Denn dadurch konnten die Gläubiger und ihre Helfer, Internationaler Währungsfonds und Weltbank, unsere Wirtschafts- und Sozialpolitik bestimmen. Das Ergebnis war niederschmetternd: Vor der Einführung des Neoliberalismus waren wir eine Gesellschaft mit 60 Prozent Mittelklasse, nach dem katastrophalen Zusammenbruch dieser Politik sind wir eine Gesellschaft mit 60 Prozent unter der Armutsgrenze.

Und nun hat sich ein Wunder ereignet: Auf der 24. Generalversammlung des Reformierten Weltbundes in Accra / Ghana im vergangenen August ist es den Kirchen des Südens und auch solidarischen Delegierten des Nordens gelungen, ein klares Bekenntnis gegen den globalisierten neoliberalen Kapitalismus abzulegen und sich auf den Kampf für Alternativen zusammen mit den sozialen Bewegungen zu verpflichten. Dieses Bekenntnis ist bewusst in Analogie zu der »Barmer Theologischen Erklärung« verfasst, die 1934 den Grundstein für die Bekennende Kirche gegen den Nationalsozialismus legte; Sie finden die gesamte Erklärung in der Anlage.

Was ist dabei der springende Punkt? Auf dieser Basis muss es möglich sein, dass Süd- und Nordkirchen gemeinsam den Kampf aufnehmen. Es geht nicht etwa um Armut als solche. Vielmehr geht es um Reichtum, der arm macht. Es geht um Mechanismen der Bereicherung, die als naturnotwendig erklärt und somit vergötzt werden. Armut ist die Folge. Darum kann es die Kirche nicht vermeiden, in Konflikt mit diesem Reichtum zu geraten. Nur so kann sie mitwirken, die Ursachen der gegenwärtigen Misere anzupacken. Bekanntlich reicht es nicht, die unter die Räuber Gefallenen zu versorgen. Man muss sich um die Räuber kümmern und sogar um die Ursachen dafür, dass und warum es Räuber gibt. Ihr großer deutscher Theologe Dietrich Bonhoeffer griff in diesem Zusammenhang das Luther zugeschriebene Wort wieder auf: »Wenn der Kutscher trunken ist, muss man nicht nur die unter die Räder geratenen Opfer verbinden, sondern dem Rad in die Speichen fallen.«

Die Betonung der Frage nach dem Reichtum bedeutet nicht, dass – biblisch gesehen – die Umkehr der Reichen der strategische Ansatz wäre. Die realen gesellschaftlichen, wirtschaftlichen und politischen Verhältnisse der Ungerechtigkeit und der Unterdrückung zu ändern, das ist der Sinn des Exodus aus Ägypten unter Mose, das bringt, oft in hartem Kampf mit

der Oberschicht, welche die Propheten anklagen, die Rechts-
formen des Bundesbuchs und des Deuteronomiums hervor.
Gegen die totalitär werdenden hellenistischen Großreiche
gehen nicht die Oberpriester in den Widerstand, sondern die
Landbevölkerung. Jesus kann mal gerade einen Reichen, den
Zachäus, bekehren. Seine Strategie im Kontext des kommenden Reiches Gottes ist eindeutig: die Armen zu ermächtigen,
die Alternative Gottes selbst zu beginnen und zu leben.

Die lateinamerikanische Befreiungstheologie nennt dies, wie
Sie sicher wissen, das *Subjektwerden der Armen*. Und der Anfang der Subjektwerdung für alle ist das »Schreien« der Verlierer (vgl. Ex 3). Sie müssen jeweils aus ihrem Schmerz heraus die nötigen Kräfte sammeln und organisieren, um die
Unterdrückung zu überwinden und eine neue, gerechtere
Ordnung zu schaffen.

Die Frage nach den Reichen und ihrer Rolle ist also nicht die
Frage nach den Subjekten der Veränderung, sondern gerade
nach den Kräften der Blockierung von notwendiger Veränderung. Das hat durchaus praktische Bedeutung. Wenn z. B.
die EKD in Deutschland immer gern den Dialog mit den
Mächtigen als Weg zu einer Lösung von Problemen empfiehlt
und versucht, statt sich klar an die Seite der Unterlegenen
zu stellen und mit ihnen gemeinsam zu kämpfen, so ist das
bereits ein Zeichen für ihre Gefangenschaft in dem beste-
henden Machtsystem. Das Gleiche gilt für den nach wie vor
in vielen Kirchen herrschenden Expertenglauben, pseudo-
theologisch verbrämt mit einer neulutherischen Zweireiche-
lehre (»Die Vernunft erkennt die Sachgesetze«). Persönlich
zielt Gottes Heilsruf freilich auf alle, was dann wieder sekun-
där strategische Bedeutung haben kann.

Wenn der springende Punkt die Bereicherung der Reichen
ist, welche die Armen verarmt und die Natur zerstört, was ist

dann die Alternative? Die Magna Charta der biblischen Ökonomie, die Geschichte der Speisung des Volkes in der Wüste durch geschenktes Manna, beschreibt sie so: »*Als sie die Gomer (das sind Gefäße) zählten, hatte keiner, der viel gesammelt hatte, zuviel, und keiner, der wenig gesammelt hatte, zu wenig. Jeder hatte so viel gesammelt, wie er zum Essen benötigte*« *(Ex 16,18).* Das ist die Ökonomie des genug für alle. Die Zapatisten in Mexico wollen auf das Gleiche hinaus, wenn sie ihr Ziel beschreiben als »eine Gesellschaft, in der alle im Einklang mit der Natur Platz haben«. Diese Ökonomie ist an den Lebensbedürfnissen der Menschen über die Generationen hinweg orientiert, nicht an der kurzfristigen maximalen Akkumulation von Kapital durch möglichst hohe Profite der Kapitaleigner.

Diese zweite Art von Ökonomie begann in ihren Vorformen bereits in biblischen Zeiten. Die Propheten nennen die neue Bereicherungsökonomie Raub an den Armen (Jes 3,14). Es ist aber wichtig, diesen Raub nicht allein als individuelles Fehlverhalten von Einzelnen zu begreifen. Es geht um das Ganze einer Gesellschaftsordnung und damit im Fall Israels und Judas um die Frage, ob das Volk Jahwe oder Baal und im Fall Jesu Abba oder Mammon folgt.

Für unsere Auseinandersetzungen innerhalb und zwischen unseren Kirchen heute ist es entscheidend zu erkennen, worin diese Mechanismen bestehen. Sie haben mit der Einführung des Privateigentums zu tun – nicht im Sinn von Gebrauchseigentum, sondern von Eigentum, mit dessen Hilfe man nach Marktgesetzen Vermögensvermehrung betreiben kann. Der Zusammenhang von verabsolutiertem Verfügungseigentum – Zins – Geld – Verlust des verpfändeten Landes/ Schuldsklaverei auf der einen und wachsender Großgrundbesitz mit Bewirtschaftung durch Sklavenarbeit auf der anderen Seite ist also strukturell ein Mechanismus, der den Segenskreislauf umkehrt und damit zwingend in Gegensatz zu Jahwe gerät. Entsprechend klagen ihn die Propheten an. Darüber hinaus versuchen jahwetreue Kräfte, ihn mit Hilfe von Rechtsreformen wenigstens durch präventive und korrigierende Wirtschafts- und Sozialgesetze zum Schutz der Verarmenden zu zähmen. Die theologische Grundlage dafür ist die klare Aussage, dass Jahwe das Land gehört und deshalb nicht zur verkäuflichen Ware gemacht werden darf. Die Einzelnen, insbesondere die im Sinn des israelitischen Nutzungsrechts landbesitzenden, freien Bauern werden entsprechend danach beurteilt, ob sie dem in Arm und Reich spaltenden Mechanismus folgen oder der Tora, die diesen Mechanismus so zu regulieren versucht, dass Verarmung, Verschuldung und Versklavung ausgeschlossen oder wieder rückgängig gemacht wird.

Die Schriften des Neuen Testaments führen diese Traditionen der hebräischen Bibel weiter. *Die älteste Jesustradition* hat zwei große Themen: die Umkehrung der Verhältnisse zwischen Arm und Reich sowie die Freundschaft Jesu zu Zöllnern und Sündern. Beim ersten Thema steht also nicht der Ausgleich zur Debatte, sondern eine radikale Umkehr: Die Spaltung zwischen Arm und Reich ist so verfestigt, dass es keine Vermittlungen mehr gibt. Jesus als der endzeitliche Messias preist die Armen, Hungernden und Weinenden selig (Lk 6,20 f.). Über die Reichen sagt er: »Es ist leichter, dass ein Kamel durch ein Nadelöhr geht, als dass ein Reicher in die Königsherrschaft Gottes eingeht« (Mk 10,25). »Die Letzten werden die Ersten sein und die Ersten die Letzten« (Mt 20,16).

Die *frühen christlichen Gemeinden* führen diese Ansätze der ältesten Jesustradition und der Wanderprediger weiter. Vor allem der Evangelist Lukas behandelt die Frage der Reichen. Besonders aufschlussreich ist die *Erzählung vom begüterten Mann*, der das »ewige Leben« gewinnen möchte (Mk 10,17-31/Lk 18,18-30). Der Reiche kann deshalb nicht in das Reich Gottes kommen, weil er nicht bereit ist, seine Teilnahme an dem Raubmechanismus aufzugeben und Wiedergutmachung zu leisten. Reiche, die den Akkumulationsmechanismen des Reichtums verfallen sind, sind Sklaven des Herren Mammon (vgl. Lk 16,13: *»Kein Sklave kann zwei Herren dienen. Ihr könnt nicht beiden dienen, Gott und dem Mammon«*). Die Befreiung Reicher ist also so schwer wie Sklavenbefreiung. Psychologisch gesprochen geht es um Suchttherapie. In Ihrem, aber auch in unserem Land, lieber Herr Bischof, würde natürlich zu reflektieren sein, inwiefern die Mittelklasse als »begüterte« betroffen ist.

Dass bei Gott kein Ding unmöglich ist, Gott also auch Reiche in das Reich Gottes retten kann, kommt in der Geschichte des Zachäus zum Ausdruck (Lk 19,1-10). Jesus lädt sich bei ihm ein. Der Arme gewährt dem Reichen Tischgemeinschaft. Dadurch wird dieser so von Freude erfüllt, dass er spontan seine Wirtschaftspraxis ändert und sein Eigentum teilt. Zachäus verzichtet auf die Güter durch eine doppelte Handlung: Er gibt die Hälfte seines Eigentums den Armen. Das ist weit mehr als die im jüdischen Bereich geltenden Höchstsätze für die Almosen der Armenfürsorge. Zweitens leistet er Wiedergutmachung und zwar – wie es nach damaligem Recht von Räubern verlangt wird – das Vierfache der zu Unrecht erpressten Zollsumme. Ein Kommentator bringt die Folgerung aus dieser Geschichte auf den Punkt: *»Gott rettet die Reichen, indem er sie zu Besitzverzicht befähigt.«*

Das wird noch einmal bestätigt durch die Weiterführung des Themas des innergemeindlichen Besitzausgleichs in der *Apos-*

telgeschichte. Hier wird das freiwillige Teilen des Eigentums in der vom Pfingstgeist inspirierten Gemeinde als allgemeine Praxis dargestellt (2,44 f.; 4,32-35). In der Wirtschaft geht es um Leben und Tod. Wirtschaften im Sinn der Bereicherungsmechanismen tötet, Wirtschaft des Teilens und des genug für alle ermöglicht Leben.

Nun kommen wir zum entscheidenden Punkt, Herr Bischof. Sind das alles nette Geschichten aus einer vergangenen Zeit, oder ist die Bibel noch die verbindliche Richtschnur auch für Kirchen im Norden? Eine der beliebtesten und billigsten Ausreden lautet: Die Verhältnisse in den biblischen Zeiten sind völlig anders als heute. Sie mochte so lange plausibel sein, als man bei der Kontextanalyse der hebräischen Bibel wesentlich von monarchisch-aristokratischen polit-ökonomischen Systemen ausging. Spätestens jedoch seit deutlich ist, dass quer dazu und diese durchdringend sich seit dem 8. Jh. v. Chr. – auch in Israel – eine marktförmige Wirtschaftsform entwickelt, ist dieses Argument obsolet geworden. Sie bewirkt eine Desolidarisierung der freien Produzenten, spaltet diese in Landlose und Schuldsklaven auf der einen und sich (auch finanziell) bereichernde Großgrund- und Sklavenbesitzer sowie Händler auf der anderen Seite. Als dann die hellenistisch-römischen Imperien diese Wirtschaftsform »globalisieren«, verfestigen sich die polit-ökonomischen Mechanismen zum scheinbar alternativlosen System.

Genau an dieses System knüpft der neuzeitliche, zunächst europäische Kapitalismus an, er verschärft es und entwickelt es auf der Basis neuer Produktionsmittel bis zum heutigen Tag weiter. Sie kennen die Fakten, vom Zinseszins, den Florenz im 13. Jahrhundert auf den Zins setzt, über die Sklaverei und (seit dem 14. Jahrhundert zuerst in England durch die Privatisierung des Bodens bedingte) Lohnarbeit, bis hinein in die vielfältigen Formen der Peonage, die es noch heute gibt. Die Feuerwaffe ermöglicht sowohl den weltweiten Raub an Land und Bodenschätzen wie die innere Unterdrückung von Widerstand (Niederschlagung der Bauernaufstände). Der industrielle Kapitalismus und finanzielle Innovationen wie Papiergeld treiben den Liberalismus seit dem 19. Jh. voran, der dem Markt Vorrang vor politischer Regulierung verschafft. Zwar hatte die Arbeiterbewegung in den Industrieländern für die kurze Zwischenphase nach dem Zweiten Weltkrieg eine soziale Regulierung der Marktwirtschaft durch den Wohlfahrtsstaat erkämpft. Diese wird aber im Zusammenhang mit der technologischen und finanziellen elektronischen Revolution seit den 70er Jahren des vorigen Jahrhunderts systematisch und zunehmend abgebaut. Das Kapitaleigentum kann global mobil seinem Wesen entsprechend schrankenlose Selbstvermehrung betreiben und das gesamte Leben dieser seiner Logik unterwerfen. Die bekannte Folge ist: Ausschluss, Hunger, Tod, Sozialabbau und Naturzerstörung, d.h. die Auflösung der großen Gemeinschaft des Lebens in gerechten Beziehungen.

Um diese Logik noch einmal auf ihren Kern hin deutlich zu machen, erinnere ich Sie an eine Äußerung eines der Väter des Neoliberalismus, den Nobelpreisträger *Friedrich v. Hayek,* der eine große Wirkung auf die folgende Ökonomengeneration hatte. Er sagte bei einem Besuch in Chile zur Unterstützung des Diktators Pinochet und seiner neoliberalen Politik (zitiert in »El Mercurio« vom 19. 4. 1981):

»Eine freie (Markt-)Gesellschaft benötigt moralische Bestimmungen, die sich letztendlich darauf zusammenfassen lassen, dass sie Leben erhalten: nicht die Erhaltung aller Leben, weil es notwendig sein kann, individuelles Leben zu opfern, um eine größere Zahl von anderen Leben zu erhalten. Deshalb

sind die einzigen wirklichen moralischen Regeln diejenigen, die zum »Lebenskalkül« führen: das Privateigentum und der Vertrag.«

Hier wird das Privateigentum, das, weil in Geld gemessen, zentral im Kapitaleigentum seinen Ausdruck findet, zum Richter über Leben und Tod gemacht. Wer Privateigentum in den Markt einbringen kann (einschließlich das Eigentum an der eigenen Arbeitskraft), darf nach dem »Lebenskalkül« leben. Wer keines hat oder mangels bezahlter Arbeit verhindert ist, es einzubringen, kann geopfert werden. Das ist nicht etwa als die Beschreibung eines bedauerlichen Zustands gemeint, sondern als »die einzige wirkliche moralische Regel«. Auf Selbstvermehrung zielendes Kapitaleigentum wird somit zum Absolutum, zum Menschen opfernden und Natur zerstörenden Gott dieses Systems. Psychologisch gesehen ist das Privateigentum die materielle Grundlage des neuzeitlichen Individualismus; ökonomisch gesehen sind Privateigentum und Vertrag die konstitutiven Elemente des kapitalistischen Marktes. In ihm funktioniert der homo oeconomicus. Theologisch gesehen verkörpert er das Wesen der Sünde: homo incurvatus in se – der in sich selbst verkrümmte Mensch (Luther).

Damit ist für die Beziehung biblischer Traditionen auf die neuzeitliche und gegenwärtige politisch-ökonomische, ideologische und »religiöse« Wirklichkeit ein klarer gemeinsamer Bezugsrahmen gegeben: Wenn Propheten, Rechtsreformen und Jesus Partei für die Verarmenden und gegen die sich Bereichernden ergreifen, treffen sie keine moralisch-ethischen Urteile über Einzelpersonen, etwa weil diese sich innerhalb an sich akzeptabler sozio-ökonomischer Systeme kriminell verhalten. Wenn Einzelpersonen angesprochen werden, so werden sie darauf befragt, ob sie aktiv oder passiv in diesen

Systemen mitmachen. Und zu diesen Systemen von Bereicherungsökonomie sagt die Bibel ein klares Nein.

Was aber tun in dieser Hinsicht Ihre Kirchen? Werden Ihre
Kirchen nach dem Bekenntnis von Accra nun bereit sein, gemeinsam dieses klare Nein zu sprechen und mit den sozialen
Bewegungen nach grundlegenden Alternativen zu suchen? –
Werden sie offiziell Reiche, insbesondere solche, die sich
Christen nennen, aufrufen, im Kontext des imperialen Neoliberalismus zu Gott umzukehren, ihr Eigentum in einer den
gegenwärtigen Wirtschaftsverhältnissen angepassten Form
mit den Armen zu teilen und ungerechte Wirtschaftspraktiken zu ändern (sowohl persönlich wie auch im heutigen Kontext von Demokratie gesellschaftlich), wie es Jesus und die
Urchristenheit in ihrem hellenistisch-römischen Kontext getan haben? Und die reichen Kirchen selbst? Dietrich Bonhoeffer wagte in seinen Briefen aus der Haft für die Kirche
nach dem Zusammenbruch des Nationalsozialismus noch die
Vision:

»Die Kirche ist nur Kirche, wenn sie für andere da ist. Um
einen Anfang zu machen, muss sie alles Eigentum den Notleidenden schenken. Die Pfarrer müssen ausschließlich von
den freiwilligen Gaben der Gemeinden leben, eventuell einen
weltlichen Beruf ausüben. Sie muss an den weltlichen Aufgaben des menschlichen Gemeinschaftslebens teilnehmen,
nicht herrschend, sondern helfend und dienend. Sie muss den
Menschen aller Berufe sagen, was ein Leben mit Christus ist,
was es heißt, ›für andere da zu sein‹.«

Wo und wie könnten Ihre Kirchen heute anfangen? Das können nur Sie selbst herausfinden, aber anfangen müssen Sie.
Denn wenn die Kirchen des Südens, welche für die Mehrheit
der notleidenden Weltbevölkerung sprechen, und nun auch
die weltweite Gemeinschaft der reformierten Kirchen als

Pioniere der Ökumene unser globales System der Bereicherung und Verarmung zur Bekenntnisfrage erklären, müssen Sie sich dazu verhalten, ob Sie wollen oder nicht. Denn Sie sind Mit-Täter, und direkt vor Ihrer Haustür leben auch die Mit-Opfer. Natürlich gilt das auch für uns in den Kirchen des Südens. Deshalb müssen wir uns eben gemeinsam auf den Weg machen.

Wir sehen hier einerseits eine kritisch-selbstkritische Aufgabe. Können wir es hinnehmen, wenn unter dem Namen »Kirche« oder »christlich« antichristlich oder Christus verdunkelnd geredet und gehandelt wird? Das gilt nicht nur für den blasphemischen Gebrauch des Gottesnamens zur Legitimation eines Angriffskrieges wie im Fall des US-Präsidenten Bush oder für die »Theology of prosperity« zur Absegnung des Kapitalismus. Sondern das gilt z. B. auch für die Entscheidungen der Synode der Evangelischen Kirche in Hessen und Nassau (EKHN) im Herbst 2003, von denen wir hörten. Sie ist für ihre PfarrerInnenschaft aus dem solidarischen Rentensystem ausgestiegen und hat so dem Trend der Privatisierung öffentlicher Dienste zur Grundversorgung nachgegeben. Auch hat sie eine Gehaltserhöhung der oberen kirchlichen Einkommensgruppen beschlossen bei gleichzeitigen Sparprogrammen für die unteren. Wir konnten es gar nicht glauben, als wir hörten, dass so etwas in Deutschland heute möglich ist. Wir halten dies für ein faktisches Bekenntnis zum Neoliberalismus. Und können Sie es im Blick auf das Kirchesein und die Glaubwürdigkeit der Kirche im Sinn des Evangeliums hinnehmen, wenn der alte und neue Ratsvorsitzende der EKD, Kock und Huber sowie der Vorsitzende der Katholischen Bischofskonferenz, Kardinal Lehmann, für die »Agenda 2010« der rot-grünen deutschen Bundesregierung – wenn auch inzwischen mit kritischen Korrekturen – plädieren, ohne grundsätzliche systemische Alternativen zu fordern? Denn die »Reform«-Maßnahmen bürden den Erwerbslosen, den Sozialhilfeempfängerinnen und -empfängern sowie den Kranken zusätzliche Belastungen auf, während die Reichen nicht nur ungeschoren bleiben (sie brauchen z. B. weiterhin keine Vermögenssteuern zu zahlen und müssen sich auch weiterhin nicht an den solidarischen sozialen Sicherungssystemen beteiligen), sondern ihnen auch systemische Möglichkeiten der Bereicherung zur Verfügung stehen. Die Brüder Aldi haben 2003 ihr Vermögen um 2,3 Mrd. Euro vermehren können! Auch können wir es nicht verstehen, dass es die Kirchen in Deutschland widerspruchslos hinnehmen, dass sich eine Partei »christlich« nennt, die mit den Liberalen zusammen die Speerspitze der politischen Kräfte ist, die privaten Reichtum der wenigen mit Hilfe des Sozialabbaus und der öffentlichen Armut steigern. Und es gibt sicher noch mehr Beispiele für die unserer Wahrnehmung nach unbiblische Desorientierung der Kirchen in Deutschland, wenn es um ihre Haltung gegenüber den uns alle zerstörenden globalen Neoliberalismus in der Gesellschaft geht.

Aber auch im Blick auf die binnenkirchliche Struktur und Praxis selbst sehen wir Anlass zur Selbstkritik. Ich will nur auf die zentrale Bedeutung des Umgangs mit Geld hinweisen. Viele Kirchen und ihre Glieder haben durchaus bereits die Frage des »ethischen Investments« nach sozialen und ökologischen Kriterien aufgegriffen, soweit wir sehen. Dabei wird aber zumeist die Frage der Zins- oder Renditehöhe ausgeklammert. In den meisten Ihrer kirchlichen Grundordnungen finden sich im Blick auf Geldanlagen noch immer als einzige Kriterien »gewinnbringend und mündelsicher«. Gegen mündelsicher ist nichts einzuwenden, aber »gewinnbringend« ohne Qualifizierung hält keinem biblischen und theologischen Argument stand und muss unbedingt korrigiert werden. Zwar ist in einer Wachstumswirtschaft durchaus zu argumentieren, dass das Kapital einen Anteil am erwirtschafteten Gewinn in Form von Zinsen beanspruchen kann. Wenn hingegen die Zins- über der Wachstumsrate liegt, raubt der Geldvermögensbesitzer den anderen am Wirtschaftsprozess Beteiligten, also vor allem den Arbeitenden, den gerechten Anteil am gemeinsam Erwirtschafteten. Luther und Calvin haben das klar gesehen und deshalb das anteilige Risiko der Kapitaleigner gefordert. Das Argument, die Kirchen bräuchten die Zinseinnahmen zu marktüblichen Bedingungen (wenn auch unter Berücksichtigung sozialer und ökologischer Investitionskriterien), ist gleichbedeutend mit der plausiblen Aussage, Räuber brauchten ja auch etwas als Lebensunterhalt. Hier ist deshalb unseres Erachtens dringender Handlungsbedarf gegeben – insbesondere für Kirchen wie in Deutschland, die Milliardenbeträge investieren.

Andererseits sehen wir auf dem Hintergrund unserer eigenen Erfahrungen aber auch positive Handlungsmöglichkeiten für die Kirchen.

Im Blick auf den *Umbau des Pfarramtes* ist Bonhoeffers knappe und fundamentale Empfehlung, alles Eigentum den Notleidenden zu schenken, kurzfristig sicher von der Kirche in Deutschland, so, wie sie heute strukturiert ist, unmöglich umzusetzen. Die Personalkosten sind der entscheidende Faktor, der die Kirchen in das bestehende System einbindet. Deshalb ist zu fragen, ob Ihre Kirche damit beginnen kann, Erprobungsmodelle anzuregen und zu unterstützen, in denen entweder die Gemeinden ihre Pfarrer selbst tragen oder diese einen weltlichen Beruf zum Unterhaltserwerb ausüben oder in denen eine Kombination von beidem praktiziert wird. Worauf es ankommt, ist die Signalwirkung einer biblisch fundierten Neuorientierung im gegenwärtigen kapitalistischen Kontext. Hier liegt die zentrale Frage für die Zukunft der Großkirchen, weil hier über die Unabhängigkeit von den Reichen und damit über die Glaubwürdigkeit der Kirche entschieden wird. Denn eine von den Reichen abhängige Kirche kann die Gerechtigkeit Gottes nicht verkünden, weil sie sich scheut, die Wahrheit auszusprechen. Sie wird, wie wir oft gehört haben, sagen, sie müsse doch die Einheit wahren und könne deshalb nicht einseitig Stellung nehmen. Sie ist sich nicht im Klaren, dass sie gerade die Einheit der Kirche Christi bricht, indem sie die Einheit mit den Reichen wahrt. Denn im Neoliberalismus gibt es keine vorgegebene Einheit. Seinem Wesen nach spaltet er – nicht nur die Gesellschaft im allgemeinen, sondern auch den Leib Christi, der sich von den Armen her aufbaut. Neutralität in einem asymmetrischen System bedeutet Parteinahme für die Seite der Macht und des Reichtums. Wenn die Kirche Kirche sein will, muss sie sich an die Seite Gottes stellen. Und Gott holt die Mächtigen vom Thron und hebt die Niedrigen aus dem Staub (Magnificat der Maria, Lk 1, 52 f.). Das kann die Kirche aber nur, wenn sie unabhängig ist. Und unabhängig wird sie nur, wenn ihr Reichtum die Menschen sind, die sie tragen.

Ein weiterer positiver Ansatzpunkt wäre das direkte Ansprechen der Reichen. Dass dies möglich ist, haben wir an zwei Beispielen aus Deutschland gelernt. Das eine ist das Reformunternehmen Hoppmann in Siegen. Hier hat ein Unternehmer 1961 auf sein Kapital als Privateigentum verzichtet, es in eine Stiftung eingebracht, die seither die Unternehmerseite der Firma vertritt. Außerdem hat er gemeinsam mit den Angestellten ein Modell der Mitbestimmung und Gewinnbeteiligung entwickelt, das seinesgleichen sucht. Ein weiteres Beispiel ist die Initiative »Vermögende für Vermögenssteuer«.

Nachdem die rot-grüne Regierung ihr Wahlversprechen gebrochen hatte, die Vermögenssteuer wieder einzuführen, und stattdessen ein Steuergeschenk nach dem anderen an Geldvermögens- und Aktienbesitzer beschloss, während auf Sozialhilfe und Arbeitslosenunterstützung Angewiesene und abhängig Arbeitende zur Kasse gebeten wurden, meldeten sich Reiche selbst zu Wort. Anders als die Mehrheit ihrer Artgenossen, die schamlos die globale Mobilität des Kapitals zur Selbstbereicherung und zur Erpressung von Regierungen und Gewerkschaften nutzt, erinnerten sie sich an die Sozialpflichtigkeit des Eigentums, die ja eigentlich durch das Deutsche Grundgesetz Art. 14.2 ebenso wie durch das dort verankerte Sozialstaatsgebot garantiert ist. Sie boten von sich aus ihren Beitrag dazu an, dass der Staat für das Gemeinwohl und nicht nur zum Schutz des Eigentums tätig werden kann.

Wie wären also die Reichen und die Mittelklasse anzusprechen? (Ich nehme hier die Mittelklasse dazu, weil nach unserer argentinischen Erfahrung das neoliberale System dabei ist, die Mittelklasse zu zerstören und aufzuspalten in viele Verlierer und einige wenige Mitgewinner.) Psychologisch gesehen sind die Gewinner auf verschiedene Weise in den Reichtumsmechanismen gefangen. Die Reichen wesentlich durch Habsucht und den Zwang, immer siegen zu müssen. Die Mittelklasse strebt nach oben, hat deshalb Angst abzusteigen und das illusionäre Bewusstsein, dass die Ursache des Problems nicht bei »denen oben« liegen kann, wo sie ja hinstrebt. Stattdessen schafft sie Sündenböcke unten (»die Ausländer nehmen uns die Arbeitsplätze weg«) und ruft nach »law and order«. Beiden, Reichen und Mittelklasse, wären – gleichzeitig mit der klaren Verkündigung der biblischen Botschaft im Sinn des Magnificat – wie dem Zachäus Tischgemeinschaften mit den Armen zu ermöglichen, d. h. Tuchfühlung, welche die

Freude der Liebe Gottes und die Motivation zum gerechten Teilen ermöglicht.

Lieber Herr Bischof, verzeihen Sie, dass ich Ihnen eine so lange Epistel geschrieben habe. Aber mir liegt ungeheuer viel daran, Sie zu überzeugen. Sie können uns helfen, gegen alle Widerstände Ihre Kirchen samt ihren Gliedern für eine gemeinsame Glaubensverpflichtung in Wort und Tat zu gewinnen. Zur Zeit des Urchristentums waren die Gemeinden im unterdrückten Palästina ebenso wie in der unterdrückenden Reichshauptstadt Rom einig in der Entwicklung solidarischer Gemeinschaften. Dadurch waren sie stärker als das römische Reich trotz aller seiner Legionen. Wenn wir uns nun aus der konstantinischen Gefangenschaft lösen und, fest verankert im Zeugnis der Bibel, gemeinsam den Konflikt mit Reichtum und Macht wagen, werden wir heute angesichts des totalen Marktes und des immer totalitärer werdenden Imperiums am Reich Gottes teilgewinnen und an der Seite der Armen den Menschen gute Nachricht bringen.

Aber nun zum versprochenen Bündnis von Accra!

Mit Ihnen in Christus verbunden
Ihr Teofilo Lucano

Anlage

**Bund für wirtschaftliche und ökologische Gerechtigkeit
(Covenanting for Justice in the Economy and the Earth)**

Einleitung

1. Als Antwort auf den drängenden Appell der Mitgliedskirchen im Südlichen Afrika, die sich 1995 in Kitwe tra-
   fen, und in Anerkennung der wachsenden Dringlichkeit, sich der globalen wirtschaftlichen Ungerechtigkeit
   und ökologischen Zerstörung anzunehmen, forderte die
   23. Generalversammlung (Debrecen, Ungarn 1997) die
   Mitgliedskirchen des Reformierten Weltbundes auf, in
   einen Prozess der »Erkenntnis, der Aufklärung und des
   Bekennens« (processus confessionis) einzutreten. Die Kirchen reflektierten über den Text aus Jesaja 58,6 »… sprengt
   die Ketten der Unterdrückung und das Joch der Ungerechtigkeit, und lasst die Unterdrückten frei«; gleichzeitig hörten sie die Schreie ihrer Brüder und Schwestern
   rund um den Erdkreis und wurden sich bewusst, in welchem Ausmaß die Schöpfung – Gottes Geschenk – bedroht ist.

2. Seither veröffentlichten neun Mitgliedskirchen eine Glaubensverpflichtung *(faith stance)* zu diesem Thema. Einige
   Kirchen befinden sich im Prozess auf diesen Bund hin,
   und wieder andere haben sich mit dem Thema beschäftigt und die Ernsthaftigkeit der Krise erkannt. Zudem
   führte der Reformierte Weltbund in Partnerschaft mit
   dem Ökumenischen Rat der Kirchen, dem Lutherischen
   Weltbund und regionalen ökumenischen Organisationen

236

in allen Regionen der Welt Konsultationen durch, von Seoul/Bangkok (1999) bis Stony Point/USA (2004). Eine zusätzliche Konsultation mit Kirchen der südlichen Hemisphäre fand in Buenos Aires (2003) statt, gefolgt von einer gemeinsamen Konsultation von Kirchen des Südens und des Nordens in London Colney (2004).

3. Anlässlich der Generalversammlung des Reformierten Weltbundes in Accra/Ghana besichtigten wir die Sklavenverliese von Elmina und Cape Coast, wo Millionen von Afrikanern und Afrikanerinnen zusammengepfercht, verkauft und den Schrecken von Unterdrückung und Tod ausgesetzt wurden. Der Aufschrei »nie wieder« wird durch die Tatsache heutigen Menschenhandels und fortwährender Unterdrückung durch das Weltwirtschaftssystem Lügen gestraft.

4. Heute sind wir bereit, eine Glaubensverpflichtung (faith commitment) einzugehen.

Die Zeichen der Zeit erkennen

5. Wir wissen, dass die Schöpfung noch immer seufzt, in Ketten liegt und auf Befreiung wartet (Röm 8,22). Die Schreie der leidenden Menschen, aber auch die der Schöpfung selbst zugefügten Wunden sind eine Herausforderung an uns.

6. Die Zeichen der Zeit sind alarmierender geworden und bedürfen der Interpretation. Die Wurzeln der massiven Bedrohung des Lebens sind vor allem das Produkt eines ungerechten Wirtschaftssystems, das mit politischer und militärischer Macht verteidigt und geschützt wird. Wirtschaftssysteme sind eine Sache von Leben und Tod.

7. Wir leben in einer skandalösen Welt, die leugnet, dass Gottes Aufruf zum Leben allen Menschen gilt. Das Jahreseinkommen der reichsten ein Prozent entspricht dem der ärmsten 57 Prozent und 24 000 Menschen sterben jeden Tag an den Folgen von Armut und Unterernährung. Die Schulden der armen Länder nehmen weiter zu, obwohl sie ihre ursprünglichen Kredite mehrmals zurückgezahlt haben. Kriege, die um Ressourcen der Erde geführt werden, fordern das Leben von Millionen, und weitere Millionen sterben an vermeidbaren Krankheiten. Die globale Pandemie von HIV/Aids greift in allen Teilen der Welt tief ins Leben ein und trifft besonders die Ärmsten, wenn keine Generika verfügbar sind. Die Mehrheit der Armen sind Frauen und Kinder, und die Anzahl derer, die in absoluter Armut mit weniger als einem Dollar pro Tag auskommen müssen, steigt ständig.

8. Die Politik ungehinderten Wachstums unter den Industrieländern und das Streben nach Gewinn multinationaler Unternehmen haben die Erde ausgeplündert und die Umwelt schwer geschädigt. Im Jahr 1989 starb jeden Tag eine Tier- oder Pflanzenart aus; im Jahr 2000 war es bereits eine Art pro Stunde. Klimatische Veränderungen, die Plünderung der Fischbestände, Entwaldung, Bodenerosion und die Gefährdung der Trinkwasservorräte sind nur einige der verheerenden Folgen. Menschliche Gemeinschaften werden auseinandergerissen, Lebensräume gehen verloren, Küstenregionen und die pazifischen Inseln sind von Überschwemmungen und Stürmen bedroht. Hohe Radioaktivitätswerte bedrohen Gesundheit und Umwelt. Lebensformen und kulturelles Wissen werden aus Gründen der Gewinnsucht patentiert.

9. Diese Krise steht in direktem Verhältnis zur Entwicklung

der neoliberalen wirtschaftlichen Globalisierung, die auf folgenden Überzeugungen beruht:

- ungehinderter Wettbewerb, schrankenloser Konsum, ungebremstes Wirtschaftswachstum und Anhäufung von Reichtum ist das Beste für die ganze Welt;
- Privateigentum beinhaltet keine soziale Verpflichtung;
- Finanzspekulation, Liberalisierung und Deregulierung des Marktes, Privatisierung öffentlicher Versorgungsbetriebe und nationaler Ressourcen, ungehinderter Zugang für ausländische Investitionen und Importe, niedrigere Steuern und ungehinderter Kapitalverkehr schaffen Wohlstand für alle;
- Soziale Verpflichtungen, der Schutz von Armen und Schwachen, Gewerkschaftsleben und zwischenmenschliche Beziehungen sind dem Wirtschaftswachstum und der Kapitalakkumulation untergeordnet.

10. Diese Ideologie, die von sich behauptet, es gäbe zu ihr keine Alternative, verlangt den Armen und der Schöpfung unendliche Opfer ab und verspricht fälschlicherweise, die Welt durch die Schaffung von Reichtum und Wohlstand retten zu können. Sie tritt mit dem Anspruch auf, alle Lebenssphären beherrschen zu wollen, und verlangt absolute Gefolgschaft, was einem Götzendienst gleichkommt.

11. Wir sind uns des ungeheuren Ausmaßes und der Komplexität dieser Situation bewusst und suchen keine einfachen Antworten. Als Wahrheits- und Gerechtigkeitssuchende, die sich die Sichtweise der Machtlosen und Leidenden zu Eigen machen, sehen wir, dass die gegenwärtige Welt-(Un-)Ordnung auf einem außerordentlich komplexen und unmoralischen Wirtschaftssystem beruht, das von (einem) Imperium verteidigt wird. Unter dem

Begriff »Imperium« verstehen wir die Konzentration wirtschaftlicher, kultureller, politischer und militärischer Macht zu einem Herrschaftssystem unter der Führung mächtiger Nationen, die ihre eigenen Interessen schützen und verteidigen wollen.

12. In der klassischen liberalen Wirtschaft besteht die Aufgabe des Staates darin, das Privateigentum und das Einhalten der Verträge im Wettbewerb der Märkte zu schützen. Bedrängt durch die Kämpfe der Arbeiterbewegung begannen die Staaten, die Märkte zu regulieren und für die soziale Wohlfahrt der Menschen zu sorgen. Seit den achtziger Jahren begann der Neoliberalismus durch die Internationalisierung der Kapitalflüsse die sozialen Funktionen des Staates abzubauen. Nach neoliberaler Anschauung besteht der Zweck der Wirtschaft darin, den Gewinn für Eigentümer von Produktions- und Finanzkapital zu mehren, was dazu führt, dass die Mehrheit der Menschen ausgeschlossen werden und mit der Schöpfung so umgegangen wird, als sei sie eine Handelsware.

13. Die Globalisierung der Märkte hatte auch eine Globalisierung der zu ihrem Schutz eingerichteten politischen und rechtlichen Institutionen und Regelwerke zur Folge. Die Regierung der Vereinigten Staaten von Amerika und ihre Alliierten bedienen sich – in Zusammenarbeit mit internationalen Finanz- und Handelsinstitutionen (Internationaler Währungsfonds, Weltbank, Welthandelsorganisation) – politischer, wirtschaftlicher oder auch militärischer Bündnisse, um die Interessen der Kapitaleigner zu schützen und zu fördern.

14. Wir beobachten also eine dramatische Konvergenz zwischen der Wirtschaftskrise einerseits und dem Integrationsprozess von wirtschaftlicher Globalisierung und Geo-

politik andererseits und dies vor dem Hintergrund der neoliberalen Ideologie. Es handelt sich hier um ein globales System, das die Interessen der Mächtigen verteidigt und schützt. Wir sind alle davon betroffen, und keiner kann sich ihm entziehen. In biblischen Begriffen wird ein solches System der Anhäufung von Reichtum auf Kosten der Armen als Treuebruch gegenüber Gott angesehen, das verantwortlich ist für vermeidbares menschliches Leid und Mammon genannt wird. Jesus sagte, wir könnten nicht zugleich Gott und dem Mammon dienen (Lk 16,13).

Bekenntnis des Glaubens (confession of faith)
angesichts wirtschaftlicher Ungerechtigkeit und
ökologischer Zerstörung

15. Eine Glaubensverpflichtung (faith commitment) kann ihre Ausdrucksform gemäß der jeweiligen regionalen und theologischen Tradition in unterschiedlicher Weise finden: als Bekenntnis (confession), als gemeinsamer Akt des Bekennens (confessing), als Glaubenserklärung (faith stance) oder als ein Akt der Treue (being faithful) gegenüber dem Bund Gottes. Wir haben das Wort Bekennen / Bekenntnis (confession) gewählt, nicht im Sinne eines klassischen Lehrbekenntnisses (doctrinal confession) – denn dazu ist der Reformierte Weltbund nicht befugt –, sondern um auf die Notwendigkeit und Dringlichkeit einer aktiven Antwort auf die Herausforderungen unserer Zeit sowie auf den Appell von Debrecen hinzuweisen. Wir laden die Mitgliedskirchen ein, sich unser gemeinsames Zeugnis anzueignen und sich damit auseinander zu setzen.

16. Vor dem Hintergrund unserer reformierten Tradition und der Erkenntnis der Zeichen der Zeit erklärt die Generalversammlung des Reformierten Weltbundes, dass die Frage der globalen wirtschaftlichen Gerechtigkeit eine für die Integrität unseres Gottesglaubens und unsere Nachfolgegemeinschaft als Christinnen und Christen grundlegende Frage ist. Wir glauben, dass die Integrität unseres Glaubens auf dem Spiel steht, wenn wir uns gegenüber dem heute geltenden System der neoliberalen wirtschaftlichen Globalisierung ausschweigen oder untätig verhalten. Darum **bekennen wir** vor Gott und voreinander:

17. **Wir glauben** an Gott, den Schöpfer und Erhalter allen Lebens, der uns zu Partnerinnen und Partnern der Schöpfung und Erlösung der Welt beruft. Wir leben unter der Verheißung, dass Jesus Christus gekommen ist, damit alle Leben in Fülle haben (Joh 10,10). Gestärkt und geleitet vom Heiligen Geist öffnen wir uns der Wirklichkeit der Welt.

18. **Wir glauben**, dass Gott über die ganze Schöpfung regiert. »Die Erde ist des Herrn und was darinnen ist« (Ps 24,1).

19. **Darum sagen wir Nein*** zur gegenwärtigen Weltwirtschaftsordnung, wie sie uns vom globalen neoliberalen Kapitalismus aufgezwungen wird. Nein aber auch zu allen anderen Wirtschaftssystemen – einschließlich der Modelle absoluter Planwirtschaft –, die Gottes Bund verachten, indem sie die Notleidenden, die Schwächeren und die Schöpfung in ihrer Ganzheit der Fülle des Lebens berauben. Wir weisen jeden Anspruch auf ein wirtschaftliches, politisches und militärisches Imperium zurück, das Gottes Herrschaft über das Leben umzustürzen versucht und

---

* *siehe* Postscriptum!

dessen Handeln in Widerspruch zu Gottes gerechter Herrschaft steht.

20. **Wir glauben,** dass Gott einen Bund mit der ganzen Schöpfung eingegangen ist (1 Mo 9,8-12). Gott hat eine Gemeinschaft auf Erden ins Leben gerufen, die auf einer Vision der Gerechtigkeit und des Friedens beruht. Der Bund ist eine Gnadengabe, die nicht auf dem Marktplatz käuflich ist (Jes 55,1). Er ist eine Ökonomie der Gnade für den Haushalt der ganzen Schöpfung. Jesus zeigt uns, dass dies ein alle einschließender Bund ist, in dem die Armen und Ausgegrenzten die bevorzugten Partner sind. Er ruft uns dazu auf, die Gerechtigkeit gegenüber »seinen geringsten Brüdern und Schwestern« (Mt 25,40) in den Mittelpunkt der Gemeinschaft des Lebens zu stellen. Die ganze Schöpfung ist gesegnet und in diesem Bund eingeschlossen (Hos 2,18 ff.).

21. **Darum sagen wir Nein** zur Kultur des ungebändigten Konsumverhaltens, der konkurrierenden Gewinnsucht und zur Selbstsucht des neoliberalen globalen Marktsystems oder jedes anderen Systems, das von sich behauptet, es gebe keine Alternative.

22. **Wir glauben,** dass jede Wirtschaftsform zur Gestaltung des Lebenshaushaltes, wie er uns durch Gottes Bund zur Erhaltung des Lebens geschenkt wurde, sich vor Gott zu verantworten hat. Wir glauben, dass die Wirtschaft dazu da ist, um der Würde und dem Wohl der Menschen in Gemeinschaft im Rahmen der Nachhaltigkeit der Schöpfung zu dienen. Wir glauben, dass wir Menschen berufen sind, uns für Gott und gegen den Mammon zu entscheiden und dass das Bekennen unseres Glaubens ein Akt des Gehorsams ist.

23. **Darum sagen wir Nein** zur unkontrollierten Anhäufung

von Reichtum und zum grenzenlosen Wachstum, die schon jetzt das Leben von Millionen Menschen gefordert und viel von Gottes Schöpfung zerstört haben.

24. **Wir glauben**, dass Gott ein Gott der Gerechtigkeit ist. In einer Welt voller Korruption, Ausbeutung und Habsucht ist Gott in einer besonderen Weise der Gott der Notleidenden, der Armen, der Ausgebeuteten, der ungerecht Behandelten und der Missbrauchten (Ps 146,7-9). Gott fordert gerechte Beziehungen zu allen Geschöpfen.

25. **Darum sagen wir Nein** zu jeder Ideologie und jedem wirtschaftlichen Regime, das den Profit über die Menschen stellt, das nicht um die ganze Schöpfung besorgt ist und jene Gaben Gottes, die für alle bestimmt sind, zum Privateigentum erklärt. Wir weisen jede Lehre zurück, die zur Rechtfertigung jener dient, die einer solchen Ideologie im Namen des Evangeliums das Wort reden oder ihr nicht widerstehen.

26. **Wir glauben**, dass Gott uns dazu aufruft, uns an die Seite der Opfer der Ungerechtigkeit zu stellen. Wir wissen, was der Herr von uns fordert, »das Gerechte zu tun, Liebe zu üben, und demütig zu sein vor unserem Gott« (Micha 6,18). Wir sind dazu aufgerufen, uns gegen jede Form der Ungerechtigkeit in der Wirtschaft und gegen die Zerstörung der Erde zu wenden, damit »das Recht ströme wie Wasser und die Gerechtigkeit wie ein nie versiegender Bach« (Amos 5,24).

27. **Darum sagen wir Nein** zu jeder Theologie, die den Anspruch erhebt, dass Gott nur auf der Seite der Reichen stehe und dass Armut die Schuld der Armen sei. Wir weisen jegliche Form der Ungerechtigkeit zurück, die gerechte Beziehungen zerstört – Geschlecht, Rasse, Klasse, Behinderung, Kaste. Wir weisen jede Theologie zurück,

die vorgibt, menschliche Interessen dürften die Natur beherrschen.

28. **Wir glauben**, dass Gott uns dazu aufruft, die Schreie der Armen und das Stöhnen der Schöpfung zu hören und dem missionarischen Auftrag Jesu zu folgen, der gekommen ist, damit alle Leben haben, und es in Fülle haben (Joh 10,10). Jesus bringt den Unterdrückten Gerechtigkeit und den Hungernden Brot; er befreit die Gefangenen und gibt den Blinden das Augenlicht (Lk 4,18); er unterstützt und schützt die Bedrängten, die Fremdlinge, die Waisen und die Witwen.

29. **Darum sagen wir Nein** zu jeder kirchlichen Praxis oder Lehre, welche die Armen und die Bewahrung der Schöpfung in ihrer Missionsarbeit nicht berücksichtigt, die deshalb denen, die »zu stehlen, zu schlachten und umzubringen« (Joh 10,10) kommen, Beistand leistet, statt dem »guten Hirten« zu folgen, der für das Leben aller gekommen ist (Joh 10,11).

30. **Wir glauben**, dass Gott alle Männer, Frauen und Kinder von überall her zusammenruft, sowohl Reiche wie Arme, um die Einheit der Kirche und deren Mission aufrechtzuerhalten, damit die Versöhnung, zu der Jesus uns beruft, sichtbar werden kann.

31. **Darum sagen wir Nein** zu jedem Versuch, im kirchlichen Leben Gerechtigkeit und Einheit voneinander zu trennen.

32. **Wir glauben,** dass der Geist uns dazu aufruft, Rechenschaft für die Hoffnung abzugeben, die durch Jesus Christus in uns ist, und zu glauben, dass Gerechtigkeit siegen und Frieden herrschen wird.

33. **Wir verpflichten uns**, einen globalen Bund für wirtschaftliche und ökologische Gerechtigkeit im Haushalt Gottes zu suchen.

34. **In Demut bekennen** wir diese Hoffnung, im Wissen, dass auch wir unter dem Gericht der Gerechtigkeit Gottes stehen.

- Wir sind uns der Mittäterschaft und Mitschuld derer bewusst, die, gewollt oder ungewollt, aus dem gegenwärtigen neoliberalen Weltwirtschaftssystem Gewinn ziehen; wir erkennen, dass dies sowohl auf Kirchen wie auf Mitglieder unserer eigenen reformierten Familie zutrifft, und wir rufen deshalb zum Bekennen unserer Sünde auf.

- Wir geben zu, dass wir in der Kultur des Konsumverhaltens, der konkurrierenden Gewinnsucht und der Selbstsucht des gegenwärtigen Wirtschaftssystems gefangen sind. Allzu oft hat das auch unsere eigene Spiritualität durchdrungen.

- Wir bekennen unsere Sünde, dass wir die Schöpfung missbraucht haben und dass wir unsere Aufgabe als Hüter und Bewahrerinnen der Natur verfehlt haben.

- Wir bekennen unsere Sünde, dass die Zerrissenheit der reformierten Familie unsere Fähigkeit, die Mission Gottes in ihrer Ganzheit auszuführen, beeinträchtigt hat.

35. **Wir glauben** – im Gehorsam gegenüber Jesus Christus –, dass die Kirche zum Bekenntnis, zum Zeugnis und zum Handeln berufen ist, selbst wenn die Obrigkeit und das menschliche Gesetz dies verbieten sollten und dies Bestrafung und Leiden nach sich ziehen kann (Apg 4,18 ff.). Jesus ist der Herr.

36. **Wir schließen uns zusammen zum Lobe** Gottes, Schöpfer, Erlöser und Geist, »der die Gewaltigen vom Thron stößt und die Niedrigen erhebt, die Hungrigen mit Gütern füllt und die Reichen leer ausgehen lässt« (Lk 1,52 f.).

37. Indem wir unseren Glauben gemeinsam bekennen, schließen wir einen Bund im Gehorsam gegen Gottes Willen. Wir verstehen diesen Bund als einen Akt der Treue in gegenseitiger Solidarität und verlässlichen Bindungen. Was uns verbindet, ist der gemeinsame Einsatz für wirtschaftliche und ökologische Gerechtigkeit, sowohl in unserem uns allen gemeinsamen globalen Kontext als auch in unserem jeweiligen regionalen und lokalen Umfeld.

38. Auf diesem gemeinsamen Weg haben einige Kirchen bereits ihre Verpflichtung in Form eines Glaubensbekenntnisses (confession of faith) ausgedrückt. Wir bitten diese Kirchen dringend, ihr Bekenntnis auf regionaler und lokaler Ebene in konkretes Handeln umzusetzen. Andere Kirchen, die sich bereits auf diesen Prozess eingelassen und entsprechende Aktionen eingeleitet haben, bitten wir ernsthaft um ein weiteres Engagement im Bereich der Aufklärung, des Bekenntnisses und konkreten Handelns. Jene Kirchen, die noch am Anfang des Prozesses, nämlich des Erkennens stehen, bitten wir im Sinn unserer gegenseitigen Verantwortung als Bundesschlusspartner, ihren Aufklärungsprozess zu vertiefen und die Frage eines Bekenntnisaktes (confession) zu erwägen.

39. Die Generalversammlung ruft die Mitgliedskirchen des RWB auf der Grundlage dieser Bundespartnerschaft auf, die nicht ganz einfache prophetische Aufgabe zu übernehmen, ihren Ortsgemeinden den Sinn dieses Bekenntnisses (confession) zu vermitteln und zu interpretieren.

40. Die Generalversammlung bittet die Mitgliedskirchen des RWB, dieses Bekenntnis (confession) umzusetzen und

sich die Empfehlungen des Ausschusses für öffentliche Angelegenheiten über wirtschaftliche Gerechtigkeit und ökologische Fragen anzueignen.

41. Die Generalversammlung beauftragt (commits) den Reformierten Weltbund, sich zusammen mit anderen Gemeinschaften (communions) – der ökumenischen Gemeinschaft, der Gemeinschaft anderer Religionen, Bewegungen der Zivilgesellschaft und Volksbewegungen – für eine gerechte Wirtschaft und die Bewahrung der Schöpfung einzusetzen und ruft unsere Mitgliedskirchen auf, das Gleiche zu tun.

42. Abschließend erklären wir mit Nachdruck, dass wir uns verpflichten, unsere Zeit und unsere Energie darauf zu verwenden, die Wirtschaft und die Umwelt zu verändern, zu erneuern und wiederherzustellen und damit das Leben zu wählen, auf dass wir und unsere Nachkommen leben können (5 Mo 30,19).

Postscriptum zur deutschen Übersetzung
von *Ulrich Duchrow*

Es stellt sich heraus, dass Delegierte der deutschsprachigen Kirchen in Europa beim RWB interveniert haben, um zu verhindern, dass die offizielle deutsche Übersetzung des Bekenntnisses das englische »reject« durchgehend mit dem »verwerfen« der Barmer Erklärung wiedergibt, wie es von der Formulierungsgruppe in Accra in einer ausdrücklichen schriftlichen Feststellung als Wortsinn gefordert wurde. Der RWB hat dem nachgegeben, allerdings ergänzt durch eine Fußnote, die die Erklärung der Formulierungsgruppe enthält, dass der Sprachgebrauch bewusst durchgängig der Barmer

Theologischen Erklärung folgt und deshalb »reject« im Deutschen »verwerfen« meint.

Dieser Vorgang wird eine gründliche theologische Debatte erfordern. Hier eine erste kurze Stellungnahme zu den Hauptargumenten derer, die »reject« nicht mit »verwerfen« wiedergegeben haben wollen.

1. Verwerfen würde verdammen bedeuten. Dies ist eine haltlose Behauptung, da dann der englische Originaltext »condemn« hätte heißen müssen und nicht »reject«.

2. Verwerfen könne nur die bekenntnismäßige Verwerfung einer Lehre bedeuten. Hier liegt das Kernproblem. Accra nun hat ausdrücklich ein klares Bekenntnis des Glaubens nicht nur gegen theologische Rechtfertigungen der neoliberalen kapitalistischen Globalisierung, sondern gegen diese selbst und ihre Ideologie abgelegt. Dass deutschsprachige Reformierte nun den Sinn des Accra-Bekenntnisses verändern wollen, indem sie in der deutschen Übersetzung einer neulutherischen Spaltung von innerkirchlich-geistlichen und säkularen Fragen das Wort reden, zwingt uns, genauer nach den Motiven zu fragen ...

3. Der Vorsitzende der entscheidenden Sitzung in Accra habe die deutschsprachigen Delegierten ermächtigt, Vorschläge für die strittige Übersetzungsfrage einzureichen. Dagegen ist zu sagen, dass die Delegierten, die diese Frage im Plenum aufwarfen, sie als eine inhaltliche hätten aufwerfen müssen. Denn wenn sie dafür plädieren wollten, nur für falsche Lehre das Wort »verwerfen« zu benutzen, so hätte das auch im englischen Originaltext eine andere Wortwahl erfordert.

Faktisch wurde nun in der offiziellen Übersetzung für »reject« der Begriff »*Wir sagen Nein zu*« gewählt. Das ist zwar ein säkularer Ausdruck, aber im Rahmen eines Bekenntnisses auch eine klare Sprache, die bei der Rezeption genug zu beißen geben wird, zumal die Fußnote auf den eigentlich gemeinten Sinn hinweist. Der Kern von »reject« heißt: Was in dem Bekenntnis von Accra verworfen wird, ist aus Glaubensgründen mit dem Kirchesein von Kirche unvereinbar.

Landeskirche Terra Nova   Freudenberg
Bischof Justus Zumkehr   Hoffnungsstr. 1
                                 15. Oktober 2004

Herrn
Teofilo Lucano
Comunidad Kairos
Calle de la solidaridad, 3
Buenos Aires

Lieber Bruder Lucano,

Ihr Brief hat mich sehr bewegt. Angesichts Ihres leiden-
schaftlichen Plädoyers sehe ich, wie sehr auch ich selbst mich
schon zu lange an den milden Frieden der Kirche mit der Gesellschaft gewöhnt habe.

Sie wollen Taten sehen. Ich habe mir deshalb drei erste
Schritte überlegt, werde aber auch den anderen Anregungen
und Forderungen Ihres Briefes nachgehen.

1. Ich werde in der Kirchenkonferenz darauf dringen, dass
   wir uns der Glaubensverpflichtung des Bekenntnisses von
   Accra anschließen und gemeinsam mit den Kirchen des
   Südens an der Umsetzung arbeiten.
2. Ich werde in unserer Landeskirche dazu aufrufen, alle
   Geschäftsbeziehungen zur Deutschen Bank, der Dresdner
   Bank und der Commerzbank abzubrechen, weil sie ge-
   richtlich überführt wurden, professionelle Hilfe zur Steuer-
   hinterziehung geleistet zu haben. Das ist natürlich nur ein
   erster Schritt, weil alle Geschäftsbanken nicht nur an solchen Machenschaften beteiligt sind, sondern an spekulativen Geldvermögensvermehrungen, die inzwischen zum

System gehören. Aber der Schritt soll ein Zeichen setzen. Positiv werden wir unsere Rücklagen in alternativen Banken anlegen.

3. Schreibe ich einen ersten Brief an ein reiches Glied unserer Landeskirche, Herrn Scherhalder. Ich lege Ihnen eine Kopie bei.

In der Hoffnung zu lernen, wie wir solidarisches Glied am Leibe Christi werden können, grüßt Sie von Herzen

Ihr dankbarer *Justus Zumkehr*

Landeskirche Terra Nova
Bischof Justus Zumkehr

Freudenberg
Hoffnungsstr. 1
15. Oktober 2004

Herrn
Dr. Felix Scherhalder
Daimlerstr. 10
70567 Stuttgart

Sehr geehrter Herr Scherhalder,

seit einigen Jahren fordern uns die Kirchen aus dem Süden auf, in einem ökumenischen Prozess »Wirtschaften im Dienst des Lebens« nach den Ursachen der Armut in ihren Ländern, aber auch bei uns zu fragen. Sie sagen, dass es bei uns Reichtum und Bereicherung gibt, die arm machen. Deshalb haben wir begonnen, nach gerechtem Wirtschaften zu fragen. Sie sagen, sonst verlören wir das Recht, uns Kirche zu nennen. In diesem Zusammenhang wenden wir uns auch an Sie.

Wir versuchen dies auf der Basis der Bibel zu tun. Das gibt uns eine gewaltige Orientierungshilfe in den komplexen Strukturen und Ideologien der heutigen Wirtschaft und Politik – obwohl das alles weit ins antike Griechenland und den Alten Orient zurückreicht.

In dieser Situation traten in Israel Propheten auf, die daran erinnerten, dass das Besondere am biblischen Gott Gottes klare Parteinahme für die Armen ist. Gott erkennen heißt, den Armen zum Recht verhelfen (Jeremia 22,16) – so wie dies von Anfang an berichtet wird.

Jesus von Nazareth setzt diese Tradition fort. Er ermächtigt, heilt und fördert die Armen auf verschiedenste Weise. In seinem Geist entstehen solidarische Gemeinschaften, in denen das Eigentum geteilt wird und es deshalb keine Armen mehr gibt (Apostelgeschichte 4,32 ff.). Gleichzeitig stellt er die Menschen vor die Entscheidung zwischen Gott und Mammon (Matthäus-Evangelium 6,24). Mammon ist die Bezeichnung sowohl für die ökonomischen Bereicherungsmechanismen wie auch für die Macht in ihnen, die in den Menschen die Gier nach immer mehr erzeugt und die sie auf den so gesammelten Reichtum wie auf einen Gott vertrauen lässt. Den damaligen Tempel, der mit Hilfe dieser Strukturen Schätze sammelt, nennt Jesus eine Räuberhöhle und treibt die, die ihn der Logik der Bereicherungswirtschaft unterwerfen, in einer öffentlichkeitswirksamen »gewaltfreien Aktion« vor die Tür. Die Reichen ruft er zur Umkehr.

Das Beispiel einer solchen Umkehr ist der Oberzöllner Zachäus in Jericho (Evangelium nach Lukas 19,1-10). Die Zollpächter in Judäa kollaborierten mit der damaligen imperialen Besatzungsmacht, den Römern. Sie mussten eine bestimmte Summe an diese abführen, hatten aber die Freiheit, für sich selbst mehr aus den Menschen herauszupressen. Das machte sie sehr unbeliebt im Volk. Als Jesus nach Jericho kam, musste Zachäus auf einen Baum klettern, um isoliert vom Volk Jesus dennoch zu sehen. Dieser sah ihn und bot ihm die Tischgemeinschaft an. Als sie in Zachäus' Haus waren, kündigte dieser aufgrund der Freude an der Begegnung mit Jesus an, dass er die Hälfte seines Vermögens den Armen geben und denjenigen, denen er zu viel Zoll abgenommen hatte, den Schaden vierfach wieder gutmachen werde. Das ging weit über die übliche Armensteuer hinaus und bedeutete gleichzeitig die Entscheidung, die üblichen wirtschaftlichen Praktiken zur Bereicherung aufzugeben und durch sie zugefügtes Unrecht wieder gutzumachen – mehr als gesetzlich gefordert.

Die Apostelgeschichte des Lukas (Kap 4,32 ff.) beschreibt dieses freiwillige Teilen des Eigentums, so dass es keine Armen mehr gibt, als die normale Praxis von allen, die Eigentum haben und zur urchristlichen Gemeinde gehören wollen. Ein Kommentar sagt: »Gott rettet die Reichen, indem er sie zu Besitzverzicht befähigt.«

Es gibt allerdings auch mehrere Geschichten, die zeigen, dass Reiche nicht bereit sind, ihr Eigentum zu teilen und deshalb Jesus nicht nachfolgen, z. B. Lukas 18, 18-30. In diesem Zusammenhang sagt Jesus: »Wie schwer ist es für Menschen, die viel besitzen, in das Reich Gottes zu kommen! ... Was für Menschen unmöglich ist, ist für Gott möglich.« Ein Beispiel dieser Möglichkeit ist Zachäus.

Lang und oft genug haben wir als Kirchen diese klaren biblischen Sachverhalte nicht deutlich ausgesprochen und so den Reichen nicht die Wahrheit gesagt. Darum versuchen wir, es nun im Rahmen des ökumenischen Prozesses »Wirtschaften im Dienst des Lebens« zu tun – in Solidarität mit den Armen und in Gemeinschaft mit vielen Christinnen und Christen in Süd und Nord.

Nun, Sie kennen das alles: Die Schere zwischen Arm und Reich öffnet sich immer weiter, die Verarmung der Mehrheit der Weltbevölkerung und die Zerstörung der Natur schreiten dramatisch voran. Und den zentralen Grund dafür kennen Sie auch: eine Wirtschaftsform, deren Hauptziel es ist, den Reichtum von Kapitaleigentümern zu vermehren (Ökonomie des shareholder value). In der Summe zieht das Kapitaleigentum weit mehr aus dem gemeinsam erwirtschafteten Ergebnis als die Arbeitenden und ohnehin die Ausgeschlossenen. Wir leben in einem System, in dem Reichtum arm macht.

Darum rufen wir auch Sie als reiches Glied unserer Kirche

auf: Bitte treten Sie mindestens der Initiative »Vermögende für Vermögenssteuer« bei. Darüber hinaus schlagen wir Ihnen vor, durch Selbstbesteuerung den arm Gemachten auf geeignete Weise Wiedergutmachung zu leisten und solche Gruppen und Bewegungen zu unterstützen, die für eine gerechtere Weltwirtschaftsordnung kämpfen. Wir fordern Sie auf, sich aller spekulativen und steuervermeidenden Reichtumsvermehrung zu enthalten und evtl. solchen Beispielen zu folgen, die nicht auf dem Privateigentum an den Produktionsmitteln aufbauen, sondern in denen das Kapital von einer Stiftung verwaltet wird und volle Mitbestimmung der Arbeitenden erreicht ist. Ein solches Beispiel ist die Firma Hoppmann in Siegen.

Weiters sind wir der Auffassung, dass – vom biblischen Glauben aus gesehen – auf Ihrem Reichtum nur dann Segen ruht, wenn er geteilt wird. Die Bibel sagt sogar, dass diejenigen, die sich an diesem System der Bereicherung auf Kosten anderer und der Erde beteiligen, unter Gottes Gericht stehen, der mit den arm Gemachten solidarisch ist. Das kann man heute auch ohne Bezug auf Gottes Gericht ausdrücken, indem man darauf hinweist, dass sozial und ökologisch zerstörerisches Handeln in einer globalen Welt auf alle zurückschlägt, auch die Täter (z. B. im Fall der Klimakatastrophe). Wer sich an diesen Mechanismen der Reichtumsvermehrung der Eigentümer beteiligt, ohne sich zu bemühen, selbst daraus befreit zu werden und sie in Richtung auf mehr Gerechtigkeit zu verändern, kann sich nicht Christ in der Nachfolge Jesu nennen. Wer zu Jesus Christus gehören – die Bibel sagt: gerettet werden – will, muss sein Eigentum und dessen Erträge mit den Armen teilen, muss diejenigen, die er durch seine Teilnahme an diesem Wirtschaftssystem geschädigt hat, entschädigen und seine Wirtschaftspraktiken ändern.

Wir verkennen nicht, dass wir alle auf die eine oder andere Weise an diesem Wirtschaftssystem teilhaben. Wir sagen dies auch zu den Gemeinden, die z. B. durch Geldanlagen, die mehr finanzielle Erträge bringen als die realwirtschaftlichen Wachstumsraten erlauben, in ungerechtes Wirtschaften verstrickt sind. Jesus sagt, es ist menschlich unmöglich, dass Reiche ins Reich Gottes kommen. Bei Gott aber ist es möglich. Wir laden Sie ein, mit Armen und armen Kirchen Kontakt aufzunehmen, sich Gottes Geist zu öffnen, wie die Urchristen ihr Eigentum mit den Armen zu teilen und so zu wirtschaften, dass alle Menschen und die Erde leben können. Wir sind gern bereit, Ihnen Kontakte zu Armen im Süden wie auch bei uns zu vermitteln – ähnlich wie Jesus dem Zachäus Tischgemeinschaft anbot. Wir sind sicher, dass die Freude eines Lebens in gerechten Beziehungen alle Mühen einer Umorientierung weit übertreffen wird.

In der Verbundenheit des Glaubens an Gottes Gerechtigkeit und Barmherzigkeit

Ihr
Bischof Justus Zumkehr

P.S.: Ich lege Ihnen einige Informationen und Dokumente aus dem ökumenischen Prozess »Wirtschaften im Dienst des Lebens« bei.

Die Probe

Zu einem seltsamen Versuch
erstand ich mir ein Nadelbuch.

Und zu dem Buch ein altes zwar,
doch äußerst kühnes Dromedar.

Ein Reicher auch daneben stand,
zween Säcke Gold in jeder Hand.

Der Reiche ging alsdann herfür
und klopfte an die Himmelstür.

Drauf Petrus sprach: »Geschrieben steht,
dass ein Kamel weit eher geht

durchs Nadelöhr, als Du, du Heid,
durch diese Türe groß und breit!«

Ich, glaubend fest an Gottes Wort,
ermunterte das Tier sofort,

ihm zeigend hinterm Nadelöhr
ein Zuckerhörnchen als Douceur.

Und in der Tat! Das Vieh ging durch,
obzwar sich quetschend wie ein Lurch!

Der Reiche aber sah ganz stier
und sagte nichts als »Wehe mir!«

Christian Morgenstern

Carl Amery
An den Bundespräsidenten

Sehr geehrter Herr Bundespräsident,

Wochen vor Ihrem Amtsantritt haben Sie angekündigt, dass
Sie »konzeptionelle und intellektuell-geistige Führung« ausüben wollen. Angesichts der zunehmenden Verflachung der
öffentlichen Diskussion ist dies freudig zu begrüßen. Der folgende Vorschlag will versuchen, Ihnen diese hohe selbstge-
stellte Aufgabe zu erleichtern, zumindest einige Orientierungsdaten zu nennen, welche eine solche Führung verwenden
müsste.

Es gilt als Erstes, die zentrale Krise zu orten und zu dcfinie-
ren, die wir vor allen anderen Problemen anzugehen haben.
Sie ist spätestens seit den Sechzigerjahren des letzten Jahrhunderts bekannt als das »Dilemma der Menschheit«, wurde
von den so genannten *concerned scientists* wie Paul Ehrlich
und G. R. Taylor, später von Barry Commoner, E. F. Schumacher, Edward Goldsmith und vielen anderen beschrieben und
1972 im historischen Meadows-Bericht quantitativ darzustel-
len versucht – was die einzig wahrhaft originelle ideelle Perspektive des 20. Jahrhunderts, nämlich die ökologisch-bio-
sphärische, eröffnete.

Dieses Dilemma der Menschheit, das größte seit der Sess-
haftwerdung, ist längst über das Soziologisch-Politische hi-
nausgewachsen, ist zur erdgeschichtlichen Krise geworden:
Die künftige Bewohnbarkeit des Planeten (jedenfalls für die
Lebensformen, die gegenwärtig als die »höheren« gelten) steht
ernsthaft in Frage. Das Dilemma hat uralte Wurzeln, erwuchs
aus dem – zunächst arglos scheinenden – Opportunismus des

Beutemachens, mit dem der stürmische Homo sapiens sapiens die Welt ergriff. Aber erst in den letzten fünfhundert Jahren, in der Epoche der atlantischen Hegemonie, feierte dieser Opportunismus seine höchsten Triumphe – Triumphe, welche den biosphärischen Kollaps immer wahrscheinlicher machen.

Die entscheidende Krisenfrage des anhebenden Jahrhunderts lautet also: »Kann der Mensch seine Errungenschaften überleben?« Alle größeren und kleineren Unpässlichkeiten, die sich unterhalb und vorderhalb dieser Krisenfrage bemerkbar machen, sind (einfachster Logik zufolge) zweit- und drittrangig. Und sie bleiben unbehandelbar, wenn sie nicht auf ihren Zusammenhang mit der Zentralkrise untersucht werden.

Wie Sie wissen, geschieht dies nicht. Und es geschieht gerade deshalb nicht, weil die Errungenschaften der letzten fünfhundert Jahre so erfreulich und damit unentbehrlich scheinen. Diese Erfahrung bestimmt nach wie vor die vordergründigen Querelen, die nicht nur hier zu Lande die Diskussion so genannter Krisen bestimmen. Wie zwanghaft diese Diskussion auf die Maximen des weltzerstörenden Opportunismus fixiert ist, beweist allein schon die völlig arg- und kritiklose Beschwörung des so genannten Wachstums, das uns aus dem Lande der Tränen wieder auf die grünen Weiden des Wohlstands geleiten soll. Es gibt jedoch kein Wachstum, jedenfalls kein wirtschaftliches, das nicht um die Verschleuderung, Vergiftung der Ressourcen, um die Beschleunigung der entropischen Prozesse erkauft würde. Erste Priorität müsste daher eine Wirtschaftswissenschaft haben, die politisch und sozial tragbare Schrumpfungsmodelle erstellen kann. (Sie wäre natürlich sofort keine Wirtschaftswissenschaft mehr, sondern eine Kultur-, eine Sozial-, eine moralphilosophische Wissenschaft.)

Was darunter bleibt, beschleunigt die entropischen, die Desorganisationsprozesse.

Was darunter bleibt, zerstört die Artenvielfalt, vermehrt den Sondermüll, ermutigt den Vormarsch der Wüste.

Was darunter bleibt, ist also Leben hin zum Tode.

An diesem Punkt des Gesprächs, Herr Bundespräsident, werden Sie vielleicht erwidern, dass es zur Zeit völlig ausgeschlossen wäre, dem Stimmbürger ein auch nur halbwegs hilfreiches Programm zuzumuten, das den alten opportunistischen Prägungen widerspricht. Und Sie haben natürlich Recht. Es verbleibt dann allerdings die Frage, mit welchen Mitteln überhaupt noch Politik betrieben werden kann, und vor allem, was sie für einen Sinn haben soll – sie ist unter solchen Umständen nichts als eine Kontroverse über das Musikprogramm auf der *Titanic,* während längst und immer noch am Kurs ins Treibeis festgehalten wird. Und er kann nicht verändert werden, solange wir auf den kurzatmigen Prämissen des gegenwärtigen Politikbetriebs sitzen bleiben. Über sie müssen wir hinausgreifen.

Aber kann das die gegenwärtige Politik überhaupt? Kann es der Kanzler, der stets auf die Vermittelbarkeit des Unvermittelbaren angewiesen ist und bei jedem ein wenig wagemutigen Schritt mit massivsten Interessenswiderständen zu kämpfen hat? Können es seine Minister, die auf ihren althergebrachten, meist aus dem 19. Jahrhundert stammenden Ressortstühlen sitzen und für sich den jeweils günstigsten Einzeletat herausholen müssen? Können es die Abgeordneten der Parlamente, die auf die Gunst der Wähler und auf den Zusammenhalt der Fraktion angewiesen sind?

Am ehesten könnte es noch die so genannte Vierte Gewalt, die Welt der medialen öffentlichen Diskussion. Aber hier, wie schon eingangs gesagt, herrscht die Lufthoheit der Banalität. Der Raum, der dem Dilemma der Menschheit, also der Zentralkrise, gewidmet wird, verkleinert sich ständig; sie schrumpft als gestaltlose, stumme Drohung in den schwarzen Hintergrund der Zukunft, während auf der Vorderbühne die diversen Darsteller der tagespolitischen *Commedia dell'arte* ihre putzigen Kapriolen schlagen und in Endlosschleife die alten, abgenutzten Sprachbänder laufen lassen. Weltweit bleibt die Politik in den veralteten Koordinaten der Ressourcenausbeutung verheddert, fügt sich mehr oder weniger bereitwillig dem Selbstmordprogramm, glaubt sich kaum mehr der globalen Übermacht des Ökonomismus erwehren zu können. Um dies notdürftig zu verbergen, stellt die Handwerkskunst des Image-making, der Public Relations, der Spin-Doktoren einen reichhaltigen Fächer von Falschwährungen zur Verfügung.

Es gibt (oder gäbe) jedoch inmitten dieser zwanghaften Turbulenz ein Amt, eine Position, eine Plattform, die den lebensnotwendigen Ausgriff ermöglicht. Diese Position in der Turbulenz, Herr Bundespräsident, ist die Ihre.

Politische Realisten werden hier ihre Heiterkeit kaum unterdrücken können. Es sind die Realisten, die sich öffentlich wundern, wie Sie eine starke Position in der internationalen Finanzwelt zugunsten eines Amtes aufgeben konnten, das über keine andere Macht als die des Wortes verfügt. Wie jeder sich selbst so nennende Realismus ist auch dieser äußerst kurzsichtig. Denn das Amt des Bundespräsidenten ist letzten Endes keines. Der Bundespräsident ist nichts und niemand anderes als der *princeps*, der *First Citizen*, der Erste Bürger der Republik. Er kann in unserer Verfassung nicht (oder doch kaum) in das Räderwerk der Gesetzgebung oder der Exekutive eingreifen; aber er kann, wie einige Ihrer Vorgänger gezeigt haben, durchaus die Macht des Wortes verwenden, um eine Kursänderung der öffentlichen Diskussion zu bewirken. Und er kann noch weiter gehen. Er kann zum Beispiel wie jeder andere Staatsbürger eine Zukunftswerkstatt ins Leben rufen. Und es ist genau dies, was ich Ihnen vorschlagen möchte.

Unbehelligt von den jeweiligen Gezeiten der so genannten öffentlichen Meinung kann eine solche

Zukunftswerkstatt des Bundespräsidenten

die Orientierungsdaten der erdgeschichtlichen Krise verwenden, um zu bisher ängstlich vermiedenen metapolitischen Schlüssen vorzustoßen. Und man wird diesen Schlüssen, auch den zunächst unangenehmsten, kaum die Neubestimmung der öffentlichen Diskussion verweigern können, wenn sie durch die Autorität des Ersten Bürgers gedeckt ist.

Neben einer robusten Theorie-Fakultät, die sich weit über Ökonomie und Politik hinaus erstreckt, die sich mit möglichen und notwendigen neuen Kulturentwürfen befassen müsste (und die sich nicht scheut, international renommierteste Intelligenz einzubeziehen), wäre ein Fonds zu schaffen, aus dem praktische, aber von der ökonomistischen Sofortverwertungs-Dogmatik vernachlässigte Visionen als Pilotprojekte bis zum Startpunkt der allgemeinen Anwendbarkeit gefördert und entwickelt werden könnten. Auch die Erarbeitung bindender sozialer und ökonomischer Verkehrsformen im internationalen Bereich wäre die Aufgabe einer solchen Werkstatt.

Sie bedarf natürlich erheblicher Mittel. Und die Logik des Amtes, die Sonderstellung des *First Citizen* verbietet der Werkstatt, auf gesetzlich zu fixierende Besteuerung zurückzugreifen. Deshalb der Vorschlag einer absolut neuen, aber dieser Logik angepassten Methode, welche zudem geeignet ist, einem schweren Übelstand des Zeitgeistes wenigstens in etwa entgegenzuwirken.

Fehlleistungen der so genannten Eliten, gradaus gesagt der Reichen und wirtschaftlich Mächtigen, rufen im Volk allgemein den Eindruck hervor, dass diese sich immer schneller und offener von jeder republikanischen Verantwortung verabschieden. Der mediale Zeitgeist versucht zwar, diesen Eindruck mit dem Negativsiegel des »Sozialneids« zu entkräften, das ändert aber nichts an seiner fatalen Auswirkung auf das ohnehin miefige soziale Klima. Ein Schritt des *First Citizen* wäre denkbar, der dieses Klima wenn nicht völlig beseitigen, doch einigermaßen belüften könnte. Er tritt an die Hunderttausende von Millionären, die in Deutschland hausen oder als deutsche Staatsangehörige das mildere Steuerklima anderer Länder genießen, mit dem Ersuchen heran, ein Prozent oder mehr ihres Privatvermögens der Zukunftswerkstatt des Bundespräsidenten zu schenken.

Jawohl, zu schenken. Ohne Absetzbarkeit von der Steuer, ohne Auflagen für die Verwendung im Einzelnen. Ein Geschenk unter Freunden – Freunden der Republik, Freunden der Zukunft.

Das ist zumutbar. Keine Yacht würde dadurch um einen Meter, kein Menü im Tour d'Argent um einen Gang kürzer. Und die Millionäre könnten konkret belegen, dass sie das sind, was sie (nicht alle, aber doch viele) zu sein glauben: Optimaten des Gemeinwesens. Die Zukunftswerkstatt des Bundespräsidenten jedoch hätte sofort genügend Mittel, um ihre Ziele in Angriff zu nehmen.

Es ist klar: Der Vorschlag ist ungewöhnlich. Aber er ist gleichzeitig so konservativ wie irgend möglich. Er rührt an keine Verfassungs-, an keine Gesetzeslage. Er ist aber geeignet, ehrwürdige politische Formen unserer europäischen Vergangenheit wiederzubeleben und im gleichen Zug die Handlungsfähigkeit der Politik gegenüber der reinen Rentabilitätskalkulation ein gutes Stück voranzubringen.

Dass dies überlebensnotwendig ist, kann niemand bestreiten. Und dass es keine Krise höherer Bedeutung, größerer Dringlichkeit gibt als das »Dilemma der Menschheit«, versteht sich von selbst. Hier, genau hier hat die Menschheit, hat aber auch unsere Republik ihre Reifeprüfung abzulegen. Und dazu bedarf es konzeptioneller, intellektuell-geistiger Führung ohne Zweifel.

Sie zu erleichtern war ein Hauptgrund für meine jahrzehntelange schriftstellerische Tätigkeit; und es würde mich sehr freuen, wenn einige Resultate dieser Tätigkeit in die Überlegungen einer präsidentialen Zukunftswerkstatt einfließen könnten.

In solcher Hoffnung grüße ich Sie als Ihr sehr ergebener
Carl Amery

Aufgrund dieses Briefes kam es am 12. November 2004 zu einem Hausbesuch des Bundespräsidenten Horst Köhler bei Carl Amery.

Die Absender

Ulrich Duchrow ist Theologe und Wirtschaftsethiker. Der Befreiungstheologe der Universität Heidelberg zählt zu den renommiertesten Kritikern des globalen Kapitalismus. Er ist Mitbegründer von *Kairos Europa* – einem Netzwerk im ökumenischen Prozess für Gerechtigkeit, Frieden und Bewahrung der Schöpfung, das sich unter anderem für gerechtere Wirtschaftsbeziehungen einsetzt.

Andreas Eschbach, geb. 1959, schreibt seit seinem 12. Lebensjahr. Er studierte Luft- und Raumfahrttechnik und arbeitete zunächst als Softwareentwickler. Bis Juni 1996 Geschäftsführer einer EDV-Beratungsfirma, lebt er inzwischen als freier Schriftsteller in der Bretagne. Zu seinen bekanntesten Romanen, von denen viele diverse literarische Preise erhielten und in mehrere Sprachen übersetzt wurden, zählen *Die Haarteppichknüpfer*, *Das Jesus Video*, *Eine Billion Dollar* und *Der Letzte seiner Art*.

Gottfried Fischborn, geb. 1936, bis 1996 Prof. für Theaterwissenschaft in Leipzig, dort zuletzt auch mehrfach Gastprofessor für szenisches Schreiben am Deutschen Literaturinstitut; zahlreiche wissenschaftliche Veröffentlichungen, u. a. *Stückeschreiben* (1981), Theaterstücke und Hörspiele, auch Gedichte und Essayistik; Anbieter von Internetkursen für szenisches Schreiben (www.szenisches-schreiben.de).

Karl Gaier ist ein berühmter Forstwissenschaftler, der vom Autor des Briefes aus den im Brief angegebenen Gründen erfunden wurde.

Harald Grill, geb. 1951 in Hengersberg, 1973 bis 1988 Pädagogischer Assistent, seit 1988 Freier Schriftsteller, 1989/1990 Drehbuchwerkstatt – Hochschule für Film und Fernsehen in München, 2000/2001 Projekt »Zweimal heimgehen« – *zwei Spaziergänge, einmal vom Nordkap und danach von Syrakus zu Fuß nach Regensburg.* Mitglied des PEN-Zentrums der BRD. Zahlreiche Auszeichnungen, u. a. Friedrich-Baur-Preis der Bayerischen Akademie der Schönen Künste (1992), Marieluise-Fleißer-Preis (2003). Bücher (Auswahl): *Da kräht kein Hahn nach dir* (1990), *Hochzeit im Dunkeln* (1995), *Hinüber* (1996), *Wenn du fort bist* (2003), *Bairische Gedichte* (2003).

Margrit Kennedy, geb. 1939 in Chemnitz; war als Architektin, Stadtplanerin und Ökologin in Deutschland, Nigeria, Schottland und den USA tätig; seit 1972 Forschungsprojekte für das Schulbau Institut der Länder (Berlin), die OECD und die UNESCO in 15 Ländern Europas und Nord- und Südamerikas; 1979–84 Leitung des Forschungsbereichs Ökologie/Energie und Frauenprojekte im Rahmen der Internationalen Bauausstellung; 1984–85 Gastprofessur für Stadtökologie an der Gesamthochschule Kassel; seither aktiv an Planung und Bau eines ökologischen Modellprojekts in Steyerberg beteiligt. 1991–2002 Professorin am Fachbereich Architektur der Universität Hannover, Abteilung »Technischer Ausbau und Ressourcen sparendes Bauen«. Seit 2002 berät sie Initiativen komplementärer Währungen in vielen Ländern.

Freda Meissner-Blau, geb. 1927, Publizistin und Erwachsenenbildnerin. Studium der Medizin in Frankfurt, Soziologie und Psychologie in Wien. Arbeiten u. a. bei UNESCO, International Council of Social Sciences und Maison des Sciences de l'Homme, Paris. Generalsekretärin des Instituts für Höhere Studien und Wissenschaftliche Forschung, Wien. Arbeiterbildung in der Verstaatlichten Industrie Österreichs. Langjähriges Engagement in der Umwelt-, Frauen- und Friedensbewegung. Kandidatin für die österr. Präsidentschaftswahlen 1986. Spitzenkandidatin in den

Nationalratswahlen Herbst 1986, danach Fraktionsvorsitzende der Grünen im Parlament bis 1989. 1990 Vorsitzende von ECO-ROPA, EUROSOLAR, International Helsinki Federation for Human Rights. Buchautorin, Trägerin des Österr. Naturschutzpreises 1985 und des Österr. Staatspreises für außerordentliche Verdienste im Umweltschutz.

Oskar Negt, geb. 1934 in Kapkeim, Ostpreußen. Studium von Philosophie und Soziologie in Frankfurt. Von 1971 bis 2002 Professor für Sozialwissenschaft in Hannover. 1972 Gründung der alternativpädagogischen Glocksee-Schule. Letzte Bücher: *Arbeit und menschliche Würde* (2001), *Marx und Kant* (2003), *Wozu noch Gewerkschaften?* (2004).

Rupert Neudeck, geb. 1937 in Danzig, promovierter Philosoph und Journalist, Gründer und langjähriger Leiter der Hilfsorganisation Cap Anamur und der GRÜNHELME. Zu seinen jüngsten Buchveröffentlichungen gehören *Die Menschenretter von Cap Anamur* und *Jenseits von Kabul*. Auszeichnungen u. a.: Theodor-Heuss-Medaille (1985), Bruno Kreisky Menschenrechtspreis (1991), Erich Kästner Preis Dresden (1998), Walter Dirks Preis (1999). Lebt, wenn er mal nicht unterwegs ist, in Köln.

Hans Olbrich, geb. 1937, war viele Jahre als freier Verlagsberater und Blattmacher von Zeitungen und Zeitschriften sowie als Inhaber einer Werbeagentur tätig. 1981 persönliche Neuorientierung, Rückzug in die Alleinarbeit, sozialpsychologische und sprachwissenschaftliche Studien, Mitglied der Internationalen Erich-Fromm-Gesellschaft. Jetzt als freier Publizist und Redakteur tätig.

Hermann Scheer, geb. 1944, Wirtschafts- und Sozialwissenschaftler, ist seit 1988 Präsident von EUROSOLAR, der Europäischen Vereinigung für Erneuerbare Energien. Er leitete zahlreiche wissenschaftliche Konferenzen über erneuerbare Energien, u. a. die Welt-Biomasse-Konferenz und die Europäische Photovoltaik-Konferenz. Er ist seit 1980 Mitglied des Deutschen Bundestages. 1998 erhielt Hermann Scheer den Weltsolarpreis, 1999 wurde er mit dem Alternativen Nobelpreis ausgezeichnet, 2000 mit dem Welt-Biomasse-Preis und 2004 mit dem Weltpreis für Windenergie. Bücher u. a.: *Solare Weltwirtschaft* (2003), *Klimawechsel* (zus. mit Carl Amery und Christiane Grefe, 2001), *Die Politiker* (2003).

Harald Schumann, geb. 1957, war Redakteur für Umwelt und Wissenschaft bei der Berliner *tageszeitung*, Wissenschaftsredakteur beim SPIEGEL, Leitender Redakteur beim Ost-Berliner *Morgen*, Redakteur im Berliner Büro des SPIEGEL und Ressortleiter Politik bei SPIEGEL ONLINE. Seit Oktober 2004 Redakteur für besondere Aufgaben beim *Berliner Tagesspiegel*. Bücher: *Futtermittel und Welthunger* (1986), *Die Globalisierungsfalle* (gemeinsam mit Hans-Peter Martin, 1996), *attac – Was wollen die Globalisierungskritiker?* (gemeinsam mit Christiane Grefe und Mathias Greffrath, 2002).